U0629265

铁血西线

THE WESTERN FRONT
OF THE SECOND WORLD WAR

徐 焰 ★ 著

辽宁人民出版社

©徐 焰 2021

图书在版编目（CIP）数据

铁血西线 / 徐焰著. — 沈阳：辽宁人民出版社，
2021.2
ISBN 978-7-205-10036-0

Ⅰ. ①铁… Ⅱ. ①徐… Ⅲ. ①第二次世界大战战役—
史料 Ⅳ. ①E195.2

中国版本图书馆 CIP 数据核字（2020）第 239492 号

出版发行：辽宁人民出版社
　　　　　地址：沈阳市和平区十一纬路 25 号　邮编：110003
　　　　　http://www.lnpph.com.cn
印　　刷：北京长宁印刷有限公司天津分公司
幅面尺寸：168mm×235mm
印　　张：17.25
字　　数：240 千字
出版时间：2021 年 2 月第 1 版
印刷时间：2021 年 2 月第 1 次印刷
责任编辑：王　增　董　喃
封面设计：末末美书
版式设计：留白文化
责任校对：吴艳杰
书　　号：ISBN 978-7-205-10036-0
定　　价：68.00 元

序　言

　　当人类跨入 20 世纪后不久，就因帝国主义列强的矛盾发生了第一次世界大战。这次大战并没有解决原有矛盾，因而这次大战刚结束，就种下了第二次世界大战的种子。这次大战的序幕在东方揭开，正式演化为世界性战争则从欧洲开始。中国战场也是第二次世界大战的一部分，不过却是一个落后农业国对抗先进工业国的拼搏，演出的多是"大刀向鬼子们的头上砍去"的场面。在西方战场上，却是世界最先进的工业国之间的拼搏，飞机、舰艇、坦克一类兵器是战场的主角，人们看到的是一场地面、海洋和空中交织厮杀的机械化战争。回顾和研究人类的机械化战争，就应该追溯第二次世界大战中的西方战场，尤其是美、英、法同德国交战西线。

表现第一次世界大战的绘画。画中德军反坦克小队在机枪掩护下摧毁英国坦克。

第二次世界大战的开端应该怎么界定

对第二次世界大战的起点，世界上多数国家认为应该是1939年9月德国进攻波兰为开端。早在这场战争刚结束时，有的中国人就认为应该定在1931年的九一八事变，其他国家的人却不这么认为。

1931年9月日本侵占中国东北，这意味着突破了列强原定的东方"华盛顿体制"，意大利点起的战火在1935年又燃烧到非洲的阿比西尼亚（今埃塞俄比亚），1936年又在欧洲出现了德国、意大利支持的佛朗哥法西斯发动的西班牙内战，人类的三分之一已经进入战争环境。不过，这时世界上多数国家特别是主要强国尚未卷入战事，从全球范围看战争仍是局部的，视为世界大战实在是勉强，准确地讲应该说是"揭开大战的序幕"。

1939年9月1日，纳粹德国对英法的盟国波兰发起"闪击战"，两天后英国、法国对德宣战，9月17日苏联也出兵波兰东部，世界多数强国就此卷入了战争，从此真正形成了又一次世界大战。

战后日本的观点，却是把1941年12月太平洋战争爆发算作第二次世界大战的开端，认为本国和美国参战才构成了世界大战，此前对中国的战事只是"满洲事变"。提出这个观点，实际上是想为自己的侵略罪

✎ 这幅绘画表现了德军进攻波兰的情景。

✎ 苏联在卫国战争期间显示苏、美、英三国团结战斗的宣传画。美、英在战时给予苏联巨大的物资援助。

行开脱。因为审判战争罪行应该是追究战时的犯罪，如果把战争开端定在 1941 年 12 月，那么日本此前对华的多年侵略作战都可以逃脱战争罪了！抗日战争是第二次世界大战的一部分，只不过开始日期并不完全相符，"序幕"也算战争一部分，日军在 1939 年 9 月以前犯下的罪行如"九一八"、南京大屠杀自然也逃不掉战争罪的审判。

从第二次世界大战的全局看，应该分为两个战场——抗击德国、意大利侵略的西方战场，抗击日本侵略的东方战场。西方战场上消灭纳粹德军的主力是苏联担负的东线作战，英国、法国和后来参战的美国打击德国、意大利的西线作战也对粉碎法西斯轴心国起到了重大作用。过去苏联史学界轻视西线的作用固然有偏颇之处，西方史学界贬低东线而过分强调西线也是一种政治偏见。

怎样看待西线作战的性质呢？过去苏联的观点认为 1941 年 6 月以前英法对德战争是"帝国主义战争"，只是在苏联对德作战并同英国、美国结盟后，美英和后来复国的法国进行的战争才是反法西斯战争。如此"以苏划线"，显然也有失公正。英国、法国的确是老牌的帝国主义国家，不过它们抗击德国侵略的作战还应算作反法西斯正义战争。

试想一下，若是没有美英军队（一段时间还包括法国）在西线牵制德军和轰炸德国本土，纳粹军队的力量都投入进攻苏联的东线，那会是多么可怕的结果！当然，没有东线的苏军牵制并歼灭了德军多数兵力，英国最终只有向纳粹屈服，美国也无力进攻欧陆。如果德国在欧洲得胜，它的法西斯盟国日本失去了苏美英的牵制，中国抗战的难度不知要大多少倍！尽管反法西斯阵营的盟国间矛盾重重，当年在战略上还是相互配合，这才避免了人类进入法西斯统治的黑暗时代。

纳粹祸水首先西引，英美毕竟将其拖住

德国军国主义者是两次世界大战的主要发动者，是因为这个后起的帝国主义强盗信奉弱肉强食的社会达尔文主义和极端的种族主义，在实力增强后就要重新瓜分世界，为自己夺取广大的"生存空间"。尤其是 20 世纪 20 年代法西斯主义在德国兴起，这种扩张欲望就变得特别野蛮疯狂，并以近代史上罕见的种族灭绝的形式来消灭犹太人、斯拉夫人等

希特勒当政后的德国
宣传画，公开表现出
要扩展"生存空间"。

1933 年希特勒上台
的宣传画，意思是要
带领国家腾飞。

表现纳粹以精良武器
横扫欧洲的画作。

"劣等民族"。对英国的盎格鲁－撒克逊人，希特勒觉得他们在种族上
倒是与日耳曼民族接近而应算"优秀民族"，因而起初想避免对英开战，
战时也一直希望能媾和，以便集中全力完成向东扩张以消灭苏联的主要
目标。

希特勒以邪恶的精明，深知各个击破的重要，在对外扩张时要面对
多个重要对手，开始都是先利用矛盾稳住一个、收拾一个。他在《我的
奋斗》这部纲领著作中已经阐明主要扩张目标是东方，却先要稳住最大
的对手苏联，接着再打垮法国以稳住西面的后方。英国、法国在 1940
年以前的几年间却愚蠢地采取绥靖政策，希望能以姑息放纵达到"祸水
东引"，让纳粹这股邪恶力量同它们敌视的苏
联迎头相撞以达到两败俱伤，为此不惜签订牺
牲捷克的《慕尼黑协定》，结果没想到希特勒
势力壮大后却对苏签订了《互不侵犯条约》，
横扫波兰后又回头占领了挪威、荷兰、比利时
和法国。希特勒取得控制整个西欧这样大的战
果，使德国控制的工业生产能力差不多一下膨
胀了一倍，再加上初战大胜刺激起军民的狂热

精神，使得英国和苏联若同它单独对抗都已处于劣势。

　　纳粹德国能以"闪击战"频频得手，说明它在政治上虽然极为反动，其战术水平却一度是先进的。波兰在英法坐视不救的情况下迅速崩溃，英国、法国随后实行的呆板防御，根本招架不住纳粹陆空协同机动突破的"闪击战"。英国远征军从敦刻尔克战略性地撤回不列颠岛，靠着一条英吉利海峡这条时人所称的"天然的反坦克壕"才保住了本土。

　　此前一再犯战略错误的英国当局，在1940年夏天却有了一个目光长远的战略决定。当法国投降后，有着丰富国际政治角逐经验的丘吉尔在此关键时刻拒绝了希特勒的"和平建议"，冒着本土遭进攻的风险单独抗击不可一世的德国。英国在空战中顶住德军攻击后，又发挥了传统的"海上机动"优势，先在北非挫败德国衰弱的盟友意大利，又开辟了广阔的地中海战场。

表现1940年英军敦刻尔克大撤退的油画。

1941年下半年，苏联、美国相继参加对德意作战，反德意联盟就此具有了绝对的物资力量优势，只要运用得好就必然胜利。

　　如果从价值观念、文化传统看，德国与美英比较接近，不过希特勒将极端民族主义和专制主义发展到极端，威胁到以等价交易为核心的西方自由主义。在1936年纽伦堡大会上，纳粹狂徒们合唱的歌词——"今天属于我们的只是德国，而明天将是整个世界"，也令美英等国惊恐。在对抗有反人类罪行的法西斯的斗争中，共产主义者同资本主义者也能建立起联盟，这说明意识形态有差异的国家在反对最邪恶的法西斯时也能找到政治共同点。

　　国家之间的关系和战略考量，最基本的出发点还是国家利益。战时英国拒不向希特勒妥协，是因为看到德国已经征服了法国，若再坐视它征服苏联而取得东方广大资源，"大英帝国"就再不是德国的对手。美国同样认识到希特勒如果称霸欧洲，再同日本联合起来，自己就会受到来自大西洋、太平洋两个方向的威胁，因而同英国联合起来对德作战。当斯大林格勒会战后德国转入颓势，英美考虑的又是待德军元气大伤后打入欧陆并控制更多的地盘，根本不考虑同德国媾和。无论是反希特勒的密谋集团发起"七二〇"事件，还是德军1944年末发起最后的阿登攻势，都不可能改变无条件投降的条件。

希特勒在英国拒绝妥协后，却犯了一个致命的战略判断错误，即挥师东进苏联，这与当年拿破仑走向失败的道路一样。这个恶魔认为一向反共的英国、美国会坐山观虎斗，没想到英美却同苏联结盟并提供援助，这使自己陷入了德国近代军事家都引为大忌的两线作战。尽管在1944年6月之前没有真正开辟"第二战场"，海空打击和北非的陆地作战仍牵制了德国的部分力量，"西线无战事"的愿望毕竟无法实现。

美利坚、英联邦拥有世界上最强的海军和空中力量，苏联拥有强大的陆军，三国还拥有全球最丰富的资源和工业能力。盟国一旦联合作战，仅在工业生产能力上就对德国拥有四倍的优势，何况在人力、物力的资源占有量方面还具备更大优长。希特勒在斯大林格勒一役大败后，也知道只有靠盟国关系破裂才能避免自己的灭亡，持续顽抗拖延时间就是等着看裂痕出现。罗斯福、丘吉尔同斯大林虽然相互不信任，毕竟还坚持一同对德作战，这就决定了美苏军能会师德国的易北河，希特勒

这幅绘画表现美军在西线同德军作战。

在五天后饮弹自尽，整个德国落到被盟军分区全部占领的命运。

西线以海空为主，技术含量高而生命损失小

美英都是精明的商业资本主义国家，进行战争也注重讲求效益，力争以尽量少的牺牲代价取得最大的战果。当波兰、法国沦陷，德国以主力攻苏后，美英以物资支援苏联，以东线空前惨烈的陆战消耗德军的大量生命，自己长期主要进行损失人命很少的海空战。战后算来，德国在战争中死亡了900多万人，苏联死亡了2700万人，英国不过死亡了40

万人，美国则只战死了 29 万人（其中 12 万人还是死于太平洋战场），到战争结束时美英却能控制工业最发达的西欧，华尔街老板还就此掌控了世界的主要经济命脉。

当年的陆军装备技术含量和武器价格相对要低些，作为"贵族军种"的海军和高端技术结晶的空军更显出国家财力和科技水平。美国和英国对德国的工业总量和技术装备的优势，在海空武器的生产和使用方面最充分地表现出来。如战时美国、英国能生产上百艘航空母舰（包括护航型），德国连仅有的一艘"齐柏林"号航空母舰都无法建造完成，最后只好以潜艇这种适于以弱敌强的海军武器进行海上交锋。

英国轰炸德国的宣传画。

回溯整个西线作战，同东线军人面对面相搏而血流成河的陆军主力交锋的最大区别，就是作战的主要形式是付出人命较少的海空战，这恰恰能发挥出美英的长处。美英航空兵对德国本土持续 3 年多的战略轰炸，投弹达 135 万吨，虽然没有能阻断纳粹的军工生产，却也产生了相当的影响，例如有 90 万德军被迫作为高炮防空部队留在后方。德国空军虽然也想摧毁英国的要害部门，却因力量有限无法达到目的，潜艇封锁就一度成为希特勒迫使英国退出战争和阻止美国攻入欧洲的唯一希望。虽然德国的水下"海狼"的装备和技术水平居世界之首，却得不到空中和水面掩护而孤军作战，最终在对手强大的立体反潜力量攻击下还是无力阻断英美的海上运输线。这一战例也说明，现代战争的胜利需要多个军兵种协同，只靠个别武器和某个部队"单打独斗"是不可能改变整个战争形势的。

倚仗海空优势的美英军队，要最终控制战场还不能不靠陆军，不过也是先由空中和海上开路。看一下被西方媒体长期大吹的北非作战，英联邦长期牵制的德国隆美尔的非洲军不过 4 个师，同期在东线与苏军交战的德军却有 189 个师。靠着控制了地中海的制海制空权，英美军才消灭了德国和意大利在非洲的军队，接着又以海空优势在 1943 年夏天登陆意大利，迫使这个被人蔑视的"欧洲瘪三"投降，此后又牵制了希特勒的两个集团军。当德军主力大都损失于东线并节节败退时，1944 年 6 月美英军终于在法国的诺曼底登陆，从此以不大的伤亡代价胜利地攻入西欧，最后以东西夹击之势在翌年 5 月打败了德国，而且英美军还抢占到了西欧发达国家和德国大部分土地。这一战争结果，很大程度也决定了战后西欧经济上压倒东欧，西德经济优于东德。

在反对德国法西斯的西线作战中，战争的技术提升也促使人类的一系列高新装备在战争舞台上登场，并对战后的世界军事领域产生了重大影响。如喷气式飞机、巡航导弹和弹道导弹、电子计算机等，都是在西线战场首先使用，看一看大量先进武器如何在战争中催生，以及交战双方如何使用它们，这对现在的人们也会有所启示。

暴力是以经济实力作为基础，科学技术是第一生产力，也是重要战斗力，反对德意法西斯战争的西线作战最充分地表现出这一点。像德国这样一个毕竟属于地区性的强国，同时对抗世界上的"超级海权"和"超级陆权"相加的三强，根本就没有获胜的可能。西线的作战，又充分体现了美英的海权威力。虽然美国人马汉的"海权论"观念在两次大战中没有应验，大战的胜利还是通过号称"大陆岛"的欧亚广阔陆地空间上决定的，不过海空战的威力已越发凸显，高科技对战争的影响也越来越大。通过本书，今天的读者大概也能更深入地感受到人类战争的这一趋势。

德军的 Me-262 式战机是世界上最早服役的喷气式战斗机。

In Defense of the Reich   Nicolas Trudgian

目录
Contents

目录
Contents

01.

纳粹德国崛起后同英法摊牌

1918 年 11 月，让 900 万人丧命于战场的第一次世界大战以西线停战、德军撤退回国而结束，随后却种下了第二次世界大战的种子。

俄国所绘的第一次世界大战期间部队向战场开进的宣传画。

1918 年 11 月，让 900 万人丧命于战场的第一次世界大战以西线停战、德军撤退回国而结束，随后却种下了第二次世界大战的种子。承认战败投降的德国虽然割地赔款，战犯却未追究，军队骨干特别是充满黩武精神的普鲁士军团仍然保留下来，国内工业基础也基本完整，一旦恢复元气肯定想再战复仇。1919 年 6 月巴黎和会签订了《凡尔赛和约》时，第一次世界大战名将、法国元帅福熙就感慨道："我们没有赢得和平，只争取到 20 年的休战。"

福熙元帅的忧虑。

果然，20 年后，1939 年另一场大战又起，希特勒煽动起一心想复仇的德国军人又对波兰下手，并对当年的胜利者英国、法国开战，第二次世界大战的西线战争就此开始，并一直持续了将近 6 年。

表现第一次世界大战中德军将领的绘画，这些军国主义者并不承认失败。

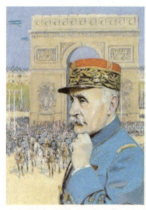

希特勒扩张理念剑指法国、苏联，靠复仇煽动上台

　　德军在西线承认投降停战时，战线还在德国境外的比利时、法国国内，只是因国内经济趋于崩溃和"十一月革命"爆发，才被迫停火并签订降约。德军战场最高指挥官、总参谋长兴登堡元帅当时就扬言："德国并没有被打败，只是被革命从背后捅了一刀。"

✐
表现《凡尔赛和约》
签订时的油画。

　　巴黎和会上抛出的《凡尔赛和约》，也让德国人普遍认为签订投降条约是受了协约国特别是英法两国的欺骗。第一次世界大战后期，面对参战国都疲惫不堪，美国总统威尔逊提出"十四点和平条件"，要求各参战国不割地、不赔款，恢复战前状态即可。德国人感到再打下去没有希望，又相信美国总统这一提议，向协约国投降，交出大量陆军装备和海军舰队，以为就此能保全国土。出乎意料的是，1919 年 6 月由胜利国签订的《凡尔赛和约》要求德国割出住有 12% 人口的面积达 13% 的国土（主要是给波兰和法国），原来总吨位达 80 万吨的舰队只能保留 10 万吨，而其余由盟国瓜分，还要承担巨额赔偿。此时德国已基本解除多数武装而无力反抗，国内民众贫困且经济一派衰败，复仇情绪却在全国蔓延，不论是左翼还是右翼派都咒骂《凡尔赛和约》。

　　获胜的协约国起初提出发动战争的德国威廉二世皇帝是第一号战犯，此人在战败后逃亡荷兰，被指定为二号战犯的兴登堡表示愿意代替

皇帝出现在法庭上。英国不想过分引发德国的仇恨，对追究战犯不了了之，战争的责任和德国战败的原因都没有细究。在那些高傲的日耳曼军人眼中，引发大战的责任双方都有，谈不上谁"犯罪"，自己战败的责任又被归咎于掌控重要经济活动的犹太人和鼓动停止战争的布尔什维克，仇犹、反共宣传也成了德国右翼势力进行煽动的口号。

战败的德国有这种政治气候，1919 年退伍的陆军下士阿道夫·希特勒才能建立起一个小组织"民族社会主义德意志工人党"（德文简称"纳粹党"）。这个刚建党时只有百余人的小党，由于煽动复仇理念特别狂热，很快得到兴登堡战时的副手、德军后期的二号人物鲁登道夫上将的直接支持，力量很快壮大起来，退伍军人和失业的流浪者又是党员的主体。

1919 年之后，受到战败刺激的德国退役军官、政客及很多右翼学者都提出了众多的复仇强国方案，其主流是种族主义理论，即日后建立日耳曼民族的统一国家，把同族的奥地利以及周边的捷克苏台德、卢森堡、比利时东部等日耳曼民族地区都合并过来，收复失地并重振军备。当时左翼政党特别是德国共产党提出学习苏俄，以社会革命解决经济困难，虽得到部分下层工人支持，却不能赢得社会多数人拥护。此时当政的德国政客和国防军领导人虽然想复仇，却认为还不宜刺激英法，可以与同样反对《凡尔赛和约》的苏联合作，在苏境内秘密建立军工厂和研制新武器，建立一个"德国科技 + 苏联资源"的新经济体。

1923 年德国发生了共产党为组织的汉堡起义，同时发生了希特勒领导的慕尼黑的"啤酒馆暴动"，这两次事件都被镇压下去，其国内危机却空前严重。这一年德国经济危机达到顶点，德国马克贬值到等同于废

1919 年希特勒（前右二）利用战败后德国的复仇情绪组建纳粹党。

此照片为 1923 年德国经济危机时所摄，德国马克成了烧火的废纸，这一危机促成纳粹党登场。

纸，老百姓大都咒骂政府，同时仇恨《凡尔赛和约》对本国的惩罚。被协约国认为是战犯的兴登堡元帅，在德国多数民众眼中却是英雄，1925年他以高票当选总统。这个年迈得有些糊涂的老元帅，不能把握国内政治和经济走向，态度却明显倾向右翼。

被关进监狱的希特勒得到德国众多右翼政客和军官团同情，据说在牢房中的待遇如同住宾馆，而且仅半年便在当权者宽容下出狱。希特勒出狱后抛出了一本小册子——《我的奋斗》。这部充满狂言且风靡德国的书，是纳粹党的纲领以及后来侵略扩张的指针，其中心内容不仅要冲破《凡尔赛和约》，而且要为德国在东方开辟空前广大的"生存空间"，为此要打败法国，消灭苏联和其他"劣等民族"，可谓近代史上最露骨和最疯狂的侵略扩张宣言。

★链接

《我的奋斗》中提出的观点后来决定了纳粹德国的走向

希特勒在《我的奋斗》中，以种族血统论为基础，认为"雅利安民族"即日耳曼人为主体的北欧民族属于优秀民族，应该用"德国的剑为德国的犁取得土地"，夺取斯拉夫人等"劣等民族"所"不配享有"的广大土地作为生存空间。他明确说明："如果要在欧洲取得领土，只有在主要是牺牲俄国的情况下才有可能。"另外，因法国同德国有世仇，在一战后又欺压德国最甚，希特勒声称"法国和德国是有着不共戴天之仇的"，先要将其打败，同时又认为"英国和意大利可以做我们的同盟国"。

纳粹在德国当政后的对外战略，正是按这一思路发展的。消灭苏俄夺取广阔的东方是主要目标，在此之前却要先征服法国，以解除后顾之忧。德国对英国总想讲和，并拉住意大利。后来只是英国的态度出乎希特勒的预想，原想尽快结束的西线战事又拖延下去。

过去长于理性思维的德意志民

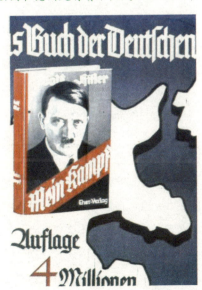

德国宣传希特勒《我的奋斗》一书的海报，声称已卖出400万册。

1933 年德国的宣传
画,表现兴登堡把政
权交给希特勒。

这幅漫画描绘的是在
兴登堡巨影下的希特
勒。

族,为什么会有多数人一时接受希特勒这种疯狂的理论呢? 这既有当时德国人普遍受《凡尔赛和约》压迫而产生的民族亢奋情绪,也有日耳曼民族历史上专制尚武的传统影响等原因。尤其是 1929 年经济危机爆发后,德国有一半人失业,共产党和纳粹党的力量都在急剧增长,前者得到 600 万张选票,后者得到 1300 万张选票。在决定德国走向的历史关头,只有共产党人同社会民主党采取联合行动才能制止纳粹,可惜共产国际的错误决定导致了联合未成。害怕"共产"的垄断财团和军官团此时支持了希特勒,在他们的压力下,1933 年 1 月,总统兴登堡元帅任命希特勒为总理,纳粹党就此执政。

被德国人视为"军神"的兴登堡,在 1934 年以 87 岁高龄病死。他一身贵族军人气质,不大看得起纳粹党及其首领。他身为魏玛共和国总统,内心目标却是想迎回威廉二世皇帝恢复帝制。当他在自己的庄园中病危弥留之际,希特勒前来看望,昏迷中苏醒的兴登堡产生了幻觉,竟激动地口称"陛下"。老元帅的独生子过去因无才干,长期被留在父亲身边当上校副官,纳粹党便以物质利益和将军军衔相诱惑。这位兴登堡上校在父亲病逝后对外宣布,总统的遗愿是将位置传给希特勒。很多了解老元帅的人认为这不会是真话,不过面对纳粹已建立的恐怖统治和社会上一片狂热气氛,已无人敢公开质疑。

兴登堡一死,希特勒马上将总统、总理两个职务集于一身,称"元首"，实行绝对的独裁统治，国内多数民众和军人还表示拥护。一些史学家说，与其说希特勒改变了历史，莫如说历史选择了希特勒。若是没有希特勒、戈林、赫斯这些纳粹党首领一样会把德国引向同样可怕的道路。

纳粹执政后，靠剥夺犹太人的财产和国家干预管理，德国很快结束了经济危机，人们普遍有了工作，工业产量在五年内翻了一番。一时被迷惑的多数德国人发自内心地举起右手，在各次大会上狂热地欢呼"嗨里！希特勒"，一个有奋斗精神、作风严谨的民族，就此被纳粹党带上一条可怕的战争道路。

英法姑息纵虎遗患，希特勒越发大胆

希特勒担任总理组阁后，便叫嚷要突破《凡尔赛和约》，打破原来战胜者规定的陆军不能超过 10 万人，海军不能超过 1.5 万人以及不得拥有空军的限制。制定这一限制的英国和法国，按条约应该以"违约"的处置方法出兵，乘德国还未恢复实力的情况下推翻纳粹政权，而且完全能办得到。令西方国家后来普遍叹息的是，英法对希特勒采取的是姑息政策，美国则继续对德国提供贷款帮助其复兴。

为什么此前尝过德国军队苦头的英国、法国会放纵纳粹强军，这并非只是政客的短视，而有着两个基本原因。一是希特勒强调反苏、反共

希特勒上台后用普及家用轿车收买德国民众，图为宣传画《开着自己国家生产的大众轿车》。

希特勒宣布德国不再受《凡尔赛和约》束缚，引来党徒们和国防军将领狂热欢呼的照片。

的口号，上台便中断对苏联的军事合作，且叫嚷准备对东方作战，这使一向仇视共产主义的英国和法国政客产生了祸水东引的心理；二是因为第一次世界大战中英国死亡了90万官兵，法国则死亡了120万官兵，这一惨重损失让两国产生了严重的恐战倾向，希望以妥协换得和平。

　　1934年兴登堡元帅死后，德国军官团集体向希特勒效忠。虽然许多有普鲁士贵族血统的将校原先看不起这个最高军衔只是下士的昔日流浪汉，不过他们认为只有纳粹党才能引导他们恢复德意志帝国昔日的荣耀，于是也都庄严地举起了右手，喊出了"嗨里"（"万岁"之意）。希特勒也马上声称，未来德军的数量"将不是10万，而是700万"。1935年德国恢复征兵制，陆军到1937年扩大到36个师、50万人，并建立以纳粹二号头目戈林为首的空军，海军也制订了大发展的计划。

　　面对纳粹的扩军备战，1935年英国却同德国签订了《海军条约》，规定德国海军总吨位可以发展到英国的35%。此时德军舰队的总吨位还仅有17万吨，按此条约可扩充到46万吨。《凡尔赛和约》等于被英国自己抛弃，法国对德军扩充虽有所担心却也不敢干预，只得大力加强马其诺防线以自保。

　　意大利这个人称"满嘴蛀牙却有一副好胃口"的最早建立法西斯统治的国家，看到德国崛起也跃跃欲试向外扩张，于1935年10月发起了旨在征服阿比西尼亚（今埃塞俄比亚）的战争。面对这个生态近乎原始化、只有老式步枪、猎枪国家的顽强抵抗，意军运用了一切现代化作战手段，包括使用毒气杀害几十万平民，用了7个月才占领了这个东非国家。英法主导的国际联盟对此不加干预，这更助长了法西斯势力的嚣张气焰，一些小国还丧失了抵抗意志。

　　1936年德国同意大利、日本缔结了《反共产国际条约》，在反苏反共旗帜下结盟，还同意大利一起派军队以"志愿部队"名义进入西班牙帮助佛朗哥法西斯政权进行内战，苏联也以"志愿军"的名义派军队参加进步力量组成的国际纵队帮助西班牙共和军作战。由于德意这一明显的侵略之举打着"反共"旗帜，英法表示不加干涉，坐视法西斯一方获得胜利。德国的空军"秃鹰军团"和装甲部队以两年多的西班牙战事为练兵场，检验了新式飞机和坦克的作战能力并培训出空军装甲兵的技术骨干。

　　希特勒执政之初，对英国下了很大力气进行争取，也收到不小的成效。按照他的种族理论，英国王族属于与自己同宗的"日耳曼兄弟"，其国内主体民族盎格鲁－撒克逊人也是"雅利安优秀民族"。刚继位的英国新国王爱德华八世果然有投桃报李之举，不过同年

1937年，温莎公爵夫妇出访德国，受到希特勒欢迎。

11月他突然宣布退位，其头衔由国王降为温莎公爵。据当时舆论报道，英王坚持与一位美国女人结婚而自动将国王位置让给弟弟，"不爱江山爱美人"之说一时传遍世界。不过退位后的温莎公爵去德国做蜜月旅行，受到希特勒按国王规格给予的盛情款待，表明此事实际有政治色彩。被迫退位的英王的亲德态度，其实不仅是个人意愿，实际上反映了英国上层一部分人的思潮，即扶植德国以平衡法国并对抗苏联，在此形势下怎么可能阻止希特勒的崛起呢？

★链接

英王退位是因"不爱江山爱美人"还是因亲德？

自1901年维多利亚女王去世，继任国王的子孙随来自德国的王族的父亲姓氏，改称萨克森－科堡－哥达王朝。1936年初，维多利亚女王的孙子爱德华八世继位，宣布要同美国的辛普森夫人结婚。据说英国首相代表政府、王室、议会提出这绝不可以：一是英国不能接受一个美国人为王后，二是此女人在此前离过婚，三是宗教信仰也不同。爱德华八世不肯让步，于12月间退位受封为温莎公爵，其弟弟约克公爵继位称乔治六世。

这段故事让许多人感到是天下奇闻，表面上看来是男女痴情的佳话，战争结束时缴获的德国历史档案解密就让此事变了味。通过揭示真相，温莎公爵当年辞去王位是因为他在德国纳粹上台后就对其同情，又与之

秘密来往，辛普森夫人又是牵线人，这是英国无法外扬的丑闻，只好以婚姻一事迫国王辞位。1940年德军占领法国后，作为英国原驻法国军事代表的温莎公爵又迟迟不接受赴巴哈马群岛担任总督的任命，留在葡萄牙同纳粹德国的密使做起交易。希特勒表示愿意支持他恢复国王之位，达成英德媾和，只是因英国政府出面阻止才使此举未成。

2003年英国政府公布了辛普森夫人的一系列文件，说明这个美国女人一直对丈夫不忠。她既不漂亮又爱虚荣，而且放荡，还向多个秘密情人中的纳粹德国外交部长里宾特洛甫提供过情报。在无可辩驳的证据面前，英国王室无奈地承认了这段不光彩的历史。

此时苏联感受到纳粹的威胁，于1935年7月的共产国际第七次代表大会上提出建立国际反法西斯统一战线，苏法两国于同年订立了互助条约。不过法国态度游移，一面武装波兰并对苏示好以牵制德国，一面仍幻想希特勒的注意力只是向东，自己缩头在国境内坐观。

1936年3月，希特勒对法国乃至英国做出了一项重大战略试探——下令以3个营进入《凡尔赛和约》在莱茵河西岸划定的"非武装区"（即禁止德军进入），径直开到德法边境上。这个狂人对这一冒险试探之举并无把握，后来缴获的德国档案证明德军接有元首密令，如果法军越境出击就马上撤回。此时德国装备好的军队只有20万人，法国军队却有50万人，按条约法方还可得到英国、比利时的支持。希特勒事后曾说，下令越过莱茵河是他上台后"最紧张的时刻"。当时法军有13个师紧急开赴马其诺防线却没有越过德国边境，英国政府的反应竟认为"这是德国人自己家内的事"，比利时见此情景竟废除了对法同盟而宣布"中立"。希特勒就此摸清了英法不愿开战的底盘，接着就大胆地扩军并跨出了国门扩张。

德国一步步吞并他国土地，《慕尼黑协定》更助长其气焰

1938年3月，希特勒下令出兵自己的故乡奥地利。这个同样由日耳曼人组成、同样说德语，只是口音与柏林有些差异的国家，在纳粹分子

鼓动起的一片喧嚣声中被德国吞并，变成一个省。

　　希特勒下令出兵奥地利时，自己也乘车随军队"衣锦还乡"，路边有不少人被纳粹组织起来夹道欢呼。在这种没有遇到抵抗的进军中，德军的装甲摩托化部队第一次出动，路上事故多得惊人，多数车辆抛锚，反倒是马车队伍全部顺利到达。德国人迅速总结了这些经验教训，对装甲机动车辆的开进和保养方式做了一系列改进。

★链接

奥地利是战争受害者还是加害者？

　　1945年德国战败时，盟国分区占领了奥地利，虽恢复了这个国家，却将其作为战败国对待。奥地利一些人不服，认为自己也是受德国侵略的对象。

　　据说在战争失败时，进入奥境的德国本土居民和奥地利难民相遇。面对战火造成的一片废墟，许多奥地利人骂道："这全是你们德国人给我们带来的灾难！"德国人却反唇相讥："这话正好说反了，难道那个给德国带来灾难的暴君不是你们奥地利人吗？"不可否认的历史真相是，当年多数奥地利人受"大德意志统一"观念驱使，拥护希特勒实行"德

✐
希特勒返回奥地利故
乡时受到民众欢呼，
说明当地也已受纳粹
思潮迷惑。

✐
图为捷克苏台德区的
日耳曼族居民悬挂纳
粹旗，要求并入德国。

奥合并"，随后作为德国人的一部分参加侵略战争。奥地利的纳粹实力
强大且作恶多端，出现许多战争罪犯（其中也包括希特勒）。战后盟国
清算奥地利的罪责，自然也属必要，德国人也不能因为希特勒出身奥籍
（20世纪20年代后期为竞选已改德籍）把罪责外推。

　　吞并了奥地利后，原来有6800万人口的德国增加了700万人口，
纳粹的魔爪又伸向了捷克斯洛伐克的苏台德区。这一地区居住着360万
日耳曼族居民，希特勒以此为理由要把此地纳入德国。1938年8月至9
月上中旬，他在指使苏台德区的纳粹党徒发起骚乱，又动员起100多万
德军逼近边境。捷克政府相应地在国内进行军事动员，同时把主要希望

寄托于英法政府援助。

看到希特勒得寸进尺，英国内阁中产生了争论，如大臣丘吉尔等强硬派主张以军事准备威慑德国。英国政府为此下达了局部动员令，向伦敦居民下发防毒面具并组织挖防空壕，结果马上引来全国大哗。报界和众多民众纷纷质问："为什么我们要为一个遥远的小国去同德国打仗？"上次大战的惨重伤亡引发了英国普遍的和平主义，人们多安于享受而极度厌战，这种社会情绪也影响了政府的决策。事后一些英国人检讨，采取对德妥协有官方的责任，也有下层的责任。

此时任英国首相的张伯伦，一向主张对德国实行绥靖政策，为此不惜一再屈尊赴德。他在 69 岁时第一次乘飞机，先飞到慕尼黑，再前往奥地利山区的希特勒别墅请求不要开战，那个傲慢的对手扬言只能等到 10 月 1 日，捷克到这个时间若不让步就要动手。

希特勒的威胁马上奏效，英国首相张伯伦回来说服了法国总理达拉第，二人一同前往慕尼黑，再同希特勒和墨索里尼会谈，并在 9 月 30 日签订了英、法、德、意四国首脑的协定，确定把苏台德区割给德国，同时保证捷克斯洛伐克剩余的领土不受侵犯。软弱的捷克政府见外援已失，不敢单独抗德，也接受了把占国家人口四分之一的地区割让出去的协定。

令人叹息的是，波兰、匈牙利两国在希特勒的瓜分诱惑下也趁火打劫，在德军侵占苏台德区时也出兵各占领了捷克一片土地。其中波兰采取这种与强盗分赃的愚蠢举动极为短视，自己的国土因捷克被占而随之处于德国三面包围之下，希特勒马上又要瓜分它。

后来在国际上成为妥协姑息代名词的"慕尼黑协定"，带来的后果

慕尼黑会议召开前，英国首相张伯伦（前右二）飞抵德国谈判。

《慕尼黑协定》签订时四首脑合影，前排左起：张伯伦、达拉第、希特勒、墨索里尼。

不是和平而是大战。张伯伦飞回伦敦时挥舞着协定向欢迎的人群大喊:"整整一代人的和平有了保障!"当时就有记者撰文讽刺说:"他已经快70岁了,也许在有生之年还能享受和平。"无情的事实是只过了不到一年,希特勒就挑起了大战。

英法的领导人为何要对希特勒如此姑息妥协?并不能归咎于张伯伦个人糊涂,而是英法政府自纳粹上台后蓄意"祸水东引"政策的体现,就是希望德国东进苏联以坐山观虎斗。当时英法向波兰提供了安全保证,却对波罗的海三国即立陶宛、拉脱维亚、爱沙尼亚不做承诺,明显是想让苏德双方在此争斗,难怪苏联随后也来个反其道而行之。战时斯大林见到丘吉尔时曾解释说,如果没有上一年的《慕尼黑协定》,自己就不会签订《苏德互不侵犯条约》了!

《慕尼黑协定》让德军不费一枪一弹,就夺取了重要的战略区,希特勒反而胃口越来越大。1939年3月,他策动斯洛伐克独立后,又派德军以行军方式占领了整个捷克全境,欧洲最大的兵工厂——斯柯达工厂就此落到德国人手里,以质量优良著称于世的捷克武器装备和各种车辆充实了纳粹的武库。对外征服的这种意外成功,极大地刺激起德军官兵的狂热扩张欲,原先对希特勒的扩张政策表示担忧的将领们也都表示臣服而再不敢提异议,扩展所谓生存空间的侵略势头如同一辆失去刹车系统的高速列车,只有狂奔到最后彻底翻车才能罢休。

"波兰走廊"引发危机,希特勒下决心开战

希特勒上台不过6年,德国就彻底突破了《凡尔赛和约》束缚,不再付赔款,经济总量大增改善了多数人生活,还夺取了日耳曼人居住的

大片境外土地。此时全德充斥对那个魔头的欢呼声，陶醉于不战而胜之中的希特勒又想进行一次更大冒险之举——夺回"波兰走廊"。

在上次大战德国战败后，《凡尔赛和约》规定已经灭亡了近130年的波兰复国，其疆土主要是原来沙皇俄国占领的波兰部分，也包括德意志第二帝国的东部土地。尤其是几乎全部是德国居民的但泽市被割让给波兰作为通向波罗的海的出海口，这就把德国的东普鲁士从陆上切断，使德意志民族感到蒙受了奇耻大辱。早在1927年，德国国防军首领塞克特就向全军提出"波兰的存在是不能容忍的"，德军官兵乃至许多民众都把"消灭波兰"作为冲破《凡尔赛和约》的最重要一环。希特勒正是迎合了这一心理，在上台的第二个月即1933年2月即公开声明"要将波兰走廊归还德国"。

希特勒的露骨表态震惊了波兰，这个一向将苏联作为主要敌人的国家马上宣布要改善对苏关系并加强对法结盟。希特勒为暂时麻痹这个想吞下的猎物，在1934年同波兰签订了互不侵犯条约，表示要坚持采取谈判方式解决领土争端。波兰当局以短视的态度又实行睦德反苏政策，竟然支持希特勒吞并奥地利和苏台德区，还不听英法劝告而去合伙分赃，结果使自己处于更危险的境地。

波兰因被夹在德、俄、奥这三大强国之间，历史上多次惨遭瓜分，酿成了特有的民族悲情意识。1918年英、法、美支持波兰实现了复国，其当权者在摆脱民族压迫时也产生了狂热冲动，竟梦想恢复历史全盛期"从波罗的海到黑海"的疆域，同德、苏、捷这些邻国全都交恶。1919年，波兰"国父"毕苏斯基见苏俄处于饥荒内乱中，出兵攻占明斯克，翌年5月还攻下基辅。苏俄调动大军反攻后又直逼华沙城下。因英法援助加之红军指

现代波兰"国父"约瑟夫·毕苏斯基元帅，有创建宏大的"海间联邦"计划——将波罗的海与黑海间的领土联合起来，为此主动进攻苏俄。

挥错误，波军保卫首都侥幸获胜，俘虏了6万红军并大加虐杀。两国都因精疲力竭而停战，苏军在希特勒上台前却一直将波军当成头号作战假想敌。1939年秋，苏军进入波兰收容了十几万俘虏，翌年春，斯大林下令将其中的"反苏分子"加以消灭，这固然是违反国际法的不义之举，却明显含有报复心理。

纳粹兴起后，波兰处于"右邻讨厌它的信仰（波兰民众普遍信仰天主教），左邻仇恨它的种族（属斯拉夫人），这两个邻居又都比它强大多少倍"的危险境地，其政府却把抵御德国的希望寄托于英法，仍以主力对苏备战。30年代初日本侵占中国东北并炮制"满洲国"，希特勒因顾忌对华关系迟迟不敢公开赞同，波兰却独树一帜支持日本并承认伪满，还派大批军官驻"满洲国"同关东军合作对付苏联。此种为达目的不择手段的做法不仅伤害了中国，也体现了波兰政客趁火打劫、落井下石和罔顾道义的短视作风。

★链接

英国丘吉尔对波兰政府战前表现有一段精辟的评价：

"正当强大的德国对他们虎视眈眈的时候，他们却迫不及待地从那个已被掠夺和破坏的捷克斯洛伐克中抓去它自己的一份。在这个关键时刻，他们当着英法大使把大门关起来，英法两国大使求见波兰外长一面而不可得。这个民族，就一些个人而言，具有种种英雄的品质，天赋很高，豪迈勇敢，令人神往，但在政府生活的各个方面，却再三表现出积习难改的错误，这是欧洲历史中一件令人迷惑难解的事情，也是一个悲剧。"

1939年3月德国占领捷克，同时又向波兰提出归还但泽市，并提出将来打败苏联可以划给乌克兰北部领土作为补偿。这时波兰才知道自己成了纳粹下一个目标，其外长贝克马上赶赴柏林，当面拒绝了希特勒的要求，却希望以谈判缓和局势。因扩张连连得手的希特勒傲慢地表示没有商量余地，波兰当局才就此调整战略，组织对德防御，并向英法紧急求援。

此刻的英国和法国政府处在十分尴尬的境地，因为德国已经突破了《慕尼黑协定》的要求，若自己再退步还会让纳粹得寸进尺。当年他们支持波兰复国并一直提供援助，目的是达到牵制德国又能对抗苏联的"一箭双雕"功效，自然不能放弃该国。于是，法国保证继续履行同波兰的条约提供安全保证，英国也在1939年4月间同波兰达成《英波安全保证条约》。

希特勒见波兰同英法缔约，于5月间宣布废除《德波互不侵犯条约》。他又鼓动波兰境内的德裔闹事，如但泽市内的纳粹分子甚至手持武器包围波兰派驻机构逼其撤走。波兰政府对这些闹事者采取了一些弹压措施，德方便用准备好的摄影机拍下，在全国放映以渲染"日耳曼同胞遭受波兰野蛮迫害"。在这种民族沙文主义的煽动下，德国进行了军事动员，军队扩充到400万人，陆军装备好98个师。感到在慕尼黑受到愚弄的英国、法国政府认为不能再示弱，也开始了局部动员。英国着手实施建立欧洲最强大的空军计划，并决定将规模很小的陆军扩大6倍。法国陆军则以110个师、300万人的既定规模开始动员。

苏联此时刚在缓和内部的"大清洗"，同年夏在远东已同日本进行诺蒙坎交战。看到东西方局势同时紧张，苏军在同年内由160万人扩充到280万人。

此时欧洲战云密布，希特勒明白再想不战夺取土地已办不到，对是否开战也出现过摇摆。1939年初，他向德国陆军总司令布劳希奇元帅、海军司令雷德尔上将都表示，1945年之前不会开战，于是雷德尔制订了6年内建造大批水面舰只、达到英国舰队三分之一规模的"Z计划"。希特勒刚批准这一计划，随即又抱怨说："等这些军舰造好，仗早打完了。"为什么这个精于算计却又擅长冒险的野心家决定早打，是因他感到拖延时间对己方不利。英、法、苏三国的经济潜力比德国大得多，此时已开始加强战备，还不如趁着对方未准备好就先对波兰下手，同时他根据前一段的经验认为英国只会谴责而不会开战。

合作抗德希望落空，出现了"祸水西引"

进行现代大规模战争需要经济实力支撑，此时德国的科技水平和武器质量同英、法、苏、美基本在同一档次，能否赢得胜利的重要因素是看其装备产量，这又要以国家综合工业能力为基础。从主要工业品产量看，德国在世界工业强国中远逊于美国，略强于苏联，同英法总量相差不大。德国领土面积却只及苏联、美国的几十分之一，人口也少，又不像英国、法国那样拥有广阔的殖民地，拥有的资源比主要对手都少得多。以工业和机械化装备的血液石油而论，战前德国每年需要1000万吨左右，国内却没有出产，全靠进口或采取昂贵的煤炭液化（即人造石油）。美国年产石油达1.7亿吨，苏联则年产3700万吨，英法殖民地也能供应数以千万吨的石油。若是对几个对手打长久、拼消耗的战争，德国必败无疑。

★链接

1939年世界主要强国的工业产量和人口

	钢产量	煤产量	发电量	人口
美国	4790 万吨	4.3 亿吨	1613 亿度	1.32 亿
英国	1340 万吨	2.3 亿吨	390 亿度	4500 万
法国	795 万吨	1.3 亿吨	219 亿度	4200 万
苏联	1800 万吨	1.7 亿吨	430 亿度	1.7 亿
德国	2370 万吨	3.4 亿吨	640 亿度	7900 万
日本	670 万吨	（主要靠进口）	330 亿度	7200 万

　　希特勒经历过战场消耗把德国拖垮的第一次世界大战，深知要避免重蹈覆辙，想再战获胜只有凭借两条：一是各个击破，二是速战速决。波兰在他眼中只是一个手到擒来的小目标，真正难对付的是周边的英、法、苏三国。为此，希特勒决定先稳住苏联，待消灭了波兰和法国后，再回头"开拓东方生存空间"。为此，他决定先争取到苏联中立，并向将领们宣布："这一次你们不必再担心两线作战。"德国的战略重点在开战时放到了西线，至于在东面消灭波兰只是对付法国的一个前奏。

　　看到德国发动战争箭在弦上，英国和法国才决定同苏联开始谈判协同作战。1939年8月，苏、英、法三国的联合抗德谈判在莫斯科举行。在谈判中，英法要求苏联单方面保证在战争爆发后对德作战，却不愿相应保证派出军队进攻德国。斯大林就此彻底失望，在8月20日迅速做出了将"祸水西引"的决定。

自1939年3月德军占领捷克后，希特勒一反常态地向苏联表示想"改善关系"，还下令其占领下的斯柯达兵工厂继续履行原捷克政府对苏出口新式武器的协议。看到苏联同英法的谈判陷入僵局，希特勒马上派外长里宾特洛甫飞到莫斯科，于8月23日签订了《苏德互不侵犯条约》。这个条约规定，一方对别国开战时，另一方要保持中立，这实际规定了德国在西线作战时苏联要坐视不管。

　　为了让苏联保持中立，希特勒决定以让出东欧许多地盘作为诱饵。在《苏德互不侵犯条约》中附有划定了两国势力范围的密约，约定波兰东部以白俄罗斯和乌克兰居民为主的地区、波罗的海两国（后来加上立陶宛变成三国）、罗马尼亚的比萨拉比亚、芬兰为苏联势力范围，其他地方为德国势力范围。

　　对这一《苏德互不侵犯条约》，多少年来国际上非议极多，苏联解释这是在英法不愿合作时为对德作战争取时间的迫不得已之举。平心而论，同法西斯订约并划定势力范围在道义上的确理亏，不过英法在几年间总想"祸水东引"，也同德国签订过《慕尼黑协定》这种牺牲他国利益的条约，苏联此时自然要反其道而行之，自己对西线战事坐山观虎斗。至于斯大林在签约后对德国进攻的危险估计不足，那就属于另外一个战

🖉
1939年8月，苏德签订《苏德互不侵犯条约》。右起：莫洛托夫（苏联外长）、斯大林、里宾特洛甫（德国外长）。

略判断的错误。

2009年波兰纪念本国遭德国进攻及第二次世界大战爆发70周年时，曾指责苏联对德国签订互不侵犯条约也负有重大责任。当时俄罗斯总统普京对这一条约的评价是"的确不光彩，但当时没有别的选择"。

如果客观地回顾历史，可以认为普京这一评价是对的。英法长期的对德姑息和绥靖政策，对纳粹实力迅速壮大和扩张得手要负主要责任，而希特勒的打击反而先落到自己头上。

德国横扫波兰并进军挪威

1939 年 9 月 1 日，纳粹德国向波兰发起突然袭击，这也是国际上多数人认定的第二次世界大战爆发的日子。

希特勒要实现称霸世界的野心，首要目标是东向占领波兰，为下一步进攻苏联开辟基地，接着再回头打垮法国等西欧国家。为此，纳粹先同苏联签订条约将其稳住，再利用英法的"宣而不战"，以"闪击"式攻击迅速完成了对波作战，再攻占丹麦和挪威。反法西斯联盟未能建立和遭受袭击的国家事先麻痹，又是纳粹各个击破的战略得手的主要原因。

1939 年 9 月 1 日，纳粹德国向波兰发起突然袭击，这也是国际上多数人认定的第二次世界大战爆发的日子。希特勒根据他的扩张纲领，既要恢复第一次世界大战的失地（特别是"波兰走廊"），又要夺取包括波兰民族在内的斯拉夫人（他种族理论中的"劣等民族"）土地作为"优秀"的日耳曼民族的"生存空间"，采取这一进攻在意料之中。不过，此时波兰已经同英国、法国结盟，德国攻打波兰就要冒同英法开战的风险，而德军实力还很不足。希特勒敢下这样一个引发大战的决定，在于他预计过去实行绥靖政策的英国和法国不会为这个国家同自己打全面战争，又同斯大林达成了互不侵犯条约。这个战争赌徒还认为，只要速战速决，就可达到各个击破的目的。随后的历史进程证明，因英法没有采取积极行动，波兰成了"闪击战"的第一个牺牲品，德国从此走向了战争深渊的不归路。

波兰对危险估计不足，英法进行"假战争"

自从 1939 年 3 月德军占领捷克并向波兰提出"归还"但泽市的要求后，波兰当局才感到危险临头。看到边界对面的德军实行动员扩充，3800 多万人口的波兰也实行了动员，至 8 月间将全军总数由年初的 21 万人扩充至 70 万人（开战后又临时扩充至 100 多万人）。从编制上看，波兰军队共有 39 个步兵师，11 个骑兵旅，却只有 2 个摩托化旅。波军仅有 390 架作战飞机，坦克虽有 700 辆，多系英国产的维克斯轻型坦克和法国产的雷诺 FT-17 坦克及 RS-35 坦克，其海军因舰艇数量太少采取了出海躲避。

复国后的波兰军队建设主要依靠法国的帮助，建军重点放在已经过时的骑兵上。进入 20 世纪 30 年代，波军还坚持这种建军思想，已落伍到可悲的境地。德国调来攻打波兰的军队共 150 万人，有 2000 架作战飞机、2100 辆坦克，海军则堵住了波兰唯一的出海口。

从战略地理角度看，国力同德国相差悬殊的波兰近乎危若累卵。波兰整个国土可以看成是插入德国的一个软弱的凸角，三面是德国占领的土地，背后是过去长期敌视的苏联，仅有一小段边境连接着暂时中立的罗马尼亚（后来也倒向德国），这也成为其政府唯一能出逃的口岸。德国消灭波兰的白色方案，恰恰是根据波兰境内典型的地理条件制定的。在德军看来，波兰地形是一片平原，虽然有维斯瓦河等河流，在夏季和初秋水位却很低，许多地方汽车和马就可以蹚水而过，可以将此地作为第一场机械化战争和"闪电"式突击的试验场。

波兰军队在第二次世界大战开始时的形象。骑兵主要还是突击力量。

面对德军压境，波军总参谋部对战略、战役形势都做了错误研判，对于机械化集群作战这种新的战争样式更缺乏认识。虽然波军将原来配备在波苏边境的主力调一部分到西部，但仍认为德军的进攻目标是打通"波兰走廊"，没有想到希特勒是想彻底灭亡自己的国家。波方的作战预想是以前沿防御在开战后一段时间内顶住德军的进攻，英法就能进攻德国西部，自己可以达成一个妥协性的和约。

★ 链接

波兰对德防御的致命缺陷

战前波军的防御部署是 1939 年 3 月后匆忙制订的"西方计划"，如同第一次世界大战那样成一线配置，将 7 个军和 1 个作战集群一线展开，仅留下 1 个军和 1 个作战集群在华沙附近作为战略预备队。这种"鸡蛋壳"式的防御，在机械化战争时期完全过时，其一点若遭到突破，对手便能轻易插入纵深，其他方向的防御部队也容易被"包饺子"。何况波兰地势平坦，适合德军装甲兵团驰骋。波军机械化水平又很低，部队

1939 年大战开始时德国步兵基本装备图,手持标准的K98步枪。

调动主要靠马或徒步,在德机控制头顶时更难机动,遭受突击难免形成战线崩溃和部队纷纷被围被歼。

德军在战前就认定,波兰人在战略部署上十分低能,他们的希望都寄托于英法的援救。希特勒此时深刻洞察了西方对手的心态,他本人当年参加过西线作战并研究过法国的战略,知道法国的军事思想是防御和进行阵地战,此时只会让军人待在防御工事里,不会进攻德国西部。至于英国,希特勒还希望其像过去那样采取不干涉态度。

9月1日即战争开始当天,英国和法国都宣布要求德国停止进攻,再进行谈判解决但泽和"波兰走廊"问题。希特勒决定不予答复,结果英法根据战前对波承诺的保护义务于9月3日对德宣战。据希特勒身边的人回忆,得知英法对德宣战,尤其是英国参战的消息后，这位"元首"一时显得十分惊恐，甚至出现了身体发抖。不过他对此也有心理准备，虽然对英国十分失望，却笃定只要速战速决，英法就来不及救援，甚至不会真打。

果然，德国军方随后看到了"奇迹"发生，那就是英国和法国只进行了口头宣战。当波兰火急火燎地求援时，英国以未准备好为理由，只宣布在海上封锁德国舰船，未马上派兵到法国，海空军也没有对德采取攻击。法国虽然在一周内向边境调动了90个师，对德军在边境的22个刚动员好的二流师形成了绝对优势，却只在边境的萨尔区这一个别地段派兵进入德国境内，深入不到10公里（当面德军未抵抗即撤入纵深），在其他地段连射击行动也没有。德军在边境线上打出的法文牌子是"我方不首先射击"，结果形成了"静坐战争"。待到波兰全军覆没，进入德境的少数法军也马上撤出，此时国际上对这种只是对峙、基本不射击的作战称为"假战争"。

英法对德国形成"宣而不战"，除了一心避战利己的短视作风，还是希望东进的德军会同苏军发生摩擦和冲突，"祸水东引"的心理到这时仍未改变。希特勒却已经稳住了斯大林，再下一个打击只会落到英法头上。

德国坦克对波兰骑兵形成"机械化屠杀"

德国对波兰的进攻，成为现代机械化部队战场突击的第一个战例。根据希特勒批准的"白色方案"，德军地面部队分为南、北两个集团军群，以装甲部队为先导，同时向波兰军队发起进攻，首先突破边境一线的波军防御阵地，而后迅速向纵深穿插。总的战略企图，是在战争第一阶段完成对维斯瓦河以西包括"波兰走廊"在内的所有波军的合围，然后对包围圈内波军逐一歼灭。在战争第二阶段，德军再完成对布格河以西所有残余波军和华沙的合围，并最终攻陷华沙。由于复仇主义的煽动，此时德国官兵表现得十分狂热，作战时异常凶猛。

9月1日清晨5时，德军进攻全面打响。此前半小时，停在但泽港内的德舰已经向波军要塞开火，市内的纳粹武装分子也开始进攻有波军驻守的邮电局。天亮时，德国空军的2000架轰炸机、战斗机倾巢出动，

对波兰西部的防御阵地、军火库以及各军民机场、铁路、公路、桥梁等交通要道展开了密集轰炸。德军6000门大炮也一齐开火，炮弹如雨点般倾泻到波军阵地上。波兰所有军、民通信顷刻间全部中断，交通枢纽和指挥中心也遭到破坏，整个国家陷入一片混乱。

德国表现1939年9月以斯图卡轰炸机在波兰实施轰炸的水彩画。

此时波兰空军的几百架飞机还停在主要机场跑道上，未起飞就大都已灰飞烟灭，剩下的飞机疏散到偏僻的机场上隐蔽，此后半个月内只能进行一些零星的起飞袭击，制空权完全被德军控制。

进攻波兰的德军有76个师，其中7个装甲师起了决定性的突击尖刀作用。根据《凡尔赛和约》，德国不得拥有作战飞机和坦克，不过德国为了规避限制，1922年4月16日同苏联签订了《拉巴洛条约》。随后，德国向苏联提供成套的武器制造生产线，得到的回报是可以派军人在那里不受干扰地训练装甲兵、飞行员及其他军事人员，研制受《凡尔赛和约》限制的武器。

战败者往往更愿意学习探索，第一次世界大战结束后，德国军官总数虽然受条约限制仅有4000名，却深受普鲁士军事传统熏陶，精通军事理论，称为"德国装甲兵之父"的古德里安就是代表。他对英国人富勒的机械化作战理论非常推崇，还得到了多数少壮军官的重视和认同，一些老派容克贵族军人虽有怀疑却也认为可以一试。古德里安还到过苏联喀山的坦克学校，督促那里的德国学员加快学好装甲车辆的使用技术。

1933年纳粹上台后，德国马上在国内公开研制坦克，古德里安创建德军装甲部队的想法得到了希特勒的大力支持。这个帝国元首在一次大战中作为传令兵，尝尽了西线几年战壕僵持之苦，有一种渴望能打破传统战术的冲动。希特勒并不喜欢古德里安直率且有时敢于顶撞的性格（后来便两次将其解职并始终不升他为元帅），却欣赏他建立装甲部队的主

张，甚至叫嚷："这正是我所需要的！"

在进攻波兰时，德国装备的坦克水平还不算高，推出的几种型号性能不及同期英、法、苏坦克的水平，这也与战后长期未能在国内建立坦克生产线有关。到二战爆发前，苏联每年生产 3000 辆坦克，德国的产量不及其十分之一。后人说希特勒穷兵黩武，从整体看确是如此。不过这个恶魔上台之初，为收买人心，还是将国家财力主要投入改善民众生活。由于军费投入有限，德国研制和生产坦克的投入自然有所不足，不过其积极性非常高。

德军早期装备的坦克大部分是 PzKpfw-I 轻型坦克，简称 I 号坦克，它全重只有 5 吨多，有枪无炮，主要起到试验作用，参加过 1936 年至 1938 年的西班牙内战。1935 年以后德军开始装备 II 号坦克，在进攻波兰时是陆军装甲兵主力。

1939 年 9 月 1 日 4 时 17 分，即"白色方案"开始前 28 分钟，德国"石勒苏益格－荷尔斯泰因"号战列舰主炮向波兰要塞开火，第二次世界大战的第一炮打响。

★链接

进攻波兰的德国坦克

德国 II 号轻型坦克，原为装甲部队开展训练而制造的过渡性车辆，因大战提前发动而不能不充当主力。车全重 10.2 吨，装配 20 毫米炮和一挺 7.92 毫米机枪，最大时速 40 公里。

德军进攻波兰时的主
力战车为Ⅱ号轻型坦
克，装配1门20毫
米口径炮。

德国所绘制的波兰骑
兵对付德国坦克的宣
传画。

进攻波兰前夕，戴姆勒奔驰公司
生产Ⅲ号坦克也开始正式装备部队，
初期型重20吨，开始装配37毫米火炮，
不过这时数量还很少。

因德国自产坦克数量不足，便
将从"保护国"捷克缴获的共177辆
LT-35和LT-38坦克调来配署给了4
个轻装师。这两型坦克在机械性能、
机动性和越野能力等方面不如德制坦
克，装配的37毫米炮的火力则与Ⅲ号
坦克相当。

德军装甲兵的坦克数量、性能虽还不如意，对波兰却居于绝对优势。
何况坦克作战威力的发挥不仅取决于坦克性能本身，很大程度上还取决
于指导坦克作战使用的战术思想，而德军机械化集群作战思想和坦克作
战运用原则无疑在战前是世界一流的。

开战第一天，德军装甲部队便在波兰广袤的平原上横冲直撞，如入
无人之境，并同空军密切配合，将拦阻他们的波军迅速击溃。此时波军
的骑兵显示出前仆后继的精神，蜂拥而上，挥舞着他们手中的马刀和长
矛向德军的坦克发起猛烈冲锋，德军见状刚开始也大吃一惊，很快就镇

静下来并毫不留情地用坦克炮和机枪向波军射击，用履带碾压波军，战场上瞬间就变成了一场实力悬殊的屠杀。在开战后的 4 天内，古德里安指挥的第十九装甲军仅付出死亡 150 人、伤 700 人的微弱代价，就取得了歼灭波军 2 个步兵师和 1 个骑兵旅的战绩。

★链接

古德里安对围歼波军骑兵的回忆

"波兰的骑兵，因为不懂得我们坦克的性能，结果遭到了极大的损失。有一个波兰炮兵团正向维斯托拉方向行动，途中为我们的坦克所追上，全部被歼灭，只有两门炮有过发射的机会。波兰的步兵也死伤惨重。他们一部分在撤退中被捕获，其余全被歼灭。"当时希特勒得到报告，按捺不住激动的心情，在古德里安告捷第三天就飞抵第十九装甲军视察慰问。古德里安向元首不无炫耀地说："波兰人的勇敢和坚强是不可低估的，甚至是令人吃惊的。但在这次战役中我们的损失之所以会这样小，完全是因为我们的坦克发挥了强大威力的缘故。"

波兰战场上出现的冷兵器和装甲战车的直接较量，胜负从一开始就已经注定。古德里安关于坦克集群作战的结论，给希特勒留下了深刻的印象，使他日后更重视这一兵种。

波兰政府先逃，华沙保卫战失败

德国对波战争开始仅 6 天，波军总司令就下令所有部队尽快撤至横贯华沙的维斯瓦河以东，波兰政府当日也仓皇撤离华沙迁往卢布林。9 月 8 日，德军就进抵华沙南郊。

9 月 7 日，德军转入第二阶段攻势，开始全力构建第二个大包围圈。9 月 16 日，波兰政府离开卢布林逃

前坐者是德国装甲兵之父古德里安上将，其身后为老将隆德施泰德。

入罗马尼亚，又从那里转道去法国，再转移到伦敦，成了流亡政府。

9月17日，德军完成对华沙城的合围，限令于12小时内投降，在国家政府逃走，军队一片混乱的情况下，英勇的华沙市长挺身而出，召集勇敢的市民和退入首都的军队继续抵抗。德军发动了对华沙的最后猛攻时，坦克倒显得不中用，便调集大批轰炸机对华沙进行了高强度轰炸，经过12天攻城，德军并无太大进展，不过波兰防卫者看到英法不来救援而丧失了希望。

9月28日，华沙守军司令正式签署了投降书，城市被德军占领。9月29日，海边的莫德林要塞投降。至1939年10月2日，进行抵抗的最后一个城市格丁尼亚也停止了抵抗。

至此，波兰战役全部结束，据统计，波军死亡6.6万人，伤13.3万人，被德军俘虏69.4万人。此外，东部的波军被苏联红军俘虏21.7万人（都系不战而降），另有10万人逃至邻国。德军统计自身作战死亡1.06万人，伤3.03万人，失踪3400余人（其实已基本死亡）。

在德军进攻波兰后的半个多月内，苏联采取了观望政策，不过已向苏波边境集中3个集团军约40万部队。此时德国秘密催促苏联，希望对方也出兵占领互不侵犯条约的密约中分界线以东地区，苏方却没有反应。显然，斯大林不想与德国同样背负发动战争的责任，他原先也未想到德军进展会如此迅速，认为英法有可能对德国进入上次大战那种长期的对峙战，自己正好可以利用这段观望时间发展力量。

9月16日，波兰政府逃出境外，同日，苏联与日本签订了在诺蒙坎停战的协定。9月17日，苏军便以"波兰国家和政府实际上不

这幅画表现了波兰军队官兵被德军俘虏。

再存在"为借口，打着保护西乌克兰人、西白俄罗斯人的旗号，出兵波兰东部，只用几天便占领了苏德互不侵犯条约秘密附件中划给他们的有1200万人口的原波兰东部地区。

苏联这次出兵，对外宣传并非战争行动，表示只是在原来的波兰政府不存在后占领"无主之地"。苏军的确也没有遇到什么抵抗，东部的波军此时在德军打击下已是乱成一团，到处是散兵游勇，遇到前进的苏军只是缴械当俘虏，并得到善待的保证。

★链接

对苏联占领波兰东部该怎样看？

对苏军进兵波兰东部，当年国际上许多人认为是阻拦了纳粹继续东进，包括英法也未指责。不过此时在波兰的德军遇到西进的苏军后，刻意表现出热烈欢迎的姿态，并拍下许多影像资料用于宣传所谓"苏德友好"。

9月29日，希特勒又派出外长里宾特洛甫赴莫斯科签订了《苏德友好边界条约》，双方在波兰土地上划定了分界线。战后德国有关互不侵犯条约的密约档案被美英缴获后，西方舆论和冷战结束后的一些东欧国家长期以此攻击斯大林，认为他与希特勒瓜分欧洲，对战争爆发负有同等责任。此说显然不公，因战争毕竟是由希特勒发动，斯大林只是不再制止并乘机夺取战利品，何况此前英法与德国签订过类似条约，也牺牲过一些小国利益。

苏军占领的原波兰东部原属俄国，主要居民是乌克兰人和白俄罗斯人，苏联政府便以此为由宣布将其并入苏联。对苏军接收投降和收容的波兰战俘，苏方争取其士兵为自己服务，对军官则进行甄别。波兰战俘中有2万余名军官，经苏方动员只有少数人愿意为其服务，其余的人仍持反苏立场。

斯大林为首的苏联领导认为这些"反革命分子"不可救药，便在1940年将其分批在卡廷等地秘密处决，从而留下了后来引发世界议论的"卡廷事件"。

波兰作为一个国家，在复国21年后又一次亡国，是非常可悲的。在战争史上，作为闪击理论的首块"试验田"，波兰成为悲剧性的牺牲者。

1939年9月，苏德两军官兵在波兰相逢，表面笑容掩盖着内心的敌意。

德军装甲部队与空军密切协同，使得空地协同第一次呈现出以前所未有的突击力量，让世人第一次领略了"闪击战"的巨大威力。波兰军人做出的英勇抵抗值得尊敬，其政府决策者却表现得昏庸怯懦。波兰军队这种惨痛的血的教训，本应该唤醒其英法盟友对德军装甲部队的高度警惕，不过令人遗憾的是，巴黎和伦敦方面那种僵化的思维并未因此而被打破，几个月后又遭受了大灾难。

丹麦、挪威在无备中遭到突袭

希特勒顺利解决了波兰，根据"先西后东"的既定战略，矛头又指向了在上次大战因保持中立避免了战祸的丹麦、挪威，并再攻法国。丹麦、挪威这两个富裕的小国依据以往的经验，认为在交战双方中不得罪任何一方就可以继续享受安宁生活，没想到追求苟安却不能自保。

丹麦紧邻德国，国内不保持武备以示无害，希特勒却认为应掠取其工业能力并建立基地以便向北发展。对地处北欧斯堪的纳维亚半岛的西北部的挪威，希特勒一度举棋不定。他开始认为首要目标是征服西欧，还是先保留挪威的中立地位。

1939 年 10 月 10 日，德国海军总司令雷德尔海军上将晋见希特勒，提出挪威可能向英国开放港口而给德国带来战略上的不利后果，力劝希特勒先占领那里。接着，挪威纳粹党党魁、国防部长吉斯林访问柏林，向希特勒报告说英国即将占领挪威，请求希特勒出兵，他可以发动一场政变建立亲德的新政权。希特勒经过考虑，在 1940 年 3 月下令占领挪威，在英法准备进军那里之前抢了先。

挪威这个狭长的国度，人口不过 300 多万，却有 2.1 万公里的海岸线，多是天然良港。由于德国没有直接进入大西洋的出口，只有经北海绕过英国本土才能进入大西洋。第一次大战期间，英国曾从本国的设得兰群岛到挪威海岸横跨狭窄的北海，布置了一道严密的封锁网，使德国舰队困在本土港内无所作为。第二次世界大战爆发后，德国海军鉴于历史经验和地理现实，认为必须在挪威获得基地，才能突破英国在北海的封锁线进入大西洋。德国海军中将韦格纳就比喻说："北海的德国舰队原是没有马的骑士，现在应当让他骑在地理的马鞍子上。"

1940 年 4 月 9 日，德军同时对丹麦、挪威发起进攻。为了显示一下自己遵守先宣战的国际规则，德国在开始行动前一小时或半小时才通知对方，这其实根本不可能得到答复。

4 月 9 日凌晨 4 时 20 分，德国驻哥本哈根使节突然向丹麦政府递交了最后通牒，要求丹麦立即接受"德国的保护"，限定 1 小时内答复。此时德国舰只已开进丹麦各主要港口，一小时后就从海上登陆，同时陆军越过边界，向丹麦纵深推进。更重要的是，德军的入侵还打破战史上的常规，采取了从天而降直接夺取丹麦首都，控制其国王和政府。

★链接

德军在丹麦首次创造了空降成功战例

纳粹进攻丹麦前，受命攻击的德国伞兵部队的军官事先都扮作旅游者和商人到预定的降落地点反复观察地形，达到了如指掌的程度。4 月 9 日天刚亮，几十架德国运输机突然闯入丹麦首都附近上空，投下了几百名伞兵。当时丹麦根本没有做抵抗准备，其军队事先还接到通知，没有政府命令不得对德国伞兵开火。德国伞兵在机场和主要桥梁落地后，执勤的少数丹麦哨兵竟不知所措，德军不费一弹就用枪逼着这些人放下

武器。接着，德国伞兵夺下街道上丹麦人的自行车，骑着直扑首都哥本哈根市中心并占领王宫。

当时丹麦人几乎没有抵抗，德军直接开进王宫后，守兵不知所措。德军一个营长闯进王宫走到丹麦国王面前时，这个国王还以敬佩的口吻说："你们能采取这样的行动，真是一个奇迹！"在入侵行动开始后的 4 小时，丹麦政府宣布

德国伞兵在进攻挪威和丹麦时首次登场。

接受了德国的最后通牒，沦为"被保护国"，其实这时自己的首都已经被占领。

4 月 9 日 5 时 20 分，德国驻奥斯陆的使节又向挪威政府递交了相同内容的最后通牒，当场遭到拒绝。半个小时后，德军代号"威塞演习"的攻挪行动开始了，这是以海、陆、空三军联合作战的立体战术实施突然袭击。

★链接

力量弱小的德国海军为何能成功登陆挪威？

德国与挪威有海面相隔，此时德军的舰艇总吨位不过 35 万吨，而英国、法国海军的总吨位是其 6 倍，且监视着北海方向。如德国舰队发起进攻的意图暴露，完全有在海上遭受覆没性打击的可能。为此，德军统帅部特别强调战役发起的突然性，指出："尽管敌人握有制海权，但如能充分发挥突然性，我军是可以进入挪威的，认清这次战役的重要性，将来水面兵力虽损失大半亦不应吝惜。"为达成突然袭击，德军统帅部散布假情报，造成准备在英国登陆的假象。英国海军果然将庞大的舰队用于保护本土，未能在最有利的时机将实力十分薄弱的德国登陆舰队消灭在航渡中。

4月9日清晨，已经过3天航行的德军登陆舰队从南到北在挪威的奥斯陆、克里斯丁、斯塔万格、卑尔根、特隆赫姆、纳尔维克6个主要港口登陆，虽遭受到不同程度的抵抗，除进攻首都外的登陆都还获得成功。

德国海军进攻挪威首都奥斯陆时遇到的抵抗最为强烈，在奥斯陆峡湾入口处，德国舰队遭受岸炮轰击和鱼雷攻击，新服役的旗舰、排水量1.5万吨的"布吕歇尔"号重巡洋舰中弹后舰内弹药爆炸，当即沉没，损失1600名官兵。

尽管德军在挪威首都的登陆失败，空降却首战告捷。4月9日天亮后，一支伞兵部队乘坐29架运输机飞到挪威首都上空，德国武官也赶到首都机场等待伞兵。德国运输机到达机场后直接向跑道降落，机场上的少数挪威哨兵大吃一惊，不知所措。等他们看到从停稳的飞机中跳出全副武装的德国伞兵后，才知道是武装入侵，一些挪威兵便用手中的步枪开火，却马上就被德国伞兵的机枪压制。接着，大批德国运输机接踵

上左为表现德军进攻丹麦首都的邮票，右为表现挪威抗击德军的邮票。

表现英舰在挪威攻击德国驱逐舰的油画。

而至，1500名德国伞兵在机场直接走下飞机，在挪威内奸吉斯林集团和德国武官引导下，直接列队开入挪威首都。挪威王室、政府为了免当俘虏，马上带着20辆载着挪威银行的黄金和3辆外交部秘密文件的卡车撤到北部继续组织抵抗。

表现德国飞机在挪威海面轰炸英舰的绘画。

英国得知德军登陆，马上派舰队到挪威多个港口寻歼德舰。由于德军迅速占领了南部机场，以空中打击迫使英舰撤出挪威南部、中部海岸。德机的半径却到不了挪威北部。于是，英军便集中力量打击在北部港口纳尔维克登陆的德军，以战列舰"厌战"号为首的舰队冲入当地海湾，堵住那里的10艘德国驱逐舰，并将其击沉。接着，英法联军以及波兰、挪威部队2万多人在舰队和空军支援下登陆，向纳尔维克港反攻，而当地德军进行了顽强阻击，希特勒后来将"纳尔维克的英雄"树立为表率。

★链接

纳尔维克一役显示出德军战斗素质高于盟军

从千公里外突然奔袭挪威北部纳尔维克港的德军为数很少，又在一个月内得不到海空军的支援，竟然能打击兵力几倍于己并有强大海空军支持的盟军，表现出纳粹复仇主义煽动下的德国官兵在当时有狂热的战斗精神，军事素质也高于对手。此时英国首相丘吉尔曾坦率承认："在纳尔维克，一个混合的、临时凑集的德国部队，为数仅六千人，竟能顽抗盟军两万人达六星期之久，在这次挪威战役中，我们一些精锐部队——苏格兰和爱尔兰卫队，被希特勒的精壮的、勇往直前的和训练有素的年轻士兵击败了。"

表现英国"光荣"号航空母舰在挪威附近海面被德舰击沉时的绘画。

挪威北部激战时，5 月间，德军在西线对法国发起大规模攻势，英法自顾不暇，于 6 月 7 日前从挪威撤出了全部军队，挪威国王和政府也流亡伦敦，德军于 6 月 10 日占领挪威全境。在德军的保护下，吉斯林组成了傀儡政府。英军撤退时因协调掩护出现漏洞，航空母舰"光荣"号在从挪威北部海面回国途中，意外遭到德国战列巡洋舰"沙恩霍斯特"号和"格奈森诺"号拦截，因此时舰上全部飞机均已降到机库内来不及出动，在对手 280 毫米主炮射击下只能被动挨打，在两个小时内沉没，1519 人战死。"光荣"号成为战史上第一艘被舰炮击沉的航母，说明这种舰只在出击时，一定要伴随强有力的战舰掩护。

德军进攻挪威的战役，首开伞兵空降作战成功的纪录。希特勒就此对伞兵推崇备至，一时人称"空军是德国的宠儿，伞兵是希特勒的宠儿"。

进攻挪威的德国海军虽然为侵占行动做了保障，原本就有限的力量却损失不少。此役德军共伤亡 5700 人，海军损失驱逐舰 10 艘、重巡洋舰 1 艘、轻巡洋舰 2 艘、潜艇 4 艘。英法和挪威军队共伤亡 5000 余人，英国损失航空母舰 1 艘、巡洋舰 1 艘、驱逐舰 7 艘，法国损失驱逐舰 1 艘。

挪威战役后，德国取得了攻击英国和向苏联北方进军的基地，改善

了战略地位。德国潜艇和水面舰只得到了挪威漫长海岸上的基地，可以不受封锁地进入大西洋。希特勒看到此役成功，野心更为膨胀，决定迅速对法国和比利时、荷兰下手。

德国人在纳粹煽动下，此刻将20年积蓄的仇恨爆发出来，在官兵和普通民众中大都迸发出一种近乎疯狂的力量。与此同时，英国、法国以及比利时、荷兰等国仍

被德国树立为"纳尔维克战斗英雄"的陶特纳尔少校在挪威作战的形象。

沉溺于避战求安逸的和平主义中。此刻作为中立国的美国记者到西欧采访，看到德国道路、车站上集结的军人都是高唱战歌，精神抖擞地走向战场，旁边的民众则热烈欢呼。英、法、比、荷国内却是一片歌舞升平，看到军人队伍大都是萎靡不振，反映民意的舆论界更是充斥避战言和之声。美国记者就此感慨英法等战胜国以享乐和绥靖思潮"耽误了一代人"，这样的松懈和没有斗志的军民同纳粹德国对抗，不待交锋就可知胜负。

描绘德国舰队在空军掩护下进攻挪威的油画。

"闪击战"逞凶和法兰西沦亡

1939年9月，英国、法国对德国宣战后几个月内，西线战场出现了「宣而不战」的奇特现象。

原想"祸水东引"的英国和法国,在波兰沦亡后又成了纳粹"闪电"式打击的又一个打击目标。德军以全新的作战形式,绕过马其诺防线,直插消极防卫的法军后方,并逼得英国远征军从敦刻尔克渡海逃回。希特勒在西线征服那些发达的工业国得手,大大扩张了经济实力,同时也以实战成功锻炼出一支当时最强悍的军队。

"闪击战"逞凶和法兰西沦亡

从战史上看,如果说德国发起的波兰战役是"闪击战"开篇之作,七个月之后的法兰西战役则是其成名之作。从 1940 年 5 月中旬起,德军装甲铁骑在空军密切配合下,仅用 40 多天的时间就让曾经欧洲第一陆军强国法国蒙受贡比涅再签降约之辱,俯首为仆。希特勒的豪赌再一次以胜利告终,是当时德国超常的作战思想和运用全新战术的结果,也是利用了英、法、荷、比等国的战略麻痹和保守主义的防御理念,以及战后弥漫的和平苟安观念。不过希特勒在德军逼近法国港口敦刻尔克时突然叫停,让集中了英国陆军精锐的远征军能逃回本土,这一战略失算也给自己种下了西线战事能长拖不决的祸根。

"假战争"持续八个月,曼斯坦因想出奇计

德军坦克突破法国马恩河。

1939 年 9 月,英国、法国对德国宣战后几个月内,西线战场出现了"宣而不战"的奇特现象。法军守在境内坚固的马其诺防线内,不向对面齐格菲防线内的德军开火,终日听着对面播音喇叭进行的瓦解斗志的宣传。德方此刻的宣传内容,都是宣扬德法应友善,法国人不值得为波兰和英国人卖命。法军的斗志日益懈怠,前线众多军官都请假回内地享乐,政府也等着同德国在波兰问题上商谈条件以媾和。

法国此时的精神面貌,正是随后溃败的最

重要原因。拿破仑时代的法军，曾经是欧洲战斗精神最强悍的部队，不过在第一次世界大战法国付出300多万人伤亡（其中死亡达124万人），这一惨胜在民族心理上也留下了巨大阴影。战后法国不是以胜利振奋民族精神，舆论界普遍强调绝不能再打这样的仗，整个社会沉浸在安逸主义之中，民族进取精神丧失和思想颓废导致危机到来时必然出现心理崩溃。法国遭受德军突袭时，迅速出现军民狼狈逃窜、难民堵塞道路的不可收拾的局面，贝当元帅实行的投降主义路线

贝当元帅。

一度得到多数国民拥护，这正是当时社会思潮所促成。

政治决定军事，社会追求苟安享乐只会导致保守性的消极防御。战后法国看到德国崛起的威胁，采取的方式只是在边境构筑防御阵地，认为躲在强固工事里便可打退来犯之敌并避免伤亡。从1927年起至1936年，法国沿着同德国的全部边境修筑了一条由地下钢筋混凝土堡垒为主体的马其诺防线，其坚固程度可称世界之最，而且里面还有暖气、电器、照明等舒适的生活设施。法国人还自豪地宣称："这就是我们的英吉利海峡。"

修筑马其诺防御，几乎耗尽了法国从德国获得的全部赔款，这一防线从瑞士边境旁一直延伸到法国同卢森堡的边境旁。当时有人提议，德国军队有可能绕过这一防线，从卢森堡和比利时进犯，下一步应将防线延伸到法卢、法比边界。不过增建防线所需的巨大开支一时难以解决，法军统帅部又认为卢森堡既是中立国又是山区，德军上一次大战就没有从这里进攻，不必太担忧。他们也想到比利时的中立可能被德国再度破坏，不过届时会有英国远征军和自己的机动部队前去拦截，那里又水网密布，临时组织防御即可。

对德宣战后的英国政府，主要是发挥"海上霸主"的优势，为防范大西洋上德国的水面袭击舰和潜艇活动而采取一些搜索攻击，在西欧大陆上不采取军事行动。英国又对上一次大战中参加陆战所付出了90多

万官兵阵亡的惨痛损失心有余悸，而不想再打大规模陆战。1939 年夏天，大战来临之前的英国海军因拥有的舰艇达 130 万吨（还有 50 万吨封存备用舰）而居世界海军首位，其中在役战列舰和战列巡洋舰就达 17 艘（当时德国只有 3 艘），可是陆军只有 5 个师，而且部署在本土的只有 2 个师。大战开始时，英国紧急决定扩建 25 个陆军师，至 1940 年春天只建成了 11 个。此时皇家陆军在国内能够调动的 13 个陆军师中，有 12 个师、25 万人作为远征军渡海到了法国北部，主要任务是防范德军像上次大战前那样越过比利时进攻。英国舆论界也有很多反战论调，认为可以谈判解决波兰问题，社会上不想打仗的思潮同样影响了政府决策。

此时的希特勒针对英法的苟安幻想和消极避战，从 1939 年 10 月起就提出谈判议和。英法的底线是要恢复波兰，对此他根本就不想答应，而是想挥师打垮法国并迫使英国退出战争，放出和平烟幕不过是麻痹对手。波兰战役尚未结束时，德军主力就奉命西调，同时希特勒还命令总参谋部尽快制订针对西线的作战计划。

经历过上次大战失败的德国老一代将领，此时对英法军队在心中也存有余悸，如陆军总司令布劳希奇和总参谋长哈尔德就认为，在西线很难取得决定性胜利，只有采取守势以换得和平条约的签订。迫于希特勒的压力，布劳希奇在 1939 年 10 月 19 日拿出了第一份西线作战计划——"黄色方案"，实际上就是 1914 年德军实施的"施利芬计划"的翻版。

按此计划，开战后德军避开马其诺防线，破坏比利时、荷兰的中立，从这一方向发起主要攻击，而后由北向南发动"镰刀"状的弧形攻势，消灭索姆河以北的联军，并占领法国沿英吉利海峡和北海沿岸地区。至于此后如何开展行动，"黄色方案"没有提及，其意思是迫使对手媾和。

这个没有气魄、没有新意的"黄色方案"刚一提交将领讨论，马上遭到以 A 集团军

1940 年德国伞兵突袭比利时、荷兰时的装备。

群参谋长曼斯坦因中将为代表的新派人物的反对。曼斯坦因认为以主力进攻比利时、荷兰时，不仅要遭到比、荷两军坚决抵抗，当地纵横交错的河流和坚固的防御工事也将迟滞进攻，英法联军又会迅速北上驰援，很难达成大纵深的突破。以主力进攻马其诺防线，自然更不可取，只能以少数兵力对防线中的法军实施牵制。曼斯坦因主张，应将主攻方向放在从卢森堡通向法国的阿登山区。这一选择存在着一定的风险——阿登山区不适合大规模装甲集群的有序展开，不过在敌人预想不到的地域发起突然攻击，将起到出其不意的作战效果。装甲集群穿越阿登山区后，就可突破色当防线，直插英吉利海峡，围歼进入比利时境内英法联军。曼斯坦因拿出这一设想征求"德国装甲兵之父"古德里安的意见时，得到充分肯定，就此形成著名的"曼斯坦因计划"。

作为老派军官代表的陆军总司令布劳希奇和陆军总参谋长哈尔德看到曼斯坦因的计划后，认为不切实际，不仅不肯上报，还将他发配到一个二流步兵军任军长。不久，希特勒在官邸召见刚履新的5位军长，曼斯坦因便抓住这一机会将自己的想法和盘托出。上次大战中在比利时和法国北部边境一线作过战的希特勒，原先就对"黄色方案"心存疑虑，他听完曼斯坦因的报告后马上两眼放光，接着下令总参谋部尽快组织针对西线作战的兵棋模拟推演，最终决定采纳，就此形成了一个声东击西、避实击虚的计划。

德军以空袭开路，伞兵夺取坚固要塞

德军对西线发起总攻，从兵力、兵器上看并不占优势，后备力量和资源远不如对手，想取胜就必须速战速决，也就是采取"闪击战"。

1940年春天，德军总数达到470万人，在东线同苏联接壤处只留下7个作战师和少数守备队，将136个师连同空军支援部队共350万人调到西线，有2600架作战飞机和2800辆坦克。德军对面的英、法、荷、比四国能投入作战的兵力超过400万人，有3000架以上的作战飞机和3800辆坦克。德军飞机的性能与对手基本相当，坦克性能还略逊于法国，国际军事评论家在战后都认为——英法非常了解德国的武器和军队规模，却没有料到德军会采取的战术。

油画《斯图卡呼啸》显示了这种德国轰炸机俯冲投弹时还会发出刺耳的啸声。

德国空军的战术优势，在于发起攻击时首先空袭机场，将对方的飞机先消灭在地面。德国坦克的战术运用，是将这种钢铁突击力量集中于装甲师内，不像英法那样把坦克主要分散给各步兵师。"空中大棒"和地面的"突击拳头"紧密结合，这就充分发挥"闪击"作战的巨大威力，英、法、荷、比完全被打了个措手不及。

1940年5月10日凌晨，德国以空军首先对荷兰、比利时、法国的40多个机场发动了大规模空袭，利用对方缺乏戒备还未来得及让飞机升空，就将其大量消灭在地面。此举正式拉开了闪击西欧的序幕，伞兵部队同时又在荷兰、比利时空降，夺占重要桥梁和交通枢纽。德军地面部队在火炮掩护下突入比利时、荷兰，又向马其诺防线全线猛烈开火以实施佯攻牵制。在德法、德比和德荷边界一片爆炸声中，德国同卢森堡的边界仍是静悄悄，然而德军装甲兵主力却在这里不动枪炮就越过边界，成为插向对方战线最危险的一把尖刀。

比利时、荷兰作为夹在英法和德国之间的两个小国，从19世纪后期起就希望以保持中立避开战火，在1870年的普法战争中果然奏效。1914年德国发动战争进攻法国时，就根据"施利芬计划"，要求"借道"通过比利时并许诺不侵犯其主权，遭受拒绝后就强行入侵。在第一次世界大战时和战后初期，比利时曾同英法结盟。1936年德军进驻莱茵非军事区时法国不敢做出反应，比利时国王利奥波德三世又宣布采取中立政策，没想到苟且不能偷安，这一举动只能麻痹本国军民并削弱了防务。

德国军界一向信奉强权主义而不讲国际公理，在1939年末德军拟订西线作战计划时，又重操上次大战的故技决定通过比利时。德军上层多数人曾考虑像上次大战那样让荷兰中立，戈林等空军首领却提出占领那里的机场才能更有利地空袭英国。希特勒最后同意了空军的意见，小国命运就这样随便被强权国家所决定。

★链接

德国又一次破坏比利时中立并入侵荷兰

1940 年 5 月 10 日上午，德军飞机投下的炸弹已落到布鲁塞尔，德国大使才拿着"要求借道"的通知书走进比利时外交部，此刻外面的爆炸声已阵阵传来。比利时外交大臣满腔悲愤，不待德国大使讲话就怒斥说："这已经是 26 年来我们这个小国第二次受到你们国家的入侵，上一次还事先提出要求，这一次连通告都没有就开始军事入侵。不必再说别的话了，我宣布我国将坚决抵抗！"

其实德国当局知道荷兰、比利时不会答应"借道"，提出要求纯属是走一下外交形式而已。

由于德国伞兵突然袭击丹麦、挪威首都成功，希特勒又想如法炮制，开战时就向荷兰的海牙和最大港口鹿特丹实施空降突袭，企图俘获荷兰皇室、政府机关和高级指挥部成员。

德国伞兵此前的袭击成功，是利用当地守军缺乏防备空降的知识，才达成了出其不意的意图。其实在挪威北部空降作战中，德国伞兵就暴露出了很多弱点，如跳伞时散布面大，集合队伍困难，同时因缺少重武器而造成战斗力并不强。空降作战从其一登场就证明，成功的关键在于突然性，如果对手预先有准备，空降作战就很困难。

德军对荷兰实施空降突袭时，空军动用了伞兵部队主力，作战兵力达 1.6 万人，其中以降落伞降落部队 4000 人，以运输机和滑翔机降落部队 1.2 万人，并出动了 400 架容克 -52 型运

比利时军队在开战时的形象。

输机作保障。不过荷兰政府已看到丹麦、挪威的先例，在德国发起进攻前八天已实行了动员和准备，在可能遭受空降袭击的机场跑道上和公路的重要地段设置了地雷和其他障碍，并组织了对空火力。不过，荷兰还是心存侥幸希望能避免战争，军队只是很有限地动员了不足 8 个师，兵力数量不到 10 万人。荷兰军队又有一百多年没有打过大仗，加上一向对德国有畏惧之心，抵抗意志也不太坚决，这就注定了他们面对残酷的战斗不能坚持很久。

5 月 10 日凌晨，天还未亮，65 架德国运输机便运载着一个营的先头伞兵偷偷飞入荷兰，在首都附近的三个机场跳伞降落。在黎明前的黑暗中，为数不多的荷兰守军看不清敌军有多少人降落，在慌乱中只做简单的抵抗就逃跑。德国占领三个机场后，马上用 100 架运输机运来 3000 多人的后续部队，不过德国第二十二伞兵师的部队刚下飞机，荷兰军队就有近万人的预备队开到，还包括一个炮兵旅，在强大火力掩护下向机场反攻。人数占劣势并缺乏重武器的德国伞兵很快就被赶出机场。这时，德军第二批 44 架运输机还不知道机场已失，飞到那里准备降落，结果遭到机场上的猛烈射击，有的当场坠落，有的迫降到公路上又撞上预设的障碍。进攻海牙的德国伞兵仓皇败退，还丢下 1500 名伤兵成了荷兰军队的俘虏。

✎ 1940 年 5 月 10 日，德国伞兵突袭荷兰。

德国伞兵袭击海牙的同时，又有一个营在荷兰主要港口鹿特丹的机场跳伞降落，经过 1 小时的激战占领了机场。随后又有一个团乘飞机降落。鹿特丹的荷兰守军不多，德国伞兵虽达到了占领机场的目的，却未能马上占领城市。此时，德国陆军大举突破荷兰边境攻入纵深，荷军一战即溃。仅四天后，5 月 14 日荷军总司令在德国做出不将本国官兵当作俘虏并保全行政机构的承诺后，命令全军投降，荷兰皇室及政府成员还得以逃往英国组织流亡政府。

从整体上看，德军入侵荷兰成功是靠陆地上迅速突破和推进，在海牙的大规模空降是此前被吹得神乎其神的伞兵部队的第一次失败，伤亡达 4000 余人，攻占首都捉拿国王和控制政府的企图都没有实现。在荷兰，德军还损失了近 300 架容克-52型运输机,大都是在机场上降落时被击毁或在公路上迫降时被撞毁,飞行员大都死亡。这些飞行员多数又是航校的飞行教官,这使德国空军后备力量受到严重削弱,也从另一个侧面说明反空降准备能起到重要作用。

德国伞兵在突袭荷兰的同时,又对比利时边境的埃本·埃马耳要塞进行了一次奇特而大胆的空降突击,一时轰动了世界。这个要塞是比利时东部防御体系的核心,里面的炮兵火力可控制艾伯特运河和马斯河16公里之内的所有渡口。要塞三面是悬崖峭壁,内部筑有钢筋水泥碉堡和加固了的地下坑道,里面有防守部队1200人,当时被称为欧洲坚不可摧的防御阵地。德军知道正面进攻非常困难,就开始准备以空中奇袭的方式夺取。

★链接

德国伞兵为夺取比利时"第一要塞"的精心准备

开战之前,德国间谍窃取了埃本·埃马耳要塞的设计图纸,并根据图纸构筑了大小两个模拟要塞,由德国伞兵突击队进行了几个月的演练,使每个队员都对要塞的工事设施了如指掌。为了使滑翔机驾驶员能看见降落地点,也避免让守军提前发现,德军挖空心思把空中袭击时间定在日出前30分钟。此时牵引飞机把9架滑翔机拖到接近目标的上空,飞行员迎着黎明前的一丝光亮悄悄地飞向目标,降落时正好天已放亮,易于掌握落点和进行战斗。

德国伞兵对面积不大的要塞顶部采取滑翔机空降,确实是最高明的办法,若是跳伞随风而飘很难准确落在上面。为了减小滑翔机着陆时的滑行距离,德军在机身下缠上大量铁丝作为减速装置,使它滑行大约20米就能停下来。乘坐滑翔机的80多名伞兵,是有狂热精神的纳粹分子。相比之下,比利时军人不仅思想麻痹,而且斗志也不高。

5月10日凌晨,埃本·埃马耳要塞指挥官事先已接到"要严格戒备"的电话,守备人员却只注意地面情况,当滑翔机利用微明天色悄悄从空中接近距离要塞几百米时,观察员才发现这些飞行物。由于有人怀疑可能是英国盟友的飞机,要塞顶端的警卫没有开火,而是打电话询问。电话还未打通,9架德军滑翔机就已经直接降落在要塞顶部,突击队员和驾驶员一走出滑翔机即用冲锋枪进行扫射，接着使用手榴弹和炸药包逐个地对炮塔、碉堡、坑道口进行破坏，只用10分钟时间便控制了要塞表面阵地。

被这一空中突袭打得晕头转向的比利时守军，纷纷逃入要塞下层，运河对面的德军一个工兵营利用这一战果渡过河来，在空降兵协助下对要塞地下工事、坑道等进行了连续的爆破，丧魂落魄的要塞守军随即全部投降。这一次空降作战，德空降突击队只以阵亡6人、负伤19人的很小代价，歼灭比军1000余人，迅速夺取了这个国家最坚固的要塞。这次突袭成功也是利用对手麻痹的冒险行动。若比利时军队预先在要塞顶上架起几挺机枪，没有防护能力的滑翔机只能成为活靶，德军的冒险奇袭绝无成功可能。

德军以空中滑翔机降落袭击埃本·埃马耳成功，被称为世界空降作战史的经典一幕，说明了成功的小规模空降袭击有时能达到"四两拨千斤"的巨大战略效果。比利时边境的防御体系关键要塞开战就失守，这为德国在防线上打开了一个大缺口，也打垮了比军的心理防线。

表现1940年5月10日德国伞兵奇袭埃本·埃马耳要塞的绘画。

许多比利时人看到最坚固的要塞都守不住，认为再战也无希望，7 天后即 5 月 17 日就不战而弃首都布鲁塞尔。5 月 20 日，逃到西海岸的比利时国王利奥波德三世看到英法来援部队败退，就向盟友声称"投降可能难以避免"。当时英国皇室和退到法国的比利时阁员们都劝利奥波德三世到伦敦领导抗战，得到的回答却是"盟国已经失败"。5 月 28 日，利奥波德三世宣布投降，比军 26 万人向德军放下武器。希特勒允许这个国王回首都复位，此后一直将其作为傀儡工具，比利时内阁多数人则退到伦敦组织流亡政府抗德。

这幅画表现了德军向法国纵深攻击的情景。

荷兰、比利时只经过短暂战斗就放弃抵抗，使法国北部的形势大为恶化。英国进入法国的远征军全部和法军的机动部队共 40 万人在 5 月 10 日当天就奉命进入了比利时，注意力也都集中到这一方向，这就正好方便了德军从阿登山区的突破并包抄了自己的后路。

德军突然冲入法国北部，英法远征军后路被包抄

西线战事开始的当天，德国集中了大多数装甲部队的 A 集团军群又大举越过西部的中段边界，进入比利时南部和卢森堡境内。德军 7 个装甲师作为集群先锋，井然有序地穿越阿登山区。由于山路狭窄，坦克只能排成一路纵队依次穿过，当遇到交叉路口时还得听从交通宪兵的指挥调度。这一庞大的行军部队绵延 200 多公里，却用了不到两天就通过了阿登森林，进入还未设防的法国北方边界的中部地区。

德军进军如此顺利，两天内几乎没有遇到抵抗，是因为宣布中立的小国卢森堡根本不设防，比利时在此山区也未部署防御部队，法国也未料到这个崎岖的山区会成为德军突破点。后来的军事讨论家认为，当时只要有一群伐木工把百公里的路边大树砍下来横在道上，德国人要清除

✎
二战初期的法军固守
防线的画面。

✎
表现德军第七装甲师
师长隆美尔率部迅速
在法国推进的油画。

这些障碍至少需要几天，那时法军就来得及调兵赶到边境设防。可惜卢森堡人和法国人连这一点事情也未做，战前苟安和麻痹心理到了何等严重的程度！

5月12日清晨，大批德军坦克通过卢森堡，出现在法国的名城色当附近，正好插入东方的马其诺防线同西面的英法远征军中间。部署在马其诺坚固防线中的50个师，法国没有机动车（事先他们认为不需要），无法驰援去阻塞缺口。西面的英法远征军正被突击比利时的德军在正面牵制，也不能调兵回头。更严重的是，法国边境的百万居民得知德军入境，携家带口徒步或驱车向南奔逃，竟把境内纵深向北增援的道路全都堵死。

发现德军突然出现在色当附近，法军集中了几个二流师急忙组织防御，重点是利用缪斯河挡住坦克集群。从5月12日下午起，法国以猛烈的火力拦阻想强渡这条仅60米宽的河流的德军，隆美尔指挥的第七装甲师仅有一个连侥幸过了河，很快就被法军火力压制在滩头阵地上动弹不得。在后方炮兵还未跟上的情况下，隆美尔将师里所有能抽调的坦克都集中到河岸一线排开，间隔50米一辆，瞄准河对岸法军的火力点齐射。这招将坦克当作自行火炮使用的战术竟收到了奇效，河对岸法军炮火逐渐平息，傍晚德军第一座浮桥架好，至次日凌晨，该师在缪斯河西岸开辟了第一个登陆场。

5月13日上午，第十九装甲师在古德里安中将指挥下也开始渡河，以空军火力支援来替代炮兵。随即德军共出动1000余架轰炸机，对色当及其周边的防御工事进行了地毯式轰炸。尤其是J-87"斯图卡"式俯攻轰炸机上带有啸声器，一旦冲向地面时会发出刺耳的呼啸声。这种心理武器发挥了重大效果，许多法军官兵被吓得抱头鼠窜，不顾一切地向后狂跑。

法军在空中打击下陷入混乱，德军很快将浮桥架设成功，紧接着Ⅲ号和Ⅳ号坦克也源源不断地驶过缪斯河。5月14日上午，古德里安的3个装甲师全部渡河成功。为堵住缺口，英法空军对缪斯河上的德军浮桥实施持续轰炸，德军却早以战斗机与地面高炮部队编织了一幅立体防空网，使慢腾腾的联军轰炸机犹如飞蛾扑火，大部分飞机都被击落。当时法军也集结2个坦克营和2个步兵团向古德里安的滩头部队发起反击，却被德国坦克迅速粉碎。

★链接

德军同法军主力坦克性能对比

1940年，德军在西线作战的主力坦克，是新生产的Ⅲ号坦克，并以Ⅳ号坦克作为辅助，另外还留用了一些Ⅱ号坦克和缴获的捷克坦克。法国当时是除苏联外的欧洲第一坦克大国，装备的是B1-bis重型坦克、"索玛"S-35中型坦克和"雷诺"R-35轻型坦克。英军的主要坦克为马蒂尔达－Ⅱ型。

Ⅲ号坦克重20吨，装配1门50毫米管炮，3挺7.92毫米机枪。

Ⅳ号坦克重23吨，装配1门75毫米短身管榴炮，3挺7.92毫米机枪。

B1-bis重型坦克重32吨，装配1门75毫米榴炮（车身上）、1门47毫米炮（炮塔上）。

索玛S-35中型坦克重23吨，装配1门57毫米炮，2挺7.6毫米机枪。

雷诺R-35轻型坦克重10吨，装配1门37毫米短身管火炮，2挺7.6毫米机枪。

马蒂尔达－Ⅱ型坦克重26.5吨，装配1门40毫米炮，1挺7.92毫米机枪。

当时法军坦克因分散配置，临时能集中起来的数量很少。其吨位、装甲和火力虽优于德军坦克，却存在着火炮射击精度差、机动速度慢和乘员操作水平低的问题，而且同步兵之间也缺乏有效协同，结果无法对抗德军的装甲师。

5月15日，德军3个装甲师和1个摩托化军全部渡过缪斯河，并突破色当防线。时任法国总理雷诺在得知这一消息后，瘫坐在自己的办公椅上，嘴里仍不停地念叨"我们被打败了，我们输了"。接替张伯伦的

新任英国首相丘吉尔向雷诺询问战况时，得到的也是这一回答。看到战况逆转和法国首脑的意志崩溃如此之快，丘吉尔一时也震惊得无言以对。

德军夺取了色当，等于斩断了法国北部防线的中间链条，前面就是不设防的广阔平原。德军以少量兵力威胁巴黎方向以牵制法军纵深部队，以3个装甲军向

表现德军突破法国缪斯河防线的绘画。

西迅速杀向亚眠和阿布维尔，以图尽快完成对比利时和法国北部的英法联军的包围。5月16日晚，德军坦克就到达色当以西88公里处，其中隆美尔率领的第七装甲师冲得最快，堪称"闪电中的闪电"。"进攻！进攻！进攻！"此时成了师长隆美尔最爱下达的命令。

德军装甲部队向纵深穿插速度，令英法联军十分震惊，而德国最高统帅部也对孤军深入十分担心。由于炮兵和步兵被远远地甩在了身后，德国装甲部队薄弱的两翼缺乏保护，若遭联军攻击而被拦腰切断，油料、弹药补给都将被掐断，没有燃油的坦克只能变成一堆堆无用的废铁。希特勒和担任集团军群司令的老将龙德施泰特在倍感兴奋的同时，多次下令装甲集群停止前进以等待步兵跟上在两翼掩护。古德里安等人提出应抓住溃不成军的法军紧追不放，认为丢盔弃甲的联军没有能力向自己发起反击，最终得到希特勒同意。5月20日晨，古德里安所部占领亚眠和阿布维尔，切断了英法联军同法国南部的联系，并逼近英吉利海峡。

英国和法国的将领此时也看到了德军坦克集群长驱直入后所暴露的侧翼，决定集结力量向其反击。早在5月19日，刚接替甘末林出任法军总司令的魏刚元帅就和英国远征军总司令高特将军商定，要发起一次针对德军"装甲走廊"的反突击，以切断德军先头坦克部队与后续部队

的联系。5月21日下午，一场称为"阿拉斯战役"的反击打响，因混乱的法军未能组织起力量，只有英国远征军动用了2个坦克营和2个步兵营的兵力投入攻击。面对英军很厚的马蒂尔达型装甲坦克，德军的37毫米反坦克炮的炮弹打在其前装甲上完全不起作用，党卫军"骷髅师"首先招架不住，"装甲走廊"真有被切断的危险。

表现德军入侵法国的绘画，画中德兵手持反坦克枪，背后是被击毁的法国坦克。

在此关键时刻，德军第七装甲师师长隆美尔及时赶到。他想起西班牙内战期间，德军就曾使用88毫米高射炮击穿过苏军坦克，马上从师属高炮团里调来6门88毫米高射炮压低炮口进行平射，果然起到了扭转战局的关键作用。随着一阵阵密集的炮声传来，刚才还坚不可摧的英军坦克群一下子变成了冒烟的废铁，仅仅几分钟就摧毁了13辆马蒂尔

1940年英军在法国战斗。

达型坦克。战后经过验证，88 毫米高射炮平射使用的被帽穿甲弹，可在 1800 米距离外以 30 度的角度击穿 86 毫米厚的钢装甲，这超过了当时世界所有坦克的前装甲，用高炮打坦克也成了此后德军惯用的做法。

在用高炮打坦克时，德军坦克也发起反击。虽然德国坦克性能并不比对手强，但坦克战术运用方面却要灵活许多。德军坦克充分发挥机动性能好的特点，纷纷绕到英军坦克的两侧寻找装甲防护最为薄弱的履带和炮塔开火，英军坦克大都中弹爆炸，部队只能全线后撤。这场阿拉斯战役一时向联军证明了德军不可战胜，随后英法除了撤退就是投降。

英军从敦刻尔克逃出，法国政府投降

德军装甲兵突破色当后，在 9 天内向西推进了 400 公里，其最高统帅部和希特勒本人对自己的坦克过分冒进也心存忌惮。5 月 24 日，古德里安的坦克已经逼近距法国北部港口敦刻尔克 16 公里处，这是从比利时败退下来的英法联军唯一能撤退的口岸，而联军的步兵距离港口的路程比德国坦克还要远。此时希特勒突然下令装甲部队停顿下来，英国远征军正好利用这一机会逃向港口，否则丘吉尔想保卫本土和恢复陆军就会十分困难。

★链接

为什么希特勒会做出停攻敦刻尔克的决定？

许多史学家认为，希特勒让德国装甲部队在敦刻尔克城外停下来，是他在战时犯下的第一个指挥大错，不过对于何出现这种明显的昏着儿却有不同解释：一种说法是他想保存装甲部队，随后用于进攻巴黎；一种说法是听信了空军元帅戈林的保证，可以用轰炸的方式消灭英法部队；一种说法是他想对英国媾和，因而留有情面。最后一种说法不大能站得住脚，因为若是消灭了英国远征军会更容易压迫伦敦方面媾和，前两种说法大概都是原因之一。

此时英国政府做出了一个重要决定，调动一切能调动的船只去抢救远征军回国，皇家空军也全力提供掩护。德国空军虽努力出击，却因这

时力量已分散，无法从空中封锁英吉利海峡。看到戈林的承诺化为泡影，希特勒于 5 月 26 日下令古德里安继续进攻。可是，英法联军利用德军停止进攻的宝贵 2 天时间，在敦刻尔克外围建立起了一道坚固的防线。英国这时显示出一贯损人利己的作风，让法军掩护，自己的部队首先登船撤退。

　　英国舰船用 9 天的时间，通过海路运输将 33.8 万英法军队（其中英军 22 万人）奇迹般的撤到了英国本土。撤退中因轰炸损失了 3 万人，所有的车辆和火炮都被抛弃。6 月 4 日，敦刻尔克被德军攻陷，担任后卫的法军 3.6 万人因无法撤离而投降。

　　希特勒此时对英军的逃离，并没有感到太大的遗憾，他的主要矛头

表现英国远征军在德国空军打击下败退的画面。

表现敦刻尔克大撤退的油画。

从敦刻尔克大撤退后德军所摄的照片，可看出英军在海滩上丢弃的大量装备。

这幅油画表现了英国皇家空军掩护敦刻尔克撤退。

转向进攻巴黎及整个法国。从 6 月 5 日起，德军集中 130 个师（含 10 个装甲师）沿索姆河、马恩河和埃纳河一线发起进攻，此时从英吉利海峡到马其诺防线长约 360 公里的防线上只有缺编极为严重的法军 60 个师。法国官兵刚经历前一段的大败，士气又极度沮丧，后方民众不是积极组织支前而是到处乱跑。

德军对法国腹地的全线进攻，头一天就取得了全面突破。此时法军的防御方式仍停留在第一次世界大战时期，只是一线部署和建立要点，德军集中坦克实现一点突破后，马上绕过防御要点直插纵深，法军很快全线崩溃。

只经过 5 天激战，6 月 10 日法军便结束了有组织的抵抗，当晚法国政府和最高统帅部迁往西南城市波尔多，巴黎被宣布为"不设防城市"。6 月 12 日，德军一部迂回到马其诺防线后面，同正面牵制该防线的德军一起包围了东部法军的 40 个师。守在坚固工事内的法军此时惊惶失措，正面德军便施放烟幕作为掩护，以突击组逼近要塞，再向射孔内喷射火焰或塞入炸药。马其诺防线内的法军无心再守，一部分向东南逃入中立国瑞士境内，其余向德军投降，这个世界有名的最强防线就这样轻易落入德国人之手。

6 月 14 日，德军不费一枪一弹就开入并占领了巴黎。此时有几百万居民和军队都在向法国南部奔逃，再也组织不起一道防线。德军跟在后面猛追，有时一天进展就达 80 公里，临时首都波尔多也受到威胁。6 月 16 日，法国总理雷诺辞职，由上次大战组织凡尔登防御而被称为"民族英雄"的贝当元帅继任法国总理。

当时英国建议，法国可以迁都北非殖民地，继续维持联盟以抗德。贝当等领导人却对抗德绝望，希望摆脱英国对德国的媾和。国防部长戴高乐看到内阁的投降风潮不可挽回，便于6月17日随英国使节一起飞到伦敦，组织"自由法国"继续抗战。

得到法国求和的消息后，希特勒表示可以接受。按照他的种族理论，构成法兰西民族的高卢人属于拉丁人种，虽不如"雅利安人"优秀，却也不是劣等民族，只要臣服即可。不过，这个想为上次战败复仇的极端民族主义的狂人，坚持要举行投降仪式并以此羞辱法国人。

根据希特勒的要求，6月22日，法国代表团被指定到达巴黎东北部贡比涅森林的火车车厢里，那里是1918年11月德国签订投降书的地点。希特勒坐在当年胜利者福熙元帅的椅子上，让法国代表坐在当年战败者的位置上。拿出苛刻条款后，德方要法方只许说"接受"或"不接受"，不许争辩。代表团

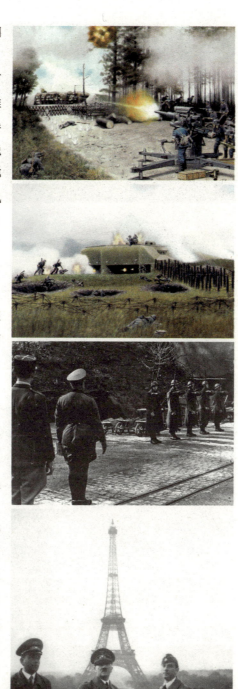

✐
1940年6月，德军向马其诺防线发起攻击。

✐
1940年6月，德军向马其诺防线发起攻击。

✐
马其诺防线法军整建制向德军投降。

✐
德军占领巴黎后，希特勒随即到艾菲尔铁塔前留影。

经过请示波尔多，无心再打的贝当政府同意签字。当时德国报道声称："法兰西战役终于结束了，它持续了 26 年。"这句话清楚表明，德国实现了从 1914 年起进攻法国时就想达到的目的，福熙元帅所说的"20 年的休战"确是德军准备复仇期。

根据条约，法国要把第一次世界大战结束时索回的洛林－阿尔萨斯区重新割给德国，舰队要停在本土港口内保持中立，全部法境划分为"占领区"和"自由区"。"占领区"行政交法国负责，却由德国驻军监管，占领费由法方负担。"自由区"由贝当领导的维希政权控制，德军不设驻军，实际上仍能操控。希特勒声称在德军已能很快占领法国全境时，签订这样一个条约已很宽大，其实这个精明的恶魔有长远打算。当时德国同意保留法国作为名义上的主权国家，才能防止它保存完好的海军和庞大的海外殖民地全部倒向英国，也有利于压制其法国人的抵抗运动。

德法签订条约后，英国为防止德国利用法国海军，强行接管或击沉了法军的海外舰队，这激起了法国民众的愤慨，戴高乐在英组织抵抗运动在开始阶段也陷入了非常孤立的状态。希特勒又利用这一点鼓吹"德法合作"，法国庞大的工业此时转而为德国的军工和经济服务。尤其是在后来德国工业大部转为军用时，消费品大都规定由法国生产。再加

TIME
THE WEEKLY NEWSMAGAZINE

FRANCE'S CHARLES DE GAULLE
Dawn—or zero hour?

美国《时代》杂志以戴高乐作为封面，寓意是他的性格如同"高卢雄鸡"。

上已经控制荷兰、比利时、捷克等国的工业，德国所拥有的工业生产能力差不多比战前扩张了一倍，只是因被占领区的怠工以及原料供应不济而使实际生产能力未能全面发挥出来。

德军在法兰西战役中获胜，骄傲的"高卢雄鸡"就向日耳曼装甲铁骑低下了头颅，既是由于法兰西民族精神的颓丧，也是军事思想保守僵化的恶果。希特勒实现了向法国复仇的目标，也使德国的极端民族主义一时膨胀到了极点。他从前线回到柏林时，城内居民向街道上撒满玫瑰花供其坐车辗压，欢呼声响彻全城。征服西欧的成功，使以希特勒为首的纳粹党的侵略欲望更不可抑制，公然提出要建立"千年帝国"以称霸世界。

不列颠孤军苦战纳粹而不屈

1940 年 6 月，德国击败法国而横扫西欧，败退的英国只靠一条号称『海上反坦克壕』的英吉利海峡挡住了德军铁蹄。

不列颠孤军苦战纳粹而不屈

攻陷法国后的希特勒志得意满。

1940 年 6 月，德国击败法国而横扫西欧，败退的英国只靠一条号称"海上反坦克壕"的英吉利海峡挡住了德军铁蹄。此刻获得空前大胜的希特勒却想同英国尽快媾和，然后集中力量实现他一生中最重要的目标即"开拓东方生存空间"。以丘吉尔为首的上层在历史关头却坚持抗击纳粹而绝不同它媾和，达不到目的的希特勒便想以轰炸和海上封锁压迫英国屈服，并一度准备登陆英伦。皇家空军进行的不列颠之战，却打退了德国空军对英国的空中进攻，这一世界战争史上的首次空中战役保障了大英帝国的生存。力量薄弱的德国水面舰只进行了海面破交战，也很快被当时仍居"海上霸主"地位的皇家海军所粉碎。英国仍在孤军奋战，这使纳粹德国在进攻苏联时就一直留有后顾之忧，而且决定其日后要遭受两面夹攻。

希特勒诱和不成准备攻英，夺取制空权成为关键

当德军打垮法国时，英国陷入自拿破仑时代后最危险的境地。此时本土只有一个装备好的陆军师，还有从敦刻尔克滩头渡海逃回的 20 多万远征军并且上岸时几乎是赤手空拳，完成休整和重新装备至少需要两个月。丘吉尔在内阁秘密会议上曾叹息说："此刻要是有 15 万敌军上岸入侵，就足以把我们打得落花流水了！"

精锐的德国陆军却未能乘胜登陆英伦，就是因为没有思想准备也缺乏物质准备。希特勒过去并无进攻英国的计划，只想让它退出战争。德国海军战前也没有登陆作战的准备和训练，连登陆舰都未建造，本来就

有限的舰艇经挪威一战又损失严重，根本不能同皇家海军做大的交锋。德国军人站在英吉利海峡的法国一侧，在天气晴朗的日子都能看到对岸英国白色的海岸峭壁，却只能望洋兴叹。

1940年6月下旬征服法国后，希特勒马上就想实现打垮苏联这一主要目标，7月初便要求陆军迅速将主力调到东线并在年内开战。陆军参谋部经过计划后报告，刚刚激战的部队需要休整，再经过补充和调动，对苏开战要拖到11月才能准备好，届时严寒来临将不便于作战。希特勒不得不将攻苏时间改到1941年春天，此前要争取同英国讲和以解决后顾之忧。

法国投降两个星期后，希特勒在7月10日发表了对英国称之为"和平呼吁"的广播演说。他首先说《凡尔赛和约》的束缚已不存在，"看不出还有什么理由再把这场战争打下去"。希特勒接着提出了两项议和条件：一是英国承认欧洲现状，二是归还第一次世界大战前的德国殖民地特别是英国占领的西南非洲和坦达尼喀（今坦桑尼亚）。

★ 链接

丘吉尔拒绝希特勒的"和平呼吁"

据战后缴获的德国文件证实，刚获得大胜的希特勒及其手下都狂妄地认为，德国的议和条件已算宽大，处境危殆的英国乐不得马上接受。此刻多数法国人也感到，法国投降后不出几星期英国也会对德议和，根本不能指望联英抗德。

以丘吉尔为首的英国决策层此时却显示出长远的战略眼光，他们明白若答应希特勒的两项条件而议和，等于承认纳粹称霸欧洲，还让它在非洲再获得立足点。处于欧陆边缘的英国纵然能苟安一时，前景却不堪设想。坚持抗德虽有风险，不过英国有美国支持，德苏又必然开战，日后同美苏联合起来就可以打败纳粹。于是，丘吉尔不理睬希特勒的"和

英国发布的丘吉尔首相提出"让我们为未来而战斗"的宣传画。

德国空军司令戈林又
兼任纳粹党二号人
物，1936 年被希特
勒宣布为接班人。

平呼吁"，并称英国此前几年已经受够了德国的欺骗愚弄，此时只能同
纳粹的暴政战斗到底。

希特勒的讲和要求遭到英国拒绝，他又看到本年度进攻苏联已来不
及，在 7 月下旬便下令制订强渡英吉利海峡的"海狮"计划。这一计划
将作战分为两个阶段，先是空中轰炸，随后以 38 个师登陆占领不列颠
全岛。此时皇家海军具有绝对优势，德国海军司令雷德尔带着沮丧情绪
提出，想登陆成功的前提就是以空袭摧毁皇家空军而掌握海峡和英国南
部的绝对制空权，以轰炸迫使英国舰队退出海峡，这才能保障主要靠驳
船航渡的德国陆军登岸，否则渡海作战危险极大。

希特勒听到雷德尔的叫苦，再看一下自己同英国相比显得可怜的海
军力量，对实施"海狮"计划也犹豫不决。好大喜功的空军司令戈林却
夸口说，凭着德国的空军力量，一定可以把英国飞机赶出天空，让英国
人跪在脚下屈服。希特勒于是决定，先通过战略轰炸并辅以政治诱降来
对付英国，看效果再决定"海狮"计划是否进行。这样，夺得制空权成
为整个战役成败的关键，一切都要看德国空军的表现。

戈林敢吹牛也有自认为雄厚的底牌，此次德国空军对英作战投入作
战飞机为 2669 架，部署在从法国到挪威的 400 多个机场，形成了对英
国的新月形包围。英国皇家空军共有作战飞机 1350 架，形势上却居于

不利地位。当时双方的主力战斗机性能各有千秋，飞行员的技术水平也差不多。不过英国处于国土防御的地位，有地面防空网特别是雷达和高射炮的配合，德机飞到敌国上空作战却难以得到支援，其数量优势就可能被抵消。

人类战争史上第一场空中战役，就在这种形势下揭开了帷幕，参战双方各有优势，胜负属谁就要看战场上指挥者和飞行员的能力发挥。

战斗机搏杀英伦上空，雷达优势支撑着英军

从 7 月中旬开始，德军便开始攻击英吉利海峡的英国舰船和诸港口，以引诱英战斗机出战，并查明皇家空军的兵力部署、防空能力并检验自身的突防能力。8 月 1 日希特勒下达命令，要求消灭英国空军以夺取战略制空权，双方空中激战随即展开。

值得英国人庆幸的是，这时他们拥有空战性能已具备某些优势的"喷火"式战斗机和世界上最先进的雷达。在 1929 年世界性的经济危机后，英国的国防科研几乎陷入停顿。1933 年纳粹在德国掌权后开始建设空军并研制最新战机，此时英国的绥靖思想严重，对研制新型战斗机一无政府指令，二无政府资金支持，靠民间关心国防的人投资才开始研制"飓风"

表现德机飞过英吉利海峡进行不列颠空战的油画。

"喷火"式战斗机，它曾是英国的救星。

和"喷火"这两种战斗机。1936年德国空军参加西班牙内战并亮相了新型战斗机后，英国政府才感到事态严重，下令要将皇家空军建成不逊于任何欧洲国家空军的强大力量。有了这一及时的决策，"飓风"和"喷火"这两种飞机试飞成功后，皇家空军马上大量订购。

★链接

英德主力战斗机性能对比

"喷火"式：最高时速657公里，有8挺7.7毫米机枪，有装甲防护。

"飓风"式：最高时速519公里，有8挺7.62毫米机枪，有装甲防护。

德国的"梅塞施米特-109"：最高时速624公里，装配2挺7.92毫米机枪、2门20毫米机炮。有装甲防护。

从上述性能可看出，英国的"喷火"式在空中机动性能最优，只是火力比德机差。"飓风"性能略欠一筹，但生产的数量较多，同数量较少的"喷火"正好形成了理想的高低搭配，同样成为英国与德国争夺制空权的最具威力的利器。

在不列颠空战中，德国飞行员在空中格斗时，经常感到自己的"梅塞施米特-109"火力虽强，却不如对方的"喷火"灵活。第二次世界大战后期成为德国战术空军司令的加兰德在不列颠空战时还是一个少校中队长，这个空中王牌就向司令戈林抱怨自己的战机性能不理想。那个一

向迷信"梅塞施米特–109"为"世界上最优战斗机"的肥胖的"帝国元帅"生气地问："少校，那你想要什么样的战斗机？"加兰德当即回答："你给我一个中队的'喷火'好了！"这段当时流传于德国空军的有名的"元帅与少校的对话"，也从一个侧面证明了英国最优战斗机的性能已略胜于德军。

　　英国虽然是个岛国，在世界上却有着最广阔的殖民地供给原料，航空工业的基础很发达。英国在开战后，内阁组建了飞机制造部，使飞机月产量由 1940 年初的 700 架迅速增加到 8 月份的 1600 架，其中战斗机为 470 架。另外，英国还有作为海外属地（自治领）的加拿大供应飞机，其产量已略超过了德国。不过英国此前忽视了大量培训飞行员，临时训练并从法国、比利时、捷克和波兰等被占领国的飞行员中招募还需要时间，在 1940 年夏天能作战的飞行员大大少于德国。

　　在英国本土防空作战时，雷达又起着至关重要的侦测预警作用。英国是世界上最早发明雷达的国家，在第一次世界大战结束前夕的 1918 年就最早发现了这一电波探测器的原理，只是因大战停止没有需求而停顿了研制工作。1935 年 6 月，英国科学家成功利用 BBC 短波广播站无线电波探测到 13 公里外飞行的"黑福德"双翼轰炸机。这一重大突破被许多人视为可应用的雷达诞生。不久，在空军部的资助下，英国开始在毗邻海岸线的地方建立了为数众多的雷达基站，至 1940 年 7 月共建成 51 座，多数在东南沿海地区，形成了严密的雷达警戒体系。德国飞机靠近英国海岸 300 公里之前，英军就能通过雷达测出来袭的大致方位和时间，指挥己方战斗机在有利方位和时间迎击，从而极大地减少了飞机、燃料和人员体力的消耗，很大程度上弥补了飞行员数量不足的缺陷。

表现英国"喷火"式战斗机击落德机的油画。

表现德国"梅塞施米特–109"战斗机准备起飞的油画。

在机载无线电设备方面，德机又处于落后状态，飞行员在空中无法与地面联系，升空以后完全靠自己的经验来作战。英军地面指挥部可以通过无线电有效指挥调度空中飞机，再加上预警和情报信息优势，就能有效地在空中集中局部优势力量来打击对手。

英方另一项隐秘的优势，是通过"超级密码"即无线电破译技术，已经能够译出德军通用的"恩尼格码"密码机的通报内容。德军组织空袭前下达的命令，有许多都事先被英方知晓，因而能做好抗击准备。德军此时也破译了一些英军的初级密码，却只能了解到一些下层单位不太重要的情报。

德国对雷达的研制落在英国之后，导致自己在空中战役中处于被动地位。1938年内，德军情报机关得到了英军使用雷达的情报，本国也开始了这一领域的研究，却未给予充分重视。1940年5月，德军在法国缴获了英军一部车载流动雷达，却没有认识到对手这一新式装备的威力，只是根据自己在雷达领域相对落后的水平来主观推断英军雷达探测能力，在法国沿海未能建立起相应的雷达站来探测英机动向。加上自己的电令经常被对方破译，经常形成了空战中"英方眼明、德方眼暗"的局面。

狂妄的德国空军起初根据"闪击"波兰、法国的经验，以为采取一个空中突击就能摧毁对手大部分飞机，因而以轰炸机为攻击主角，战斗机跟随护航，并把全面出击的8月13日定为"鹰日"。这一天，在法国、荷兰沿海空军基地餐厅中的德国飞行员都举杯预庆，然后登上飞机冲向英国上空，在当天和次日出动轰炸机485架次，战斗机1000架次，着重轰炸英国南部机场。经过此番空战，德国空军损失高于英国空军一倍，摧毁机场和消灭对方飞机于地面的计划都没有实现。

德军在空战中惊讶地发现，自己每次空袭都预先被英军所侦知，能及时起飞迎击。德方的另一个不利条件是天气影响，因为英国人能首先知道气象条件的变化，德国轰炸机却一再因意外云层和能见度差而不能按时出航，而起飞的战斗机经不起燃料消耗会提前返航，没有护航的轰

表现德军战斗机从法国机场起飞攻击英伦的油画。

炸机自然损失惨重。

空战初期的失利令希特勒大为恼火，命令戈林继续对英军进行空袭，重点摧毁皇家空军。此时英军也暴露出了指挥上的一项失策，就是未能利用本国一定数量的轰炸机攻击德军前沿机场，而只偏重于夜间出击轰炸英吉利海峡对岸的法国港口以阻挠德方船只集结。这样德国空军能从容地增调力量，在自己基地不受干扰的情况下不断攻击对手的基地。

从8月24日之后，德国空军持续猛烈轰炸英军的战斗机基地、指挥中心和英国南部的飞机制造厂，并以密集的机海战术疲惫消耗英军。当时英国南部上空整日飞机轰鸣，火光闪闪，双方的飞机在空中追逐撕咬，地面高炮部队也日夜迎战打得满天火球翻滚。英军多数飞行员无日不战，有时一天起飞达4次之多，有经验的作战骨干出现了大量的伤亡，雷达站也被大量地炸坏。至9月5日，英国皇家空军的飞行员一度出现"青黄不接"的状态，雷达预警的功能也大多丧失，空战形势转入危急。在这关键时刻，德军却突然改变了战术，不再攻击英军的机场和指挥中心，转而对伦敦实施大规模空袭，皇家空军得到喘息时间，不列颠之战就此出现转折。

轰炸伦敦使不列颠之战出现转折

在英国皇家空军感到难以支撑下去的关键时刻，一件偶然事件却改变了战役进程。在8月中旬之前，英德双方空中作战还有节制，以默契形式都不轰炸对方国家的城市。不过在8月24日一群德军轰炸机准备

表现"喷火"式战斗机奋勇作战的油画。

1940年德军狂轰滥炸下的伦敦的街景照片。

表现德机轰炸伦敦的绘画。

轰炸泰晤士河边的金斯顿飞机制造厂时，有几架飞机迷航偏离了轰炸目标，将炸弹扔到了伦敦市区里并炸毁了古老的圣贾尔斯教堂。此举让丘吉尔大为震怒，马上下令对柏林实施报复。8月25日，英国空军出动81架轰炸机在夜间空袭柏林，在黑暗中近乎盲目投弹，只炸坏了一个大煤气罐和一些民房，但却在心理上极大地打击了德国。

此前身居德国二号人物的戈林曾吹嘘说，如柏林遭受轰炸，我就不姓戈林，于是德国百姓纷纷在私下讽刺此人并给他起了不少污辱性的新姓。希特勒盛怒之下大骂戈林，并马上下令集中轰炸伦敦，并在广播讲话中声称："英国人向德国投下1吨炸弹，德国空军将要以十倍、百倍甚至千倍的炸弹去回报！"

从9月7日起，德国空军的主要轰炸目标转为伦敦。当天德军出动了1523架次飞机对英国首都进行了狂轰滥炸。此前英军战斗机大部分用于保卫机场和重要设施，并未注意伦敦方向，对此次空袭未能严密防范。当天德军在伦敦上空肆虐，将炸弹投向兵工厂、发电厂、煤气站、仓库、码头、街区，全城有1300多处起火，连英国王室居住的白金汉宫也挨了几颗炸弹。此后一个星期内，德军对伦敦除了白天进行大规模空袭，平均每夜也出动250架轰炸机投弹，使伦敦居民死亡数千人。不过英国空军利用这段时间抓紧休整和补充，抢修了雷达站，迅速恢复了防空作战的力量。

9月15日，戈林决心孤注一掷，对英国实施最大规模的空袭，认为此举成功就可以实施大规模渡海登陆。当天德军出动了200架轰炸机和600架战斗机，全天出击超过1700架次，英军则先后出动了300余架战斗机反复升空，双方的空中大战持续了整整一天。虽然德军飞机突破英机拦阻在部分重要目标上投下炸弹，却因惊慌失措准头很差。英军精确调度指挥，飞行中队不断起飞拦击，德军最终无法取胜只得退出了战斗。

★链接

决定不列颠之战结局的"9·15"空战的战果

在 1940 年 9 月 15 日这次英德最大的空战中，德机被击落 56 架，另有 12 架在返航和着陆途中伤重坠毁，还有 80 架飞机负伤带着满身的弹痕着陆。英军在空战中损失 20 架"飓风"和 6 架"喷火"，还有 7 架伤重报废。

英德双方主力战斗机在这天的较量中让人看出，英军的"喷火"和德军的"梅塞施米特-109"难分伯仲，损失大抵相当。"飓风"比"梅塞施米特-109"稍逊一筹，却有灵活和火力密集的特点。德军的"梅塞施米特-110"最差，机体偏大，容易被击中。不过它配备有 2 门机炮，一旦击中英机就会造成机毁人亡。

这一天空战后，德军再未发动如此规模的空袭，此战也成为英伦空战的转折点，战后英国就将 9 月 15 日定为"不列颠空战日"。看到这天的战果，希特勒感到想夺取英国上空的制空权很难办到，对"海狮"计划也失去信心。9 月 16 日和 17 日，英国空军又出动轰炸机对德军集结在沿海用于登陆的船只进行猛烈攻击，击沉击伤近百艘，迫使希特

表现德军战斗机同英机在英吉利海峡上空交战的油画。

表现不列颠空战中德国飞行员跳伞的绘画。

德国空军飞行员在不列颠空战中被击落迫降的场面。

美国艺术家所绘的不列颠之战，形象地表现了伦敦上空的英德空战。

勒于9月18日下令停止在沿海集结船只，原拟登陆英国的计划就此放弃。10月12日，希特勒正式下令将"海狮"计划推迟到1941年春，其实是无限期推迟，德军精锐开始向东线转移。

恼羞成怒的戈林为维持自己的面子，命令对伦敦继续空袭，为减少飞机损失而改在夜间进行。当时没有夜视器材，黑暗中投弹只能根据飞行员的大致判断，结果炸弹绝大多数落在居民区。此时英国有了完善的社会保险，谁家的房屋受损基本都能由保险公司赔付，伦敦市民也照常工作、生活和娱乐。

1940年11月以后，德军轰炸目标从伦敦扩大到全英国，主要目标是考文垂、伯明翰、利物浦、南安普敦和曼彻斯特等城市，目的是全面破坏英国的经济与工业，并制造要进攻英国的假象而为入侵苏联做准备，就此英伦空战进入了最后的破坏阶段。

11月14日夜间，德国空军对英国航空工业基地考文垂进行代号为"月光奏鸣曲"的空袭，共出动了449架"亨克尔-111"轰炸机对全城进行了持续10个小时的猛烈轰炸。由于德军使用了代号为"X-蜡膏"的无线电导航技术，轰炸比较准确，有394吨爆破弹和56吨燃烧弹落在考文垂市中心，德军还投下了127枚延时炸弹，以破坏英国人的救援行动，导致考文垂有5万多幢建筑被炸毁，死亡554人，重伤864人，12家生产飞机零部件的工厂遭到严重破坏，英国飞机一时减产20%，市区水、电供应中断35天才恢复。当天夜间，英军起飞了120架次夜航战斗机进行拦截，高射炮部队发射1.2万余发炮弹，却只击落击伤德机

表现德国轰炸机进入
英国上空的油画。

各 1 架，这说明此时夜间防空能力还很低。德军此次空袭具备了对敌方要害实施摧毁性打击的典型特点，被很多军事家誉为战略轰炸的"雏形"。

　　德国对英国的夜间大规模轰炸，持续到 1941 年 5 月，此后德国空军主力调往苏联战场。在为时 8 个月对英国的空袭中，德国投下了 6 万吨炸弹，炸死了 6 万英国人，炸伤了近 20 万人，死伤者中大多数都是平民。英国皇家空军在防空作战中损失了近 900 架飞机（在地面还有许多飞机被炸毁），不过只牺牲了 400 余名飞行员（多数被击落者跳伞获救）。德国在英国上空损失了 1700 架飞机，有 6000 余名空勤人员（多数是轰炸机机组人员）阵亡或被俘，因为他们在当地跳伞只能当俘虏。德国白白消耗了大量战机和宝贵的飞行员，迫使英国屈服或占领英伦的战役目标全都落空。

　　英国进行这次本土防空作战时，倾全国之力加强空军，1940 年内飞机产量超过 9000 架。德国在对英国实施空中打击时，希特勒仍三心二意，将军费投入主要用于加强陆军准备攻苏，德国全年的飞机产量不过 8800 架。纳粹德国的战略游移，也在某种程度上决定了不列颠之战只能无果而终。

　　不列颠之战作为人类历史上第一场几乎由空军单独进行的战役，在军事思想上大大丰富了空战理论。这一空战的实践也向各国军界说明，战争初期的防空作战对战争的进程和结局具有重要影响，在现代战争条件下实施任何战役都应首先夺取制空权，而航空兵是争夺制空权的主力，空军已是首战之军。

　　航空兵作战的特点，是"一人升空，百人保障"，少数飞行员的空中交锋起到决定战争全局的作用。1940 年 9 月 20 日，英国首相丘吉尔

描绘纳粹空军在夜间轰炸英国的油画。

英国上空设置了众多防空气球，描绘气球上面的值勤人员能开枪击落德机，多少有些夸张。

在演讲中说了一句后来被广泛引用的名言："在人类战争历史上，从来没有这么多人的命运依赖于这么少的人！"丘吉尔所说的"这么少的人"，是指几百名英国空军的飞行员，是他们使英国免遭被纳粹占领的可怕命运。

想切断英国运输线的海面破交战也未成功

希特勒在空中攻击英国的同时，也希望以海上封锁迫使这个岛国屈服。在两次世界大战中，德国统帅部都把切断英国海运线作为重要战略任务，这是因为面积狭小、资源匮乏的英伦三岛只有靠外部输入物资才能生存。1939 年开战前，英国年度海上货物运输量达 6800 万吨，每天航行在海上的船只约有 2500 艘，想在万里大洋上全面保护海运线相当不易。幸好开战时英国海军的总吨位已达 130 万吨，法国海军也有 60 万吨位，德国海军舰艇吨位却只有 35 万吨。面对如此悬殊的力量对比，德军不可能夺取制海权，只有以袭击商船方式来破坏海上交通。

1939 年 9 月上旬德国同英国、法国开战时，德军要人中最感沮丧的就是海军司令雷德尔，这是因为他的造舰计划刚刚开始，认为以手头那点舰艇同英法舰队决战就"只能光荣地赴死"。在当时的各军兵种中，海军建设的周期最长，建成一艘大中型战列舰的时间通常需要 4 年。纳粹上台后，德军舰队虽进行了扩建，却远未达到能与英国抗衡的程度。

尽管德国自统一后就是陆上强国，对称霸海洋也早有野心。第一次世界大战前，德国就曾想同英国争夺海上霸权，为此建设了曾拥有 16 艘战列舰的"大洋舰队"，吨位曾居世界第二位。德国战败后，《凡尔赛和约》严格限制了德国海

美国《时代》杂志以德国海军司令雷德尔做封面人物，寓意他应为纳粹的血债负责。

军的实力，规定其只能拥有 1.5 万名海军人员，总吨位也不得超过 10 万吨，仅能保有 6 艘排水量 1 万吨以下的主力舰。一战后的德国海军中有着强烈的复仇情绪，虽然两任司令雷德尔、邓尼茨都没有参加纳粹党，却都积极支持法西斯集团的扩张计划（只是对战争步骤有分歧），而且对纳粹的忠诚度还很高。同陆军中有密谋推翻和暗杀希特勒的集团不同，海军内部从无推翻纳粹的活动。

1933 年希特勒上台，起初两年因害怕刺激英国和法国，没有敢下令扩编海军。1935 年 6 月，实行绥靖政策的英国同德国签订了《英德海军协定》，规定德国可以将水面舰只总吨位和潜水艇部队的总吨位限制在英国人的 35% 和 45%。当时的德国海军总吨位不足 11 万吨，按此比例可扩充到 40 万吨以上，这等于颁发了德国海军大规模扩建的许可证。

从 1935 年 7 月起，德国早已设计好的 1.4 万吨级的重型巡洋舰"希佩尔海军上将"号正式铺设龙骨。同年，2 艘标准排水量 3 万吨级的"沙恩霍斯特"级战列巡洋舰也在船台上动工。1937 年内，2 艘标准排水量 4.1 万吨级"俾斯麦"级战列舰又开始建造，为掩人耳目对外宣布排水量为 3.6 万吨。不过同陆军、空军投资相比，德国海军的投入还比较少，只占军费总额的 12%，希特勒认为在近期内发生战争还是主要靠建设周期短的陆军和空军。

此时德国海军内部针对建设方针形成了两派：一派是以海军司令雷德尔为首的"平衡海军派"，要求配套建设大、中、小型水面舰艇和潜艇，并且以大型舰为主；一派以海军潜艇司令邓尼茨为首的"潜艇派"，要求侧重发展潜艇，这样建设周期短又能打不对称的海上战争。从小便喜爱玩大型军舰模型的希特勒起初倾向于雷德尔，在 1939 年初批准了这位海军司令制订的"Z 计划"，即在 6 年内建成一支有 8 艘战列舰、

德国战列巡洋舰"沙恩霍斯特"号。

5.6 万吨的"兴登堡"级战列舰的想象画，它在船台上未建成就被拆毁。

描绘"斯佩海军上将"号战列巡洋舰的油画。

2艘航空母舰等大型舰只的庞大水面舰队。按照雷德尔的预想，届时德国海军总吨位能达到英国的40%左右，再加上日本和意大利能牵制英军部分舰只，德国舰队集中使用就可能对当时的英舰达到平衡或略有优势。

"Z计划"的实现至少需要6年，希特勒在批准计划时向雷德尔说过此间不考虑打大仗，很快他又迫不及待地在1939年8月间下决心进攻波兰。此刻德国海军想作为主力建造的5.6万吨排水量的战列舰"兴登堡"级2艘（另一艘命名为"鲁登道夫"）刚在船台上开工，2艘"俾斯麦"级战列舰还需要一年多才能建好；2艘"沙恩霍斯特"级战列巡洋舰虽已服役却在接受改装；2艘"希佩尔"级重巡洋舰也不能马上服役；3艘"德意志"级装甲舰有1艘在大修，只有2艘袖珍战列舰"德意志"号和"斯佩伯爵海军上将"号能够立即参战。德军能用的潜艇只有22艘，其中仅有6艘远洋潜艇。雷德尔虽认为开战为时太早，却必须服从希特勒。他向元首建议说，对波兰开战有可能引发英国宣战，那时德国出海口会被封锁，不如让现有能开动的2艘袖珍战列舰先驶入大西洋，开战后就破坏英国的海上交通线。

德国进攻波兰的前几天，德国海军"斯佩伯爵海军上将"号和"德意志"号袖珍战列舰便分别驶向大西洋的北部和南部。9月3日英国对德国宣战，希特勒开始还留有余地，没有马上下令袭击英国船。待到波兰沦亡，英国真正对德国开始封锁，德舰才奉命袭击英国的运输船，其中的明星又是"斯佩伯爵海军上将"号。它起初主要活动于巴西至好望角之间的海域，从9月30日以后的一个半月间连续击沉和俘获了多艘英国大型货船。

★链接

"斯佩伯爵海军上将"号为什么称为袖珍战列舰?

袖珍战列舰在第一次世界大战后出现，是德国人的一大发明。《凡尔赛和约》规定德国海军的军舰排水量吨位不能超过1万吨，火炮口径不能超过280毫米，而当时战列舰排水量在3万吨左右，1万吨左右的重巡洋舰的火炮口径一般在 203 毫米。德国军舰设计师就在排水量 1 万吨有限的标准下，尽可能地提高军舰的火力与防护，配备有 2 座 3 联装共 6 门 280 毫米主炮，建造出一种"小船扛大炮"的军舰。

袖珍战列舰虽然吨位不大，火力却大大超过一般的重巡洋舰，厚重的装甲能抵挡巨炮的轰击。其航速又快，交战不利时可开足马力溜之大吉，非常适合搞破袭战，被英国称为"海上鳄鱼"。

英国看到海运安全受到威胁，马上沿用第一次世界大战时的经验，把商船编成运输队由军舰护航，并在南大西洋部署了多艘航空母舰和巡洋舰追捕"斯佩伯爵海军上将"号。1939 年 11 月 15 日，"斯佩"号在南大西洋上堵住排水量 1 万吨的英国货船"多里克明星"，该船船长在被逼弃船前发了电报，向英国海军报告了位置。"斯佩"号也听到这一电报，自感目标暴露，便降下德国旗而升起了法国三色旗，驶向阿根廷和乌拉圭之间的拉普拉塔河口，想鱼目混珠，却被 3 艘赶来的英国巡洋舰发现并围攻上来。在海战中，德舰火炮口径占优势，却"好虎架不住群狼"。它打伤了 2 艘英舰，自己也中了两发 203 毫米口径的炮弹，加上燃油所剩不多，只好在 12 月 15 日退入乌拉圭境内的蒙得维的港。

退入中立国港内的"斯佩"号按国际法只能停留 3 天，想补充急需的燃油和修理破损都办不到。此时英国又增调 1 艘巡洋舰到港口外等待，准备形成"四打一"的态势。德国舰长看到回国已无可能，为保存舰员生命而下令把军舰驶出港口自爆沉没，本人在旅馆内开枪自杀。希特勒闻讯后在表面上表彰了此人忠勇，在内部会议上却大骂他愚蠢无能。

平心而论，希特勒同意雷德尔制订的以袖珍战列舰和伪装袭击船对英国实施破交的计划，本身就不具备成功的可能性。此时英国和法国在大西洋掌握绝对制海权，在其严密搜索下，少量游击的德舰迟早会被发现歼灭。何况德国在海外没有基地，驶向远洋的军舰仅靠伪装成中立国货船的本国补给船接济，解决不了维修难题又经常供应中断，势必无法长久作战。

"斯佩"号覆没后，雷德尔仍不死心，仍派开战后才改装完毕的"沙恩霍斯特"号和"格奈森瑙"号这两艘姊妹战列巡洋舰多次出海，拦截北太平洋上的英国商船队。这两艘舰有着航速高于英国战列舰、火力强于英国巡洋舰的特点，发现英船队之后有利就能打，不利就可跑。从

1940 年 12 月 28 日至 1941 年 3 月 22 日，"沙恩霍斯特"号和"格奈森瑙"号连续数次驶入大西洋。在 1941 年 2 月 22 日这天，两舰发现了一支西行的空载运输船队，当即击沉其中 4 艘运输船共计 2.5 万吨。接着，"沙"舰又击沉 6 艘运输船，"格"舰则击沉 7 艘。英国的航空母舰和数量众多的搜索舰不断地追踪和拦截它们，尤其是舰载机一再向其投弹，导致"沙""格"两舰都在 3 月间中弹而逃回法国港口，只剩下刚服役的"俾斯麦"号战列舰和"欧根亲王"号重巡洋舰能够再执行破交任务。

★链接

德国"俾斯麦"号和"欧根亲王"号的性能

"俾斯麦"号以德国铁血宰相俾斯麦来命名，标准排水量 4.1 万吨，满载排水量 5 万吨。装配 8 门 381 毫米口径的主炮（4 座双联炮塔），最大航行时速 30 海里。以火力和装甲而论，它超过当时任何一艘英国战列舰。

"欧根亲王"号的标准排水量为 1.4 万吨，满载排水量 1.8 万吨，装配 8 门 203 毫米主炮（4 座双联装），最大航行时速 32.5 海里。该舰后来是战争结束时德国海军残剩的最大战舰。

德国"欧根亲王"号重巡洋舰伴随"俾斯麦"号出击，后来又几次大难不沉。

希特勒对"俾斯麦"号寄予厚望，在它服役时登舰视察就称"你是德国海军的骄傲"。1941 年 4 月末，"俾斯麦"号在"欧根亲王"号伴

随下出海，想通过丹麦海峡绕到英国后面的大西洋海面拦截船队。此时英国却以海军主力在北大西洋组织了几支拦截舰队，并以巡逻飞机和雷达对广阔海面进行搜索，体积庞大的德国水面舰前往那里真是自投罗网。

5月中旬，"俾斯麦"号同"欧根亲王"号进入了丹麦海峡，果然被英国舰只发现，战列巡洋舰"胡德"号和新服役的战列舰"威尔士亲王"号立即前往拦截。在5月24日的海上遭遇战中，"俾斯麦"号以其良好的炮瞄系统在20公里外两次齐射，便多发击中了英国排水量最大的军舰"胡德"号，有的

排水量4.6万吨的英国战列巡洋舰"胡德"号，它被"俾斯麦"号两次齐射便送进海底。

描绘"胡德"号被击沉场面的油画。

"俾斯麦"号同英舰战斗的场面绘画。

炮弹还引爆了弹药库，使这艘4.6万吨的战舰顷刻间带着1400名官兵翻沉海底。

刚服役的3.5万吨排水量的战列舰"威尔士亲王"号也连连被击中，不过它在负伤退出战场时也以356毫米口径的舰炮还击，击中了"俾斯麦"号，导致其油箱部分燃料外泄。由于没有海外基地可以维修，燃料又感不足，"俾斯麦"号同"欧根亲王"号想返航进入德军控制下的法国港口。此时急于复仇的英国皇家海军绝不肯放过丘吉尔所说的那艘"可怕的战舰"，派遣了8艘战列舰及战列巡洋舰、2艘航空母舰，即皇家海军在本土约半数的力量前往追捕，再加上雷达搜索，孤立无援的"俾斯麦"号自然在劫难逃。

英国航空母舰的"旗鱼"式舰载机首先发现了"俾斯麦"号，以投

掷鱼雷将其击伤，追上来的战列舰又围上来以舰炮猛轰。5月27日，"俾斯麦"号经过三天边逃边战，在饱受炮弹和鱼雷攻击后终于沉入海底。这艘战列舰构造强固，此役之后丘吉尔也称其为"人类造舰史上的杰作"。不过它到底是被击沉还是德国水兵自己凿沉，几十年来仍存在争议。

"欧根亲王"号在英舰集中力量围攻"俾斯麦"号时，单独逃回德控下的法国港口，直至战败都在作战。它后来几次负伤却未沉，有"总不沉的舰"之称，战败投降后被美军拖到比基尼岛海域作为原子弹试验靶船，遭重创后久久才沉入海底。

"俾斯麦"号的沉没，标志着德国海军对英国水面破交战的彻底失败，同时说明在海战立体化后没有航空兵掩护的大型军舰是十分脆弱的。此后，随着英国在海上搜索能力的更进一步加强，德国海军基本不敢再派水面战舰深入大西洋，只能寄希望于潜艇战来破坏英国的海上交通。

英国在德国打击下不肯屈服，这是希特勒在发动战争后第一次战略失算。不列颠之战期间和空战刚结束时，世人普遍认为是德国重创了英国，后来才看到此役是希特勒受到的第一次战役挫折。历史学家纷纷评价，希特勒所犯的战略错误近似拿破仑。看到近在咫尺的不列颠岛拿不下来，接着又回头去进攻辽阔的苏联。待主力在那里遭受了灭顶之灾后，英国又反攻过来。

✎ 英国航母"皇家方舟"号上的飞机起飞搜索德舰。

✎ 英国"旗鱼"式舰载机以鱼雷攻击"俾斯麦"号。

✎ 描绘"俾斯麦"号最后沉没情景的油画。

意大利的地中海之梦破灭

德国法西斯兴起后，意大利这个最早倡导法西斯理论并依此建立独裁政权的国家便与之结盟，德、意、日这三个轴心国成为人类文明的公敌。

一些国际政治家讽刺说："意大利有一副很好的胃口，却长着一口很糟的牙齿。"当希特勒横扫欧洲气焰万丈时，墨索里尼也狐假虎威，想乘势占领地中海沿岸。然而意大利陆军大败于非洲和希腊，海军受重创于塔兰托。德国不得不出兵救援，地中海和北非战场又成为反法西斯战争西方战场的重要部分。

意大利的地中海之梦破灭

德国法西斯兴起后，意大利这个最早倡导法西斯理论并依此建立独裁政权的国家便与之结盟，德、意、日这三个轴心国成为人类文明的公敌。不过当年称为"贫穷帝国主义"和"欧洲瘟三"的意大利在战争中的表现却极其无能，其国内统治也一向不稳，野心与军心严重脱节。墨索里尼想恢复"古罗马帝国"而开辟了一个地中海战场，却很快被英军打得一败涂地而全靠德军救援，其一副狼狈相也成为各国的笑柄。

墨索里尼最早建法西斯政权，野心膨胀却实力太差

"法西斯"这个自第二次世界大战起在全球臭名昭著的词句，最早

意大利法西斯宣传画表示要把古罗马的权力棒重新树立起来。

意大利法西斯当政时的宣传画，意思是要恢复恺撒大帝时期的辉煌。

产生于古罗马，是拉丁文 Fasces 的音译，原意是指中间插着一柄斧头的一捆棍棒，为古罗马时代官吏执掌权力的象征。一心想恢复古罗马帝国的意大利野心家墨索里尼把这个古代名词搬出来，建立了国家法西斯党，由于它崇尚古罗马的权棒，这个词又可以翻译成"棒喝党"。这一翻译也很贴切，因为法西斯的本质就是抛弃一切民主和法制，直接靠大棒进行统治。

社会上任何一种能够流行的主义的产生，必然有其社会基础。法西斯主义在20世纪上半叶产生，是垄断资本主义发生严重体制危机的产物。第一次世界大战期间，意大利因善于投机抛弃了原来的盟国德奥而参加了协约国，最终也算战胜国，英法等盟国却非常蔑视其反复投机和无能的表现，瓜分胜利果实时没有给它多少利益。意大利国内因战争破坏又出现严重的经济危机，共产党、社会党发动了工农群众运动，这时意大利北部一个不得志的记者墨索里尼于 1919 年 3 月在米兰建立了世界上第一个"法西斯战斗团"，随后就率领他的黑衫军手持棍棒镇压共产党、社会党人组织的罢工活动，还得到意大利国王和一些大财团的赏识。

有了财团支持，1921 年 11 月墨索里尼正式建立国家法西斯党，党员发展到 30 万人左右。1922 年 10 月 28 日，在意大利军队的支持下，几万名身穿黑衫的武装法西斯分子向罗马进军，进入首都后，墨索里尼以政变的方式夺取国家最高领导权。他保留了没有权力的意大利国王作为象征，自己担任首相，同时又是法西斯党的最高领袖。

墨索里尼鼓吹，罗马民族是世界上最优秀的民族，罗马帝国灭亡以后一直未能复兴，是因为缺乏杰出的英明领袖，必须以钢铁意志实行"铁腕"统治。他坚决反对民主自由、人道主义、社会主义和共产主义，认为"强权就是公理"。1925 年 1 月，墨索里尼宣布废除民主制宪法，第二年解散了除法西斯党外的所有政党，谁发表反

意大利宣扬其法西斯首领墨索里尼的宣传画。

✍
意大利宣传画显示了墨索里尼对非洲的野心。

✍
1936年阿比西尼亚（今埃塞俄比亚）战争时的意大利军队。

对意见就要被关进监狱。对这种做法，当时在德国尚未当政的希特勒极为欣赏，他上台后又把法西斯恐怖统治发展到极致。

1933年纳粹在德国上台后，在法西斯共同理论和醉心于建立庞大帝国的野心下，很快同意大利结成同盟，接着东方的日本军国主义也臭味相投地加入进来，以1936年签订的《反共产国际条约》为标志结成了柏林—罗马—东京轴心，西班牙的佛朗哥政权和匈牙利独裁政府随后也加入进来作为小伙计。轴心国的目的是重新瓜分世界，德国要霸占西欧和东欧，日本霸占东亚，意大利则想占领地中海边古罗马的领地并向非洲发展。

意大利和德国、日本有类似之处，这三国都是帝国主义瓜分世界狂潮的迟到者，都想重新瓜分世界。意大利同德国、日本的不同之处，又在于它其实是一个弱国。中世纪以来长期的政治分裂和内部纷争使得意大利长期不统一，近现代工业发展滞后。从地理角度看，意大利长期受文艺复兴和地中海商贸中心的影响，享乐主义和重商轻战之风在社会上风行，整个民族缺乏尚武传统，在近代历史上几乎从来没有打过一次像样的胜仗。

近代意大利因实力不足，在外交上长期采取实用主义，在大国斗争之间投机以捞取利益。墨索里尼当政后便同希特勒联手。看到纳粹夺权成功和日本在东方扩张，英法又不敢制止，1935年10月墨索里尼下令向东非唯一独立的国家阿比西尼亚（今埃塞俄比亚）开战，出动了20多万人的军队、数百辆坦克和大量飞机，准备一举将这个国家占为自己的殖民地。

当时阿比西尼亚军队只有从西方买到的步枪、几千挺机枪和几百门老式轻型火炮，许多武装人员还要用猎枪和长矛，抵抗能力却远超出墨索里尼的预想。意大利军队攻占几个城市后就受到阻击，几个月无力再进展，恼羞成怒的墨索里尼便下令使用毒气。从1936年5月起，意大利军队用瓦斯弹、芥子气弹等化学武器向阿比西尼亚倾泻，屠杀了没有防毒设备的几十万军民。这样，意军打了7个月时间，才攻占阿国首都亚的斯亚贝巴，迫使国王海尔·塞拉西流亡英国。墨索里尼虽说建立了短暂的东非帝国，自称将意大利的版图扩大了一倍，但发现自己陷入了一个泥潭，此战真是得不偿失。

★链接

埃塞俄比亚的游击战拖住意大利

1936年埃塞俄比亚沦陷后，当地人民仍开展游击战，并得到英国秘密提供的少量武器支援。1938年至1939年，当地游击队已发展到40万人，控制了3/4的国土。20余万意大利军龟缩在城镇及其周围地区，"殖民开发"计划遭到彻底破产，派出的50万移民纷纷逃回。为控制这块新殖民地，意大利每年的投入超过20亿里拉，相当于军费的三分之一，导致没有多少钱用于在国内发展军备。一些意大利政治家感叹自己的国家"成了占领区的奴隶"。

墨索里尼发动侵略战争后，又感到国内战争资源严重不足。英法美出于绥靖思想没有出面制止意大利，却将钢材、稀有金属、橡胶等列入禁运名单，当时意大利军事工业所需要的绝大多数原料都要依赖进口，遭受封锁禁运就出现"失血"性灾难。在大战爆发前一年的1938年，意大利钢产量只有237万吨，相当于英国的七分之一和德国的十分之一，铁矿石还要进口。意大利煤炭生产也严重不足，还不出产石油。意大利的机械工业落后导致汽车生产很少。尽管墨索里尼大力扶植菲亚特等汽车公司，汽车年产量也不过6万辆，这也相当于德国的六分之一，英国、法国的五分之一。

意大利 CV33 轻型战车，官方编号 L3，仅配备 2 挺 8 毫米机枪，只有 3 吨重。

意大利的 L6 -40 轻型战车重量 6 吨，装甲最厚处 40 毫米，最薄处 6 毫米。

　　第二次世界大战在欧洲爆发时，意大利虽积极备战，却无法保障军队的装备。到 1940 年上半年意军建成 74 个师，只有 3 个坦克师算是机械化，其余都是步兵师。每个师没有多少汽车，便配备了大量自行车，因怕累而不愿背着背包行军的意大利兵一般都把枪支和背包放在车架上骑着前进，人称意军远看就是一支自行车大军。意军士兵手中拿的还多为第一次世界大战时使用的九一式步枪，3 个坦克师虽然名义上拥有坦克 1200 辆，却都是轻型坦克。例如 CV33 轻型坦克只有 3 吨重，装甲很薄，甚至子弹都可穿透。官兵中戏称这种早已被他国淘汰的袖珍坦克是"胭脂盒"，也有人称之为"沙丁鱼罐头盒"。外交部长齐亚诺便向岳父墨索里尼抱怨："我们处于这样一种状况，怎敢参战呢？"

狐假虎威对外侵略，以多攻少却遭惨败

对英法开战时的意大利军队形象，这是一支徒有其表的无能军队。

　　1939 年 9 月德国同英、法等国开战，墨索里尼并未按照盟约参战，只是宣布中立，私下对希特勒解释说没有准备好。1940 年 6 月上旬，德国军队攻入法国，英国形势出现危急，墨索里尼认为抢夺战争胜利果实机不可失，在 6 月 10 日对英、法宣战。意军出动了 32 个师，面对法军 6 个三流师的阻击，用了 12 天时间仅推进了 600 米。由于宣战事先无计划和准备，意

大利籍的船只仍散布在世界各个角落，开战后大都被敌对国扣押缴获。

意大利对英国宣战后的战略目标是控制地中海，马耳他岛在这一内陆环绕的海中位于中央，自拿破仑战争后便被英国控制作为主要基地。由于英国未想到意大利会参战，1940 年 6 月在马耳他岛的驻防兵力不过 1 个营，仅有 4 架飞机，此时意军只要有一两个团登陆就足以将这个距离本土很近的战略要点占领。意大利在战前没有攻岛准备，开战后迟迟又不行动，后来的军事评论家都感到这是不可思议的愚蠢行为。几个月后英国向马耳他增兵并派驻大量飞机、潜艇，使之逐渐成长为盟军切断轴心国向北非运输和攻击意大利的核心阵地。

墨索里尼忽视了马耳他这个地中海中间的要点，任其留在自己驻北非军队后方，却要在非洲采取行动。他认为英国军队主力已用于保卫本土，驻非洲和中东的军队只有 10 万余人，其中很多还是印度部队，这正是夺取英属北非殖民地、建立以地中海为中心的大帝国的千载难逢的机会。1940 年夏天，意大利在非洲驻军已有 50 多万人，其作战计划是以驻东非的军队进攻英属索马里以控制红海南部的出海口，以驻北非的军队进攻埃及夺取苏伊士运河，这样便能将整个非洲北部和东北角变成"新罗马帝国"疆土。

在非洲北部、东部的意大利部队虽奉命进攻，却缺乏装备和物资供应，而且两支军队被英国占领的苏伊士运河隔开。北非意大利军队有 23 万人，大多数官兵还是意籍。东非的意大利军队虽有 29 万人，其中意籍军人不过 9 万人，从索马里等地招募的土著军人则有 20 万人。东非意军首先向苏丹、索马里和肯尼亚的英军进攻，虽然对手只有 6 万人，意大利军人付出很大的代价才有所进展，不久又因物资供应不上和士气低落而停顿下来。

MINISTERO DELL'EDUCAZIONE NAZIONALE

A. XVIII

LIBIA

ETIOPIA

P.N.F. GIOVENTU' ITALIANA DEL LITTORIO

1940 年意大利的宣传画，表现了其在非洲的占领地利比亚和埃塞俄比亚。

1940 年意大利在东非部队的形象，中间为飞行员，右为土著士兵。

英国皇家陆军部队在 1940 年的装备，步兵用的是李·恩菲尔德步枪。

北非的意大利军队集中在利比亚，经 2 个多月准备，从 9 月 13 日起才集结了 6 个师、120 辆坦克的兵力越过利比亚边界，向埃及境内的英军发动进攻。此时埃境英军只有 3.6 万人，便收缩防线且战且退。意军推进了 90 公里后，便因补给线拉长和通信常失灵而停顿。

英军在中东地区总司令韦维尔将军见意军停顿了 2 个月，既不进攻，也不后撤，便命令英军以上一年成立的第七装甲师的坦克作为主要突击力量发起试探性进攻。出乎意料的是，意军一攻即溃，使英军完全摸清了意军虚弱底细，大胆地展开反攻。

从 1940 年 12 月 7 日起，英军发起"指南针"作战行动，以第七装甲师为先锋，迅速插向意军侧后截断其退路，同时配合正面主攻部队以达成合围。英军发挥"马蒂尔达－Ⅱ"型步兵坦克装甲防护能力出众的特点，引导步兵在意军防线上撕开数道口子，再利用 A–13 巡洋坦克越野性能好的特点，沿突破口高速杀入意军防御纵深，将意军防线分割为若干段，再分割包围。仅 3 天时间意军防线全部土崩瓦解，投降、被俘 3.9 万人，丢弃火炮约 400 门，残部则化整为零分散逃回利比亚。

★链接

英国、意大利在北非作战的坦克性能

英国"巡洋舰－Ⅲ"型坦克，重 14.2 吨，乘员 4 人，340 匹马力，最大时速 48 公里，装配 1 门 40 毫米火炮、1 挺 7.7 毫米同轴机枪。

英国"马蒂尔达-Ⅱ"型步兵坦克，重26.9吨，乘员4人，380匹马力，最大时速24公里，装配1门40毫米火炮、1挺7.9毫米同轴机枪。其特点是装甲厚，为20~78毫米。

意大利M13/40坦克，重14.3吨，乘员4人，125匹马力，最大行驶时速33公里，装配1门47毫米火炮、3挺8毫米联装机枪。

◈
描绘英国"巡洋舰-Ⅲ"型坦克在沙漠发起进攻的油画。

◈
北非沙漠的"马蒂尔达"中型坦克的标准涂装。

◈
意大利M13/40坦克，重14.3吨。

1941年1月3日，英军发起"指南针"行动第二阶段攻势，向西攻入利比亚境内，第七装甲师再次作为铁拳长驱直入，于1月22日夺取了120公里外的海边重镇托卜鲁克。在战斗中意军未经激烈战斗，就有7.5万人被俘，700门火炮和210辆坦克被缴获。许多在沙漠中失去后援的意军部队都不想逃跑，而是主动派人找英军联系投降以取得食物供应。

看到意军不堪一击，英军马不停蹄地开始了千里大追击。第七装甲师所属的第四装甲旅和第十一轻骑队为了完成迂回，扎进一望无垠的大沙漠当中，日夜兼程疾驰270多公里而切断了意军后撤通道。2月6日，得到本土装甲部队增援的意军以100辆M13/40中型坦克向英军第七装甲师的阻击阵地掩杀过来，尽管英军坦克在数量上处于劣势，战术却很灵活，充分依托地形摧毁了大批意军坦克，失去坦克掩护的意军步兵斗志全无，纷纷缴械投降。2月7日，正面追击的英军攻占了班加西，意军残部逃向利比亚首府的黎波里一带。

此次为时10周的交战，英军投入不到5万人的部队便俘虏意军13万人，向西挺近800多公里。这次"指南针"行动，是英军自第二次世界大战爆发以来取得的第一次辉煌胜利，大大鼓舞了英国军民同轴心国军队战斗的信心，也使英军走出了法兰西战役中接连溃败的阴影。此战中英军第七装甲师居于首功，赢得了"沙漠之鼠"的称号，此后几十年

描绘英军在北非战场
作战的绘画。

内（直至 1991 年海湾战争）都是英军装甲兵的主力。

　　在欧洲大陆上，墨索里尼同样暴露了极端无能的狼狈相。看到希特勒横扫西欧，他也想占领东南欧。继占领人口只有 170 万人的小国阿尔巴尼亚后，1940 年 10 月 28 日意大利军队动用 8 万兵力，在海军和空军掩护下向另一个小国希腊发起进攻。未想到希腊军队只实施一个反击，花了一周时间就把意军赶出边境，还攻入意占的阿尔巴尼亚。墨索里尼急忙增派 14 个师再进攻，又被仅有 6 万人的希腊军队打退，意军还有一个王牌师被歼，有 5 名将军被俘、1 名将军被击毙。墨索里尼共调动了 50 万人部队进攻希腊，以最高统帅身份亲自督战，半年时间内屡战屡败，在国际上颜面丢尽。

★链接

意大利军队极其无能的笑话

　　当年军事评论家对意军的素养如此评论道："他们不知道包抄侧翼，总排成阅兵队形展开进攻，他们面对拦截火力几分钟就会混乱；在防御时，前线则经常没有称职的领导者。"

　　有关意大利军队无能的笑话，在各国军队中曾广泛流传。在北非初战，英军一个连设置路障，被拦截住的几千名意军便集体投降。由于俘虏太多只能让他们就地坐下等候被运走，英军一时难以统计数量，只报告抓住了"大概 5 亩地的军官、200 亩地的士兵"。

　　还有一则笑话是说某俘虏营的意大利兵越狱了，是因为没有比萨饼吃，逃亡的目的地是另一个有比萨饼的英国俘虏营。

塔兰托遭英军空袭，开航母攻港先例

意大利想称霸地中海，必须以海军控制那里的制海权，才能支援北非的部队作战，并切断英国通向苏伊士运河的海运线，再进而打通意属北非和意属东非的联系。从 1940 年夏天地中海作战开始，双方在海上的交锋主要就是护航与反护航之战，意大利海军的战斗精神比以无能著称的陆军要强一些，仍敌不过战舰数量还不及自己的英军。

意大利在第一次世界大战结束后，被列为世界海军"五强之一"，按照《华盛顿条约》可保持 50 万吨位的军舰，参加第二次世界大战前这一规模还略有扩大。意大利参战时，海军拥有老式的"加富尔"级战列舰 2 艘、老式的"杜伊里奥"级战列舰 2 艘，以及新型"维托里奥·维内托"级战列舰 3 艘（其中 2 艘还未最后建好服役）。此外，意大利还有重巡洋舰 8 艘，其中"扎拉"级重巡洋舰因有 150 毫米厚的装甲被称为当时世界上防护最好、威力最大的重巡洋舰。意大利拥有轻巡洋舰约 12 艘、驱逐舰 50 余艘、潜艇 100 余艘。

★链接

意大利海军战列舰和重巡洋舰数量和性能

战列舰 7 艘：

意大利 1939 年新服役的 4 万吨的战列舰"维托里奥"号。

"维托里奥·维内托"级 3 艘——"维托里奥·维内托"号、"利托里奥"号、"罗马"号,标准排水量 4 万吨,航速 31 节,装配 9 门 381 毫米口径主炮(3 座 3 联装)。

"康特·加富尔"级 2 艘——"加富尔"号、"恺撒"号,标准排水量 2.8 万吨,航速 28.5 节,装配 10 门 320 毫米口径炮(2 座 3 联装和 2 座双联装)。

"卡欧·杜伊里奥"级 2 艘——"杜伊里奥"号、"安德列娅·多里亚"号,系"加富尔"级改进型,排水量、航速和主炮火力相当。

重巡洋舰 7 艘:

"塔兰托"级 2 艘——"塔兰托"号、"的里雅斯特"号,标准排水量 1 万吨出头,航速 35 节,装配 8 门 203 毫米主炮(4 座双联装)。

"扎拉"级 4 艘——"扎拉"号、"阜姆"号、"波拉"号、"戈里齐亚"号,标准排水量 1.2 万吨,航速 31 节,火力等同"塔兰托"级,被称为"二战防护最好的重巡洋舰"。

"博尔扎诺"级 1 艘——系"塔兰托"级改进型,火力与排水量等同。

意大利"波拉"号重巡洋舰,该级舰为当时装甲最厚的巡洋舰,1941 年 3 月在海战中被英军击沉。

从数量上看,意大利海军规模大大超过德国海军,也超过其地中海内的英国舰队(除没有航空母舰外),战舰的火力、装甲也不差,然而实际作战能力存在重大弱点。意大利好大喜功的特点,导致其长期重舰艇数量而没有训练出足够数量的合格舰员,尤其是几乎没有夜战训练,没有长期磨合的舰艇机械设备和与之协同的舰员成为影响战斗力的最大缺陷。意大利国内不产石油，开战后海外输入断绝，只有靠轴心国中的罗马尼亚在保障德国需求后向它少量供给，这导致海军油库几乎没有战略储备，战时多数战舰出海次数很少。

意大利海军的对手，是以埃及亚历山大港为基地的英国地中海舰队和驻扎在直布罗陀的 H 舰队（即西地中海舰队）。这两个舰队拥有"厌战"号、"马来亚"号、"君王"号、"勇士"号、"决心"号共 5 艘战列舰以及"声望"战列巡洋舰，还有"鹰"号、"皇家方舟"号 2 艘航空母舰、7 艘巡洋舰和 20 余艘驱逐舰。英国皇军海军拥有航空母舰这一浮动机场，能在地中海内以舰载机游动攻击，其官兵训练水平和燃料保障也远居于优势。意海军没有航空兵，意空军也因缺乏攻舰训练而未对英舰造成实质性威胁。

二战中的海空战实践，已显示出电子信息侦察的极端重要性，意大利舰队在这方面同英国差距最大。意大利科学家马可尼在世界上是无线电通信的发明者，国内研究雷达也开始得很早，定型和装备军队却很迟，其军舰和飞机在 1942 年前没有安装任何雷达设备。意大利的战列舰尽管对海火力强大，高射炮也性能优良，却因为没有雷达进行火控难以形成一个完整的海上战斗系统，只能靠目测瞄准，而英国舰只、飞机却能靠雷达抢先发现对手。

法国投降后，英国海军部一度准备撤出西地中海，集中力量保卫本土，丘吉尔却有远见地认为不能放弃那个战略方向。英国舰队首先接管或击沉了地中海上的法国大部分舰只，以防被德国利用。7 月 9 日，英军又集中 3 艘战列舰，在舰载机掩护下向出海的意军舰队主动攻击，进行了卡拉布里亚海战。英军飞机首先发现意舰并投弹攻击，"厌战"号的舰炮首创在 24 公里外便开火的纪录。遭受突如其来打击的意舰急忙后撤，其旗舰"恺撒"号战列舰还中弹受伤。意大利空军的飞机奉命出航后，没有找到英舰反而误向己方军舰投弹，首次大规模海战就使意方侦察能力差和海空军缺乏协同的弊病暴露出来。

开战后的几个月内，意大利海军依靠数量优势，还能保障从本土通向利比亚的海运线，在 10 月以后一直以舰炮火力支援了陆军对希腊的进攻。自 10 月末开始，英国为协助希腊，也派海军进入希腊外海南端的克里特岛作为前进基地。此时丧失了进攻信心的意大利舰队，将作战

意大利海军陆战队在
希腊作战的形象油画。

英国地中海舰队袭击
意大利塔兰托港示意
图。

主力舰只退入塔兰托港，主要以潜艇和轻型舰出击。

从地理角度看，意大利半岛像踏进地中海的一只靴子，塔兰托就深藏于靴形半岛底部，港湾位于鞋跟和鞋掌之间。它面对着浩瀚的东地中海，与西西里岛共扼地中海的咽喉，以此港口为基地的意大利舰队进可攻、退可守。英国地中海舰队司令坎宁安海军上将为粉碎意军舰队，大胆地设想了一个海战史前所未有的作战方案——以航空母舰的舰载机攻击塔兰托港。

此时英国舰载机速度慢，意军在半岛南部有战斗机设防，港湾周围又有300门高射炮，白天绝无突防希望。坎宁安上将经过反复研究，决定采取夜袭。他发现意军在塔兰托有22门探照灯可引导高炮，毕竟数量有限且夜间射击水平很差。意军虽在港口上空设置了防空拦阻气球，却在250米以上。英军决定选择老式的航速很慢、低空性能较好的"箭鱼"式鱼雷机实施攻击，并对其进行了改装，挑选了一批经验丰富的飞行员进行夜间训练，使其能够在快要碰到浪尖的低空攻击投雷。

1940年11月6日，坎宁安上将乘坐战列舰"沃斯派特"号，率领皇家地中海舰队从埃及亚历山大港起航，向西面的意大利半岛方向开进。在长达千公里的航线上，不断有意军飞机巡逻，在五天航程中想躲过对手侦察是不可能的。于是，英军采取佯动之计，让意军误以为自己是西行。意军飞机早在11月7日便发现这支英军舰队并发出警报，意大利统帅部却对其前进方向判断错误。不懂海空战的墨索里尼此前曾自负地说过："意大利海军不需要有自己的飞机，打起仗来海空两军可以协同配合。"这导致空军与海军舰队间没有统一指挥。英国舰队驶近距塔兰托180海里处时，意大利海军仍没有得到空军发来的预先警报。

　　11 月 11 日夜间 21 时之后，英国"光辉"号航空母舰上连续起飞了 21 架携带鱼雷的"箭鱼"式攻击机，分两批向塔兰托港飞去。意大利海边没有安装雷达，却建立了不少音响侦听站。22 时，有一个站报告收听到飞机声音，塔兰托全城马上放警报，顿时一片漆黑，港内舰只也做好起锚疏散准备。不过因没有发现新情况，10 分钟后警报解除。23 时，港口的意军听到东南方向飞机发动机声由小渐大，值班高炮首先喷出火舌，警报再次发出。这时有 2 架英机先在拦阻气球屏障外投下了小降落伞悬挂的照明弹，设定在 1370 米高度燃烧，很快把整个军港映照得亮如白昼，这也成为"箭鱼"式飞机开始俯冲的信号。

　　发现遭遇空袭，意大利岸上和军舰上的高射炮拼命开火，却因缺乏夜间训练而几乎是盲目射击。英军"箭鱼"式攻击机在亮光下躲过防空拦截气球，从百米左右的高度飞近意军各大舰，几乎是弹无虚发地投下鱼雷、炸弹。短短几分钟内，塔兰托港到处是冲天的火光和剧烈的爆炸声，硝烟散去和水柱下落后，人们看到的是一片狼藉，有的舰船东倒西歪，有的则只剩下桅杆露在水面。第一轮 12 架飞机攻击造成的损害最大，第二轮 9 架飞机面对较强的高炮火力和地面浓烟投弹不太准确，这也证明首次攻击最为关键。

　　英机飞走后，意军高炮仍不停射击。英军"光辉"号航空母舰在 11 月 12 日 1 时至 2 时回收了 19 架返航的飞机后，便在周围舰只掩护下迅速东驶，天亮后意大利飞机想找到袭击者进行报复时都未发现其踪影。

　　在塔兰托袭击战中，英军只耗用了 8 条鱼雷和少量炸弹，被击落 2

英军袭击塔兰托的"光辉"号航空母舰和舰载机。

描绘英军夜袭塔兰托的彩画。

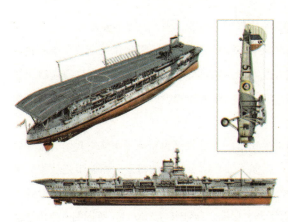

表现英军"箭鱼"式舰载机攻击塔兰托港的油画。

架飞机，就在短短 65 分钟内击沉和重创战列舰 3 艘（"维托里奥尼"号、"加富尔"号、"杜伊里奥尼"号）、巡洋舰 2 艘、驱逐舰 2 艘。惊恐万状的意大利舰队随后离开塔兰托港北撤，把地中海中部的制海权拱手让给了英军。

塔兰托之战的重大意义，还在于改变了传统的海战形式，空中攻舰和航空母舰袭击对方军港成为全新作战形式。日本联合舰队司令山本五十六正是看到了这一战例，两个月后就构想出以同样方式袭击美国珍珠港的计划。

希特勒伸出援手，德军进入地中海参战

希特勒本来对南欧和北非不感兴趣，占领法国后想集中力量进攻苏联，让墨索里尼自己向地中海沿岸国家扩张。看到意大利连小小的希腊都打不过，又在北非大败，希特勒只得派兵援助。意大利法西斯政权暴露出极度虚弱和无能，也使自己在纳粹德国面前不再是伙伴，而只能作为仆从。

1940 年底，希特勒派出了约 500 架飞机组成第十航空兵团，进驻意大利南部的西西里岛，以保卫轴心国至北非的海上运输并阻止英国运输船队通过中地中海，并对马耳他岛实施空袭。受过认真攻舰训练的德军飞机一出现，马上改变了海上形势。1941 年 1 月 6 日，英国的一支由 4 艘

船只组成的运输船队，在 2 艘战列舰、1 艘航空母舰、4 艘巡洋舰和若干艘驱逐舰的掩护下经直布罗陀驶往马耳他和希腊，2 艘战列舰、1 艘航空母舰和 7 艘驱逐舰组成的编队从埃及的亚历山大港前去接应。会合后的这支英军的庞大舰队在马耳他岛以西遭到 50 架德军飞机轰炸，"光辉"号航空母舰受了重伤，巡洋舰"南安普敦"号被击中后自沉。英军向中东的补给一度必须绕过好望角，而德、意军队向北非的运输则得到保障。

进入 1941 年之后，东非的意大利军队又遭到灭顶之灾。此时英国本土防卫基本稳定，已不需要兵力增援，可以将联邦军一部分调向非洲。1 月 20 日，流亡英国的皇帝海尔·塞拉西一世乘飞机回国，指挥游击战士由苏丹进入埃塞俄比亚，进一步加强抗意游击战。此时在东非的英联邦军兵力增加到 10 万人，从 2 月起对意军发起攻势。由肯尼亚出发的英军首先攻占了意属索马里的首府摩加迪沙，意军中的土著士兵纷纷溃散。4 月间，英联邦军以印度部队打先锋，攻占了厄立特里亚首府阿斯马拉和马萨瓦。此时埃塞俄比亚的爱国武装游击队与英军紧密配合，四处向意军出击，于 4 月 6 日进入埃塞俄比亚首都亚的斯亚贝巴，这一天后来被定为埃塞俄比亚的国庆日。东非溃败的意军谈好条件后，全部向英军投降。

从 1941 年 9 月之后的 7 个月内，表面上有数量优势的意大利军队在非洲全面崩溃，英军连战连胜，俘虏意军达 30 多万人，包括百余名将军。墨索里尼在意大利的统治极不得人心，是导致意大利军队缺乏战斗意志（因为不知为何而战）的主要原因。另外英军能够严格遵守《日内瓦公约》，以人道态度对待战俘，也使意军官兵认为投降后会受到优待，这就进一步削弱了他们本就不坚定的意志。

英军在北非战场上的车辆，在沙漠行进使官兵感到异常困难。

在非洲参战的英联邦军由不同国籍、不同种族的士兵组成。

1941 年 3 月 28 日，意大利海军在马塔潘角又遭受一次海战惨败。此前德、意双方议定由意舰队出击切断英国通向希腊的运输线，德军飞机负责掩护。意军的 1 艘新型战列舰、8 艘巡洋舰和 13 艘驱逐舰出动后，英军出动了 1 艘航空母舰和 3 艘战列舰、4 艘巡洋舰、13 艘驱逐舰迎击。英军侦察机首先发现了意舰队，又在战史上首次以舰载雷达引导炮击，德军飞机却未赶到。被动遇袭的意大利舰队有 3 艘巡

英印第 4 师在 1941 年的东非战场上表现最突出，该师后来成为印度的王牌部队。

表现 1941 年 4 月德军进攻巴尔干的邮票画面。

洋舰（包括新型的"波拉"号）和 2 艘驱逐舰被击沉、1 艘新式战列舰重伤，3000 名海军官兵葬身海底，英军仅损失飞机 1 架。经此次海战，英国地中海舰队又能顺利破坏德、意向北非的军事运输并确保自己海上运输的安全。

此时，非洲的意大利残余部队已败退到利比亚西部，在希腊的意军败退到阿尔巴尼亚。南斯拉夫也发生了反纳粹的军事政变。希特勒认为意大利在战场上如果崩溃，会威胁自己的南翼，不得不从准备进攻苏联的军队中抽调了 17 个师，于 4 月 6 日向南斯拉夫和希腊发动进攻。攻苏的"巴巴罗萨"计划就此推延了 5 个星期，即由原定的 5 月 15 日拖到 6 月 22 日。有些军事评论家认为，这一拖延对德军后来的行动产生了不小的影响，因为适合其夏季作战的时间减少了一个多月，攻到莫斯科城下时已接近不利行动的冬季。

德军进攻希腊后，英国紧急从北非抽调兵力前往支援，被迫停止对利比亚西部的进攻。英军到达希腊后，仍无法抵抗德军装甲部队，3 万

英联邦军和 1.4 万希腊军于 4 月下旬撤退到希腊南部的克里特岛上。

英军占据克里特岛，等于建立起一个靠近巴尔干地区的长期据点，被希特勒视为侧背之刺。他决定攻占该岛，而新败的意大利海军无法支援登陆，只好决定以空降兵来单独夺取。为此，德军调来一个伞兵师和一个准备乘飞机降落的山地师进入希腊南部机场，总兵力为 2.2 万人。

防守克里特岛的英联邦军和希腊军因为有海军优势，事先估计德军很可能采取空降形式进攻。有一架被击落的德国侦察机的飞行员在审讯时又供称，空降袭击很快会开始，守军便在岛上进行了大量防御准备。

✏
表现德国伞兵准备向克里特空降的绘画。

✏
表现英军在克里特岛抗击德军空降的绘画。

✏
克里特岛的德军伞兵形象。

5 月 20 日清晨，德国空军第一批运输机飞到克里特岛上空，斩断牵引索后，大批滑翔机向岛上的三个机场强行降落，同时又有两个伞兵营以跳伞着陆。不过上一年德国伞兵出奇制胜的场面再也没有出现，地上的英希联军以猛烈的火力迎击。头一批降落的滑翔机有近半数在着陆前便被击毁，降落下来的德国伞兵疯狂地扑向对手，也一批批被打倒。

德国伞兵着陆时虽损失惨重，年轻又狂妄的飞行员仍驾驶着一批滑翔机从空而降，从里面跳出来的伞兵也凶猛扑来。英国首相丘吉尔在回忆录中对此感叹："希特勒青年运动的狂热，在这次空降作战中体现得淋漓尽致。"

在英希军抵抗下，德军第一天想攻占的 3 个机场无一得手，着陆的伞兵还被打散，只好各自为战。在此关键时刻，英联邦军中的新西兰部队却经受不住猛烈轰炸而首先发生动摇，撤出一个机场，德军山地师马上乘机在这个机场陆续降落。英联邦军见德军不断从天而降丧失坚守意志，经过 10 天激战后将主力由舰船撤出克里特岛。这一仗英联邦军损失了 1.8 万人，希腊军有 1 万人投降。此役德国损失运输机 200 多架，其空降部队伤亡虽然只有 6500 余人，却都是多年训

✎
克里特岛作战时抢运
撤退部队的英军驱逐
舰（油画）。

✎
隆美尔在非洲的签名
照片。

练出的骨干，如最精锐的第七伞兵师人员伤亡占了四分之三，师长阵亡。

德军发动的克里特岛战役，是第二次世界大战中唯一的以空降部队为主实施的进攻战役。此前空降兵都是帮助陆军进攻，这一次因海面阻隔，加上德国在地中海缺乏海军力量，只好由空降部队单独攻岛。德军虽说占领了全岛，却是一次惨胜，而且是因英联邦军意志动摇主动撤退。这一仗被称为"德国伞兵的坟墓"，也使希特勒对进行空降作战丧失了信心。过去德国伞兵总是利用他国的不备突然袭击，此时对手有了准备而使其攻击失去突然性，空降就不那么容易得手，伞兵自身的作战弱点反而会充分暴露出来。

德军进攻希腊前，希特勒已派隆美尔率非洲军团进入北非，成为支撑轴心国北非战局的骨干力量。从战略上看，在地中海和北非地区分散力量，是纳粹德国的又一次战略失算。虽说是那个无能的伙伴墨索里尼将希特勒拖进这一战区，不过纳粹称霸世界的野心使此举也实属必然，因为横扫欧洲的下一步便要向非洲扩张。德国对苏联的进攻却意外地遭受挫折，导致对北非战场只能投入很有限的力量，意大利军队又极不争气，这也决定了有绝对优势实力的英美在北非实施反攻后德意就必败无疑。

北非沙漠之战以英军全胜结束

1941年春，德军投入非洲战场后，在长度达2000公里的北非沙漠战场中你来我往，进行了一场持续两年多的拉锯战，战史上也称『沙漠战争』。

号称"沙漠之狐"的隆美尔率德国非洲军投入北非战场后,一再打败英联邦军,却受制于供应不济而难以扩大战果。英方由于有良好的装备和物资保障,并在海上扼住对方的运输线,终于在蒙哥马利率领下扭转了北非战局,消灭了那里的德意军。沙漠战争的胜负证明,供应状态决定军队的战斗力,现代战争很大程度就是在打后勤。

北非沙漠之战以英军全胜结束

　　1941 年春,德军投入非洲战场后,在长度达 2000 公里的北非沙漠战场中你来我往,进行了一场持续两年多的拉锯战,战史上也称"沙漠战争"。以交战的规模和兵力而论,这一仗同欧洲战场不可同日而语,如有"沙漠之狐"之称的隆美尔手下的德军兵力长期只有 4 个师,英军统帅蒙哥马利手下的军队虽远超过德军,也不过是一个第八集团军。双方在北非投入的兵力都不多,一个关键原因是向那里供应物资的运输线太长,供应能力的极限导致了战场上兵力容量不大。英军经持续的海上交锋完全控制了地中海,最后美军又进入北非,绝对优势的兵力和物资供应决定了作战结局。

德国非洲军的士兵在船接近海岸时更换上沙漠战军装。

埃尔温·隆美尔在非洲战场指挥德军。

"沙漠之狐"进入北非改变了战场形势

从 1940 年至 1941 年 4 月，意大利军队在非洲大败，英军本可以乘胜追击进军利比亚首府的黎波里，将意大利军队彻底逐出北非。不过因巴尔干半岛战争阴云密布，长期以来将希腊视为自己势力范围的英国便从北非抽调部分兵力到希腊。在此之前，希特勒应墨索里尼的请求，已于 1941 年 2 月 6 日下令出兵非洲，并任命在法国战役中崭露头角的埃尔温·隆美尔中将出任非洲军团司令官。

隆美尔个头不高，常有狐狸般的狡诈和微笑，在北非战场上被称为"沙漠之狐"。不过对他军事才能的传闻，很大程度上是出于德、英双方的共同吹嘘。第二次世界大战中以两位数计的德国元帅，差不多都与希特勒一起被钉在历史耻辱柱上，隆美尔却受到对手英国人的礼赞，他被迫自杀之事也被一些人当成反纳粹的根据。抛开偏见，客观地分析，便可看到真实的隆美尔既不是多么干练的军事奇才，更没有反对过法西斯，他至死还是纳粹政权的打手。

夸大敌人威力和客观条件恶劣，是掩饰自己无能的最好办法。一向有绅士傲慢态度的英国人不愿承认在北非战场初期交战的无能，便一味夸张宣传隆美尔的才能，丘吉尔当年便称对这个法西斯将领"怀有深深的敬意"！

希特勒为何特别欣赏隆美尔

隆美尔是一个在军国主义土壤中生长起的职业军人的典型。他出生于中学校长之家，从小立志从戎并受严格军训，并接受了"日耳曼民族优秀"并应主宰世界的教育。在一次大战中，他以中尉军衔获德皇亲授十字勋章。1918年德国战败，隆美尔转赴波茨坦军校任教，在保持着古老的普鲁士黩武传统的德国军官团中显露头角。

以奉行武力扩张为职业，强调等级和绝对服从的德国军官团，汇集了古代条顿武士的野蛮、容克贵族的高傲冷酷、近代工业的精细和高效。1933年纳粹执政，中校隆美尔狂热拥护，给友人的信题头也都写上"嗨里！希特勒"。"元首"上台后就欣赏隆美尔写的教材《步兵攻击》和对自己忠心拥戴，将他提升为元首大本营侍卫队长。1940年法兰西战役中，隆美尔少将因指挥第七师在纵深突击中充当先锋立有战功，被提升为中将。到北非一年多后，他又由中将升至元帅。

希特勒派一支孤军远征非洲，选择指挥官自然要挑信得过并熟悉的人。隆美尔过去担任过他的亲随，进攻法国时的表现也很突出。希特勒当时说："我挑选了隆美尔，是因为他知道怎样去激励部下，这点很重要，对一位必须在特别艰苦的气候条件下，诸如北非或者北极这样的环境里作战的指挥官来说，更是绝对必要的，隆美尔是个最合适的人选。"

1941年2月12日，隆美尔首先到达利比亚西部，嘱咐意军残部要守住这里。由于海运缓慢，德军第五轻装甲师直到3月11日才全部运到。希特勒见到达的部队太少，下达的命令是"守住现有防线，准备一次严格控制的有限进攻"。隆美尔通过熟悉地形，并组织了几次抵近侦察，很快有了击败英军的信心。3月31日，隆美尔不顾意军统帅加里波尔蒂的反对，未等主力到位就以一个师兵力和不足100辆的Ⅲ号和Ⅳ号坦克向利比亚中部的英军发起突然进攻。

刚刚轻松打败意大利的英军，突然见有一支德军向自己杀来，中东总司令韦维尔马上在4月2日下令退却，混乱中的后撤很快变成溃逃。4月6日，英军西沙漠部队新任司令官尼姆和改任顾问的奥康纳同乘一辆汽车撤退时，在漫天黄沙中迷失方向，竟鬼使神差地闯入德军队伍

成了俘虏。4月8日，英军第二装甲师和印度第三装甲旅被截住歼灭，包括师长、旅长在内的3000人被俘。德军燃油接近用尽后就利用缴获品补充，至4月9日抵达埃及边境。一周内，德军一个装甲师竟前进了600多公里，号称沙漠上一时刮起了"隆美尔旋风"。

若仔细分析战况，英军此时的心理因素是失败的关键。德军几乎未经激烈战斗就取得如此远距离推进的奇迹，主要是因英军头上还有在法国惨败的阴影，使其不敢同德军交锋。

隆美尔冲到埃及边境附近，身后还留有一个英军据守的港口城市图卜鲁格。该城距离利埃边境120公里。对英军来说，坚守图卜鲁格并使之成为德军的"肉中刺"，就能保卫埃及。4月11日，隆美尔又得到一个新的德国师增援，完成了对图卜鲁格的包围，此时要塞守军共3.6万人，德军无论是兵力还是武器数量都远远少于城内守军，一个多月攻城都未得手。

此时，英国看到德国主力正在东调准备进攻苏联，也敢于抽调兵力和坦克、飞机增援北非。仅5月12日，就有238辆新式坦克运抵埃及亚历山大港，其中有135辆"马蒂尔达－Ⅱ"型步兵坦克和70辆新型的"十字军"巡洋坦克。英军在北非的部队也

表现隆美尔指挥非洲军的油画，他前面是德军的Ⅲ号坦克。

二战中德国非洲军士兵的形象，其军装颜色为沙漠伪装色。

用88毫米口径的高射炮打坦克，是德军的惯用做法，在北非也如此。

增加到 10 万余人，从 5 月中旬到 6 月中旬发起了两次为图卜鲁克解围的攻势，都被隆美尔打退。

此时的隆美尔手下只有 2 个装甲师和 150 辆坦克，其中战斗力稍强的 III 号和 IV 号坦克不过 95 辆，此外还有 60 架战斗机和 79 架轰炸机提供空中火力支援。不过隆美尔采取的战术是在英军的行进路线上布好了"口袋"，先以 88 毫米高射炮在远距离射击，再以坦克部队包抄其后路。英军两次进攻都被打退，不过每次损失的兵力都不过以千数计。德国考虑到非洲战场毕竟是一个战略方向，对隆美尔大肆宣扬，使他的声誉和威望在德国国内不断攀升。

此时英军明白，自己的后勤供应情况比德军好得多，隆美尔漫长的补给线将最终成为他继续进攻的"死穴"，于是采取僵持战术。至 1941 年秋天，北非英军扩编为第八集团军，下辖兵力 13 万人，有坦克 900 辆、飞机 1000 余架。隆美尔下属的兵力也达到 10 万人、7 个师（内有 4 个德国师），却只拥有坦克 350 辆、飞机 400 架。

原来战斗力很差的意大利部队经过隆美尔整顿，各师又派去了德国特遣队，战斗力已有所提高。在 1941 年 11 月的交战中，意军一个师打退了英军第二十二装甲旅，并击毁了 50 辆坦克。墨索里尼的政治部队——"青年法西斯"集群在 12 月 4 日又几乎单独击败了一个英军步兵旅。

不过从总体上看，他们毕竟只能担负掩护德军侧翼和后方的任务。

11 月 18 日，英军对德意军队发动了代号"十字军"行动的攻势，而隆美尔因连续获胜并未防备敌方反攻。号称"沙漠之鼠"的英军第七装甲师进展迅速，两天后就冲到距离隆美尔的指挥所仅有 15 公里。不过德军马上将新型的 50 毫米反坦克炮、88 毫米高射炮与坦克巧妙搭配使用，使英军坦克损失惨重。缺乏补给的隆美尔却知道，自己打不起长时间的消耗战，在 11 月 24 日亲自率领装甲部队奇袭插入埃及境内的英

（左侧边注）

🖉 1941 年夏季以后，北非英军装配了美国提供的吉普车，增强了机动能力。

🖉 1941 年 11 月，英军号称"沙漠之鼠"的第 7 装甲师向德军反击，所用的坦克还是"马蒂尔达"中型坦克。

🖉 表现英军在 1941 年 11 月"十字军"战役中首次打败德军后庆贺的画面。

军后方，想切断其补给线，结果因遭受阻击未能成功。12月4日，英军再次向德意军发起攻击，隆美尔手下能用的坦克和剩余的燃料已不足以支撑战斗，被迫向西沿沙漠公路实施了长途后撤，一直退回到了班加西以西地区靠近能补给的港口。这次败退，说明隆美尔在北非无敌的神话纯属吹嘘。

隆美尔卷土重来，最后败于阿拉曼

进入1942年后，隆美尔重整旗鼓再度进攻。此时德意军在地中海重创了英军，使运输条件得到改善，1月5日当天就有9艘德意商船在的黎波里安全靠岸，卸下了50多辆坦克和2000吨燃油。德意联军的坦克很快增加到560辆，其中230辆是意大利过时的"薄皮"坦克。

此时美国对德国、意大利宣战，以大量军火运往北非战场。得到加强的英军拥有各型坦克849辆，其中近400辆是美国援助的M3"格兰特"中型坦克，此外英军后方还有420辆坦克作为储备。这年夏天，美国又运来M4"谢尔曼"中型坦克，成为英军装甲兵的骨干。

★ 链接

德制和美制坦克的性能对比

德国Ⅲ号坦克：重20吨，装配1门50毫米长管炮，装甲20至50毫米，最大时速55公里。

德国Ⅳ号坦克：重23吨，装配1门75毫米长管炮，装甲20至50毫米，最大时速55公里。

美国M3"格兰特"中型坦克：重27.9吨，装配1门75毫米榴弹炮、

表现德军坦克手在战斗间隙整理Ⅲ号坦克炮管的绘画。

1942年以后，德军向北非投入75毫米长炮管的Ⅳ号G型坦克，这是表现这种新型坦克成为突击主力的油画。

1 门 37 毫米加农炮，装甲 16 至 78 毫米，最大时速 34 公里。

美国 M4"谢尔曼"中型坦克：重 30.3 吨，装配 1 门 75 毫米炮，装甲 25 至 63 毫米，最大时速 48 公里。

🖉 美国 M3"格兰特"坦克装备非洲英军的画面，其车体一侧的 75 毫米口径炮因能对付德军坦克而最受欢迎。

🖉 美国制造的"谢尔曼"坦克装备英军的情景画。

🖉 这幅油画表现的是英军在北非战场培训印度兵扫雷技能，这一危险任务通常交给他们。

此刻美国援英的 M3"格兰特"中型坦克，对北非英军简直就是雪中送炭，因为他们此前装备的巡洋坦克和步兵坦克的主炮大多为 40 毫米口径，在同德军装备 50 毫米长管炮的 III 号坦克和 75 毫米长管炮的 IV 号坦克对阵时总是被动挨打，而"格兰特"的出现则使英军终于有了和德国坦克抗衡的资本，后来的"谢尔曼"更具有性能优势。

1942 年 1 月 21 日，德国非洲军突然发起东进攻势，英军没想到德意军这么快就恢复了元气，很快就仓皇西逃。此后隆美尔继续等待补充，至 5 月下旬又发起攻势，至 6 月 6 日完成了一次围歼战，消灭了印度第十旅和英军 4 个炮兵团，又向埃及边界追击。6 月 17 日德军进抵图卜鲁格，乘守军部署未定冲进城东南。此前一年间这个英国号称"不屈要塞"突然陷落，3.5 万名英军在惊慌中投降就俘。丘吉尔后来承认，守军投降是意志崩溃的结果。这个要塞中堆积如山的物资，为长途追击了几百公里的德军提供了补充。人们形容"隆美尔如同一只饥饿的狼，这次捕到了一只可以让他吃好久的猎物"。

希特勒得到这一消息，在给墨索里尼的电报中将隆美尔的胜利比作整个非洲战役的转折点，并在 6 月 22 日授予隆美尔陆军元帅军衔，从而他成为德军中最年轻的元帅，而这时离他被授予上将军衔还不到 1 年时间。

★链接

隆美尔获元帅衔令其他德军将帅不服

在 1942 年的德军中，通常只有集团军群的司令才有元帅军衔，集团军司令大都只是上将。隆美尔只是指挥 4 个师的司令，只相当于一个军长，就破格成为元帅，这种职与衔严重不符的提升让德军高官大都言之齿冷。隆美尔后来调到西线面见总司令克鲁格元帅时受到训斥，曾恼怒地抗辩："请注意！您是在同一位陆军元帅讲话！"长期指挥众多军、集团军的克鲁格马上冷笑说："您这位元帅，指挥过的部队最高不超过师一级吧？"

当陆军元帅权杖还在运送途中时，隆美尔利用缴获到的大量燃油继续穷追猛打，又一次杀入埃及境内，一路狂飙竟冲到了距离苏伊士运河的北端亚力山大港仅 96 公里的阿拉曼城下。阿拉曼是直通尼罗河三角洲的咽喉要地，德军前出此地无疑是一把尖刀顶向了英军洲际运输线的咽喉，使英国朝野上下一片哗然。

此时已是 1942 年 7 月，沙漠进入炎炎夏季，长期征战加之环境恶劣，使得德意军坦克磨损严重，仅剩下 37 辆坦克可以作战。双方便各自安营扎寨，挖壕固守对峙。希特勒因忙于集中兵力进攻斯大林格勒，未能向北非增兵。隆美尔就此感叹说："与其给我一根元帅手

英军第八集团军由多国人组成，左为自由法国军官，中为印度担架兵，右为英军廓尔喀兵。

杖，还不如给我一个师的援兵！"

英国此时却只有非洲这一个战场，能加大支援力度，亚历山大被任命为英军中东战区总司令，桀骜不驯却又能力超群的蒙哥马利出任第8集团军司令，财大气粗的美国又将300辆最新型的M4"谢尔曼"中型坦克运抵。隆美尔虽得到了一些补充装备和少量后备兵员，燃油储备依然不足。"沙漠之狐"认为防守只能坐以待毙，不如孤注一掷投入进攻。蒙哥马利根据"超级机密"即英军密码破译部门提供的情报，对德军进攻方案已了如指掌，以大量埋雷和坦克设伏的方式，从8月30日至9月2日粉碎了德军的多次进攻。此时传来运送汽油的意大利船队在地中海被英国海军击沉的消息，隆美尔顿时信心全无，只好放弃进攻。9月23日，他声称积劳成疾返回德国治疗，将指挥权交给了施登姆将军。

10月中旬，英军第八集团军经补充，已有3个军12个师（其中4个是装甲师），总兵力达23万，有坦克1440辆。阿拉曼的德意军总兵力仅10万余人（其中德军6万人），有坦克500余辆，油料储备只能维持7天，又丧失了制海权和制空权，已处于绝对劣势。

10月23日晚间，英军发起代号"快步"的作战行动，也就是战史上有名的阿拉曼战役。蒙哥马利将主攻方向选在了靠近海岸的北侧，准备突破德意军防线就快速向南迂回，完成对德意军队的大纵深合围。英军发起进攻后便突破了德意军修筑了几个月的防线，进展却也不快。

此时在德国疗养的隆美尔接到希特勒的命令，马上飞回阿拉曼指挥。他飞回前线后发现英军已经迂回自己侧翼，并迅速向西挺进，自己仅剩36辆坦克能开动，后方又没有任何预备队，再不撤退有被合围的危险。11月4日，隆美尔不顾希特勒的坚守命令，下令德军后撤。由于缺乏燃料，德国部队将意军有限的油料也强行掠走，不能乘车行动的4个意大利师无法徒步沿沙漠公路逃走，便留下来当了俘虏。

阿拉曼战役，是英国人夸耀的自己在第二次世界大战取得的第一次辉煌胜利，若是看一看这一仗的进程，蒙哥马利运用绝对优势的兵员和坦克、飞机，攻击困顿不堪且缺少补给之敌，胜利自属必然。英军攻击迟缓，导致隆美尔率部得以逃走。此役德意军共计伤亡2.5万人（德军1.5万人），被俘3万多人，损失火炮1000多门、坦克450辆。英国第8集团军伤亡1.35万人，损失火炮100余门、坦克500辆。

从战争进程看，阿拉曼一役确实是英军在第二次世界大战中的一个

转折，按丘吉尔的话说："此前我们几乎无战不败，从此则无战不胜。"

表现英军在 1942 年末对北非德军实施千里追击的画面。

表现阿拉曼战后英军俘虏德意军的油画，显示了负伤战俘受到的良好待遇。

地中海的护航破交战决定北非战局

　　德意军队在北非作战，完全依赖纵穿地中海的船只运输补给。英军保持马耳他这个据点和维持第八集团军的多数物资也要通过这一海域。自 1941 年以后，德国将空军和海军潜艇、鱼雷艇派入地中海，同意大利舰艇一起对英国的护航船队实施了为时一年多的海上拦截战。英国则以地中海内的直布罗陀、马耳他、亚历山大这三个港口据点不断攻击德意的海上运输线，隆美尔指挥的德国非洲军的行动能力正取决于身后的海上供应是否能保证。

　　从 1940 年夏天起，英军开始出动舰队意图切断意大利通向北非的海上交通线，并在同年 11 月空袭塔兰托后一度控制了制海权。德军进入地中海后，又在 1941 年 5 月攻占克里特岛，英军从埃及到马耳他岛海上交通又受到威胁，而德意军向北非的运输状态则大为改善。很快因东线战场急需，希特勒又将德军第十航空兵团从地中海调往苏联，英军的飞机、潜艇便主要依托马耳他岛作为基地攻击意大利驶向北非的运输船，在 1941 年的秋季使其损失与日俱增。

　　11 月 8 日夜间，英军一支分舰队从马耳他岛出发，在夜航侦察机引导下以高速向意大利船队奔袭，并借助雷达在暗夜中找到目标。当意军还没有看到英舰之前，英舰便占领了有利的攻击阵位突然开火，一举将 7 艘商船组成的商船队全部击沉，随后便乘夜暗迅速分散撤走。同月，隆美尔在北非出现第一次败退，关键原因就是后方物资接济不上。

★ 链接

意大利跨越地中海的海运损失量

1941 年 8 月：补给物资损失 46750 吨，占运输总量的 20%。

1941 年 9 月：补给物资损失 54105 吨，占运输总量的 29%。

1941 年 10 月：补给物资损失 61636 吨，占运输总量的 20%。

1941 年 11 月：补给物资损失 29843 吨，占运输总量的 62%。

看到英军在地中海的频繁出击，德军也增调潜艇和飞机反击。1941 年 11 月 13 日，德国潜艇在直布罗陀东面以伏击用鱼雷击沉了英国屡立战功的"皇家方舟"号航空母舰（标准排水量 1.9 万吨）。11 月 25 日，德军潜艇又击沉了英国战列舰"巴勒姆"号。12 月 18 日，意大利海军还以人操鱼雷袭击亚力山大港，一举击沉了英国两艘战列舰，成为自身在第二次世界大战中唯一值得夸耀的战果，也创造了海战史上的奇迹。

英国在地中海的"皇家方舟"号航空母舰 1941 年 11 月 13 日被德国潜艇击沉。

人操鱼雷是意大利人发现的，该国海军因经济力量薄弱而一向注重发展微型潜艇，在第一次世界大战中意军就曾用人操鱼雷击沉过一艘奥地利军舰。1940 年夏天参战后，意军就在 8 月和 9 月组织过两次人操鱼

雷袭击，却因技术不成熟而未成功。直至 1941 年 9 月 20 日夜间，意军 3 只人操鱼雷依次避开英军的巡逻警戒，成功地进入直布罗陀港内锚地，分别在 2 艘运输船和 1 艘油船下放置了炸弹，将 3 艘船只全部炸沉，取得了第二次世界大战中首次人操鱼雷袭击的胜利。爆炸发生后，出击的意大利操纵员游到直布罗陀旁边的西班牙（该国名为中立却同德意有秘密合作）海岸上，由岸边守候的本国武官接走。

✍
意大利海军人操鱼雷外形及攻击时操作示意图。

✍
意大利海军人操鱼雷及其潜水操纵员的画面，其理念就是用制式鱼雷改装成为水下载具。

★ 链接

意大利在第二次世界大战中使用的人操鱼雷

"凯旋车"（外号"猪猡"）人操鱼雷，是一种微型潜艇，长 6.7 米，直径 1 米，排水量 1.5 吨，水下航速 3 节，航程 12 海里，由双人操纵。它头部是一个可装卸的雷头，内装炸药 272 公斤。"凯旋车"微型潜艇使用时由母艇携带，在到达距目标较近地方时离开母艇进入水中，再由身穿潜水衣的操纵手驾着它在海中航行，潜入敌港内进行水下攻击。它与后来模仿其制造的日本自杀式鱼雷不同，潜行到目标船下后定好爆炸时间，操纵员会有足够时间乘潜行器或以潜泳逃离。

1941 年 12 月 18 日晚，意大利海军"斯基尔"号潜艇携带着 3 只"猪猡"悄然抵达英军地中海舰队的主要停泊地亚历山大港，在港口入口约 1 海里处母艇"斯基尔"号放出 3 只"猪猡"。由于港湾入口处设有防潜网，"猪猡"这样的袖珍潜艇都没有空子可钻。恰好这时有 3 艘英军驱逐舰出海归来，港湾入口的防潜网打开，"猪猡"迅速尾随其后顺利通过了警戒圈进入港内，接着选定了港口 3 个大目标——"勇士"号和"伊丽莎白女王"号战列舰和"寒戈纳"号油船。操纵手在 3 个目标的船底下固定好鱼雷并定好爆炸时间，接着 6 个操纵员乘剩下的 3 个半截雷体向港外潜驶去。由于声响被港内巡逻英军发现，这些人全部被俘。不久，港内出现水下爆炸，3 艘舰船的底部都被炸出大洞，幸亏亚历山大港的水较浅，这些舰船进水下沉后数米就沉入海底，2 艘战列舰用了整整一年时间才上浮修好。

意军袭击亚历山大港的行动同一年前英军袭击塔兰托相比，更是一次代价小而战果大的成功袭击！这次袭击一时还改变了北非地区的军事形势，使英军地中海舰队的战列舰力量损伤一半，迫使其向北非运送补给的运输船队不得不绕道南非好望角，德意运输船队得以顺利通过地中海将大批补给物资运到北非。英国首相丘吉尔此时便哀叹："地中海战局进入了最黑暗的时期！"

油画《1941 年"勇士"号战列舰在亚历山大港》，1941 年 12 月间该舰被炸沉。

"伊丽莎白女王"号战列舰侧视图。

看到马耳他岛在地中海内作为拦截基地的作用，德、意两军从1942年1月至1942年5月对该岛进行了严密的海空封锁，不断轰炸后还准备登陆。马耳他岛此时濒于弹尽粮绝，港内舰艇或被炸毁或被迫撤走。在此关键时刻，德军又将部分航空兵调往东线，美国则派以"大黄蜂"号航空母舰为核心的舰队进入地中海，同英国航空母舰"鹰"号为核心的海军编队会合，对马耳他岛实施了有效援助，使其渡过了危机。

1942年夏，德国因自身油料缺乏，将罗马尼亚油田产量中拨给意大利的份额减少。意大利海军出现了"油荒"，耗油量大的战列舰被限制出动，只好以潜艇、鱼雷艇和轻型舰只攻击英军。在同德军配合作战时，意海军也取得几次有限的成功，8月中旬，德、意两军配合还曾在马耳他岛附近取得一次海空战的大胜利。

从8月11日至8月14日，德意军对英军一支庞大护航运输队进行

英军"喷火"式战斗机在地中海上拦截击落德国运输机的画面。

在地中海内的英国船队冒着德军轰炸航行的画面。

德国U型潜艇进入地中海以攻击英军舰船。

了轮番攻击。德国潜艇 U-73 号首先突入英军海上掩护编队内，以 4 枚鱼雷击沉了英国"鹰"号航空母舰，德军轰炸机又投弹击沉了英军航空母舰"无敌"号。接着，意大利潜艇发射的鱼雷也击沉了英国的防空巡洋舰"开罗"号，英船队且战且退。意大利又以 2 艘鱼雷艇冲到近距离攻击，使英国巡洋舰"曼彻斯特"号中雷后无法行驶而自行凿沉。英国运输船队在撤退时，又被意军鱼雷艇追逐，共有 4 艘船被击沉。此次海战中，英军共有 2 艘航空母舰、2 艘巡洋舰、1 艘驱逐舰和多艘商船被击沉，损失之惨重在地中海战区可谓空前。

1942 年初和同年夏天，英军在地中海两度受挫，德意军队的海运一时得以畅通，隆美尔的攻势还有最低限度的保障。英国和美国凭借雄厚的物质力量，入秋以后又向地中海方向大量增加舰船和飞机，德国和意大利的运输船却得不到补充而越打越少。1942 年 10 月中旬，英国在地中海已集结了 3 艘战列舰、4 艘航空母舰、14 艘巡洋舰、60 多艘驱逐舰、30 艘潜艇以及大量的其他作战舰艇和辅助船只，并且完全掌握了制空权。德军此时在地中海只有 23 艘潜艇，意大利虽拥有 6 艘战列舰、9 艘巡洋舰却已不敢也无多少燃料出海。靠德国空军和意大利驱逐舰护航的意大利运输船队，在地中海上遭到越来越猛烈的拦截，损失率高达 60% 以上。

1942 年末至 1943 年初，德意军队退缩到突尼斯，通向意大利西西里岛的航线缩短到不足 300 公里（原先从意大利通向利比亚的航线在 600 公里以上），这在德军战斗机、轰炸机的作战半径之内。起初德意

表现 1943 年初德意军队退到突尼斯的油画，画面左面的意军沮丧不堪地看着前面的德国坦克驶过。

船只还能在德机掩护下通过，后来因美军、英军飞机大量进驻突尼斯以西阿尔及利亚的机场，又有大量英国潜艇进入突尼斯海峡，德意军海运线又被扼住。

北非作战的成败显现在陆地，其关键却在海上。在两年多的海上运输中，意大利和德国总共损失舰船389艘，吨位高达210.6万吨。英美盟国损失舰船的数量要更多，至1942年底，德军潜艇、飞机在地中海总共击沉了432艘运输船，吨位达217.2万吨。不过意大利拥有的商船已经损失了一大半，德国因英国的海上封锁又无法从本土向地中海提供补充。英国的船只数量越来越多，因为1942年内美国、英国的舰船下水量总计就有1000万吨（其中美国有800万吨），充分补充地中海和其他战区的损失后还有很大剩余。看到这一数字对比，海上交锋的胜负属谁就不问可知了。

美英军在背后登陆使德国非洲军覆没

德意军在阿拉曼失败时，美英军在它的西部背后登陆，等于是雪上加霜。1942年11月8日，美英联军发起"火炬"行动，10.7万部队在美军中将艾森豪威尔的指挥下分别向法属摩洛哥和阿尔及利亚登陆。当地原属维希政权的法国海军开始进行了微弱的抗击，随后因海军司令达尔朗的命令停止抵抗，美英联军迅速控制了这两个国家，接着向前突进到突尼斯边境。

希特勒看到维希政府有可能投向英美，马上下令占领法国南部地区。面对德军逼近，11月25日，法国海军因不愿归顺德军又对英国此前的背义怀恨，在地中海边

美英军在非洲西北的阿尔及利亚登陆。

的土伦港自沉了舰队。其实，若不是两年多前英国强攻击沉和夺取法国海外舰只，这支舰队本可以投奔盟国。11月下旬至12月，10万德军和10万意军被抢运到原属法国统治的突尼斯并占领当地。隆美尔抱怨说，若早几个月能把这些兵力中的一半运到北非，战局也不会是这个样子。希特勒抽部队去北非时，德军在斯大林格勒又遇苏军反攻，真是顾此失彼，两头兵力都不够。

看到美英军在西面登陆，隆美尔率4个德国师从阿拉曼急速向西撤退，逃到突尼斯与增援部队会合。这一次退却的路途长达2000公里，英军在后面保持着追击势头。德军15万人退进突尼斯这块北非的最后阵地，希特勒将其编为第五坦克集团军，仍由隆美尔指挥。

希特勒一向迷信新式武器，为保住北非，他投入了德国刚研制成的"虎"式即Ⅵ号重型坦克。这种坦克在1942年夏天刚刚定型，最早在苏德战场上的列宁格勒方向试验使用。同年8月，刚组建的第五〇一重型坦克营开始接装"虎"式并投入训练，由于该坦克产量低，到秋季末五〇一重装甲营只得到了首批45辆虎式坦克中的20辆。它们的登场，一时给英、美装甲部队带来谈"虎"色变的状态，却不可能改变战局。

德国"虎"式重型坦克早期型号投入北非战场的画面。

★链接

"虎"式坦克早期型号的性能

德国的Ⅵ号重型坦克由奔驰公司研制，代号"虎"式坦克，是第二次世界大战期间威力最大的坦克之一。其全重57吨，乘员5人，最大行驶时速为40公里，车体装甲防护厚度为25~100毫米。主要武器为1门88毫米火炮，辅助武器为2挺7.92毫米机枪。由于其瞄准系统和火炮为当时世界所有坦克中最强，出场后就有"坦克杀手"之称。

1942年11月23日，第一批3辆"虎"式坦克运抵突尼斯的比塞大港，乘飞机到达的乘员马上驾驶着这第一批"老虎"，两天后就开上前线对英军展开反击。12月1日，英军的美制"谢尔曼"坦克首次遇到"虎"，发现自己发射的炮弹根本打不穿对手，而对手却能在上千米外轻松准确地击毁自己的坦克。在12月10日的战斗中，德军第五〇一重坦克营仅以2辆"虎"式坦克为先导，在连续一天的战斗中向前推进了13公里，消灭了14辆英军的"斯图亚特"坦克，自己无一辆损失。幸亏此时英军掌握着制空权，"虎"式数量又太少且故障不断，因而德军进攻被遏制。随后"虎"式同美军首次交锋，自己毫无损伤，美军却有9辆"谢尔曼"坦克被击毁。不过在1月31日，第五〇一重坦克营面对强大反坦克火力和密雷场不得不停下来，首次有2辆"虎"式坦克的装甲被击穿，"老

北非战场上的英军经实战破除了恐德症，敢于向德军进攻。

北非沙漠之战以英军全胜结束　119

虎"被证明也非无敌。

1943 年初，美英军队已在突尼斯周围集结了 50 万训练良好的部队，拥有 1500 辆坦克并掌握了绝对的制空权和制海权。仅有 400 辆坦克的 26 万德意军队被挤压到突尼斯这个三面靠海的突出地带，既丧失了空中掩护又缺少燃油。美英航空兵在头顶不断地密集空中打击，迫使德国装甲兵和步兵要分成小的集群作战，根本无法再组织大的进攻。

1943 年 2 月 19 日，德军装甲兵在北非最后一次逞威，向刚组建而缺乏经验的美军第 1 装甲师发起进攻，展开北非地区最后一次大规模坦克战，即"凯塞林山口之战"。"虎"式坦克一马当先，"谢尔曼"坦克发射的炮弹对它丝毫不起作用。激战到第二天，美军靠着空中轰炸掩护，才得以撤向阿拉姆山。此役美军伤亡 6500 人，有 183 辆坦克和 208 门火炮被击毁。美军最后总结，它的装甲兵登上战争舞台，是以失败为先导的。

这次局部胜利，并不能改变德军的整体颓势。2 月下旬，美英盟军分别从摩洛哥和利比亚两个方向夹击德意军，轴心国军队被压向突尼斯北部海岸的比塞大港附近。海运断绝后，德军的空运也只是杯水车薪，部队反击虽取得一些小胜利，也只能向海角节节撤退。

★链接

德意在北非的军队供应被最后切断

1942 年 11 月至 12 月，英美飞机、潜艇在地中海击沉的德意船舶共 106 艘，总吨位为 17.7 万吨。德军要求每月必须向北非运送 15 万吨物资，实际上只能运到 8 万吨。

1943 年 1 月至 4 月中旬，英美在北非集中了 3000 架以上的飞机不断出击，再加上水面舰艇、潜艇的拦截，使德意军损失了 330 艘运输船，总吨位达 47 万吨。希特勒最后只好抽调运输机对突尼斯作战部队进行供应，4 月间空运了 1.8 万多名人员和 5000 吨物资，却因受空中截击损失了 117 架运输机。至 5 月初，德意军穿越地中海的海空交通线全都被切断。

1943 年 3 月中旬，隆美尔就报告部队已接近弹尽油绝，希特勒不愿在斯大林格勒战役之后再让一个元帅当俘虏，同意他飞回德国。隆美尔见到希特勒后，建议马上放弃北非，遭到拒绝，其实这时想撤退部队也

✎
意大利的宣传画表现
海战冲破英国封锁,
事实上最终未达到这
一目标。

已不可能了。5 月 6 日,美英盟军发起最后突击,第二天就从多处突破
德意军防线,大批坦克和步兵冲入突尼斯的首府也是最大的港口比塞大。
欲战无力、欲逃无路的德意军战斗意志崩溃,至 5 月 12 日全部投降。
美英军宣布,共收容了战俘 25 万人(德国人、意大利人各半),北非
战争以美英军队最后全歼敌军而结束。

　　美英盟军能赢得北非作战的胜利,关键是取得海上、空中和地面武
器以及运输车辆的绝对优势。当时美、英以北非为主战场,德国却在苏
德战场投入主力,意大利又极其衰弱,希特勒分兵进入非洲战场就是毫
无胜利希望的昏着儿。事后不少军事评论家认为,隆美尔的失败是输在
海上,他的战场缴获毕竟有限,得不到后方接济的德军无论再强悍也难
以持续作战。

　　英国的第八集团军司令蒙哥马利在北非一战成名,随后获元帅军衔。
据说他在战时以情绪稳定著称,蒙哥马利访问中国时曾向毛泽东讲,就
是在北非战场交战最激烈的日子,他每天也能安稳地睡上 8 小时左右。
蒙哥马利能如此安心地稳操胜券,关键又在于他有充足的战争资源保障。

　　同动辄投入百万大军进行一场战役的东线苏德战场相比,北非战场
的交锋规模要小得多,英国却引之为自己在第二次世界大战中最显赫的

成就。从战略全局上看，英国将地中海视为自己的传统势力范围，保住北非就必不可少。美英盟军在没有对德进行大规模陆战时，投入兵力和兵器不多的"沙漠战争"又成为进行坦克战的试验场，在这里获得的经验对反攻欧陆发挥了重大作用。英美盟军最终控制了北非，不仅打通了从地中海经苏伊士运河至印度洋的海运线，并为攻入南欧创造了有利条件。意大利经此惨败，举国都丧失了作战意志，不久后就出现了全面崩溃。

07.

独狼开始行动——德国潜艇和破袭舰开启大西洋海战

在第二次世界大战中，德国水面舰队力量远弱于美英，『海狼之父』邓尼茨便力主下大力发展『潜艇』这一水下撒手锏，并使之成为英国感受到的最大威胁。

在第二次世界大战中，德国水面舰队力量远弱于英美，"海狼之父"邓尼茨便力主下大力发展"潜艇"这一水下撒手锏，并使之成为英国感受到的最大威胁。德国与英美盟国之间在大西洋上进行的激烈的潜艇战，也成为决定了西线反法西斯战争胜负的决定性因素。

独狼开始行动——德国潜艇和破袭舰开启大西洋海战

英美同德国作战，必须通过大西洋运输部队和物资，交战双方从开战起就盯上了保持和破坏海运这一斗争焦点。第二次世界大战爆发前夕，大西洋海运货物量又占了世界海运货物量的 70%。此时英国拥有一支登记总吨位约 2100 万吨的商船队，占世界商船总吨位 6600 万吨的 31.8%，美国拥有的商船吨位达 1600 万吨，德国拥有的商船仅为 400 万吨，日本拥有的商船吨位为 560 万吨。这是因为德国基本属于内陆国家，进出口物资绝大多数靠陆路，海运对英国这样一个岛国却关乎生死。当时英国的海上交通线主要有两组，一组是北大西洋航线，连接欧洲、美洲，另一组是地中海—苏伊士运河—印度洋航线，联系着地中海各国、非洲和印度洋。其中的北大西洋航线对英国而言是最重要的生命线，为皇家海军倾注全力所确保，这条海上航线也成为德军在西线攻击的要点。从 1939 年 9 月开战直至 1945 年 5 月战争结束，北大西洋上的潜艇战始终未停，英国也认为其战争的胜利关键是反潜的胜利。

德国开战时潜艇很少，却在海上显示出最大威力

1939 年 9 月 3 日，英国、法国因德国进攻波兰而对德宣战，当晚德军海战指挥部下达了"立即开始对英作战"的命令，德国海军司令雷德尔上将（不久升元帅）和海军潜艇司令邓尼茨少将却对开战命令都感到沮丧。一向注重建设水面舰队的雷德尔提出以六年完成的"Z 计划"刚开始几个月，注重潜艇的邓尼茨也感到自己的力量远不足以截断英国的海上运输线。当时德国仅有 56 艘 U 型潜艇，其中只有 46 艘能够参加作战行动，适合于大西洋作战的又只有 22 艘，剩下的 24 艘都是些吨位只

表现德国飞机掩护潜
艇的绘画，事实上这
种海空配合很少。战
争后期德国完全丧失
制空权，导致潜艇只
能孤军作战。

有 250 吨、攻击性不强的小型潜艇。

★链接

第二次世界大战爆发时英、德海军实力对比

英国海军编有本土舰队、地中海舰队、远东舰队和后备舰队，总兵力 19.5 万人，作战舰艇主要有战列舰 12 艘、战列巡洋舰 3 艘、航空母舰 8 艘、重巡洋舰 15 艘、轻巡洋舰 49 艘、驱逐舰 119 艘、护卫舰 64 艘、扫雷舰 45 艘、潜艇 69 艘，总吨位 130 万吨。

德国海军编有战列舰队、侦察巡逻舰队和潜艇舰队，总兵力约 16 万人，作战舰艇主要有战列舰 2 艘、战列巡洋舰 3 艘、重巡洋舰 2 艘、轻巡洋舰 6 艘、驱逐舰 22 艘、护卫舰 20 艘、潜艇 57 艘，舰艇总吨位 35 万吨。

英国还有封存的上次大战中用过的战舰（包括 10 艘旧式战列舰）近 100 万吨可迅速维修后征用，德国因上次战败时交出全部舰队而没有后备舰。

开战之初，雷德尔决定主要以水面大型战舰攻击英法海上船只，虽小有斩获却未取得决定性胜利。1941 年 5 月，德军出动"俾斯麦"号战列舰攻击大西洋航线的"莱茵演习"行动失败，希特勒至此对水面舰队信心尽失，将破交战的期望转到卡尔·邓尼茨的潜艇部队身上。

德国开战时的潜艇数量虽不多，性能却很先进。在第一次世界大战中，德国潜艇技术便居世界最领先地位，共生产了344艘，击沉了协约国船只5000艘，共1200万吨。尽管第一次世界大战结束时的《凡尔赛和约》规定禁止德国拥有潜艇，不过德方采取了一些隐蔽发展的方式，通过向苏联等国提供技术，建立起造艇基地，为自己进行新一代潜艇研发做了重要的技术储备。德国海军还在基尔秘密建立了潜艇学校，利用一切机会培训学员。1933年希特勒上台后，为麻痹英法，头两年还是秘密研制潜艇，直至1935年签订《英德海军协定》后才敢公开发展水下舰队。

🖉 画中人物左为雷德尔，右为邓尼茨。

★链接

纳粹德国潜艇部队的缔造者卡尔·邓尼茨

邓尼茨在第一次世界大战开始时在轻型巡洋舰"布雷斯劳"号上任中尉，1916年志愿加入潜艇部队。从1917年2月到10月，邓尼茨便参与了四次巡航作战，共击沉32艘运输船。1918年10月，邓尼茨任UB-68号艇长时因潜艇被英舰击伤而失去控制，浮出水面成为英军战俘。他在战俘营中通过反复思考后认识到，对护航船队的攻击不能仅靠一两艘潜艇，而必须使用一个潜艇群实施协同攻击方能成功。战后邓尼茨被释放回国后担任鱼雷艇艇长，后来得到雷德尔的赏识，于1934年9月出任轻型巡洋舰的舰长。1935年德国公开重建潜艇部队，邓尼茨就担任了成立第一支潜艇部队的支队司令，晋升海军上校，开战前他又以少将军衔任德国海军潜艇司令。1943年他接任德国海军总司令。

德国海军重建潜艇部队后，其创建者邓尼茨在战争爆发前即1938年就提出同希特勒和雷德尔不同的看法，认为应该把海军建设重点转向潜艇，因为德国那么少的水面舰艇根本不可能破坏英国的海运。他还提出了"吨位战"的思想,即击沉尽可能多的英国运输船,使英国运输船的吨位损失超过其新建船舶的吨位,从而最有效地打击英国的战时经济。邓尼茨还将潜艇的使用提高到战略高度,认为潜艇可以凭借其水下航行优势,在英国海军掌握制海权的情况下依然能够安全往返于本土和大西洋。

德国 U 型潜艇指挥官的形象。

果然,战争开始后英国舰队就封锁了德国的出海口,德军水面舰队难有作为,潜艇却屡获成功。不过战争之初希特勒却对潜艇战限制重重,否定了邓尼茨提出"进行无限制的潜艇战"的要求。他开始严令邓尼茨必须按照战前国际条约规定的条款作战,潜艇要击沉商船,只能在检查完毕、安排好海员离船之后才能实施。开战当天即 9 月 3 日,德国 U–30 号潜艇将英国伦敦开往美国的客轮"雅典娜"号当成武装商船击沉,死者大部分是平民百姓,其中又有 22 名美国人。希特勒担心美国以此为借口参战,一口咬定这不是德国潜艇所为,下令潜艇对任何客轮都不得击沉。他有这些顾虑,主要是一向将战略重点放在东方,向英、法宣战还是希望能尽快对英国媾和。

邓尼茨被这一道命令所困扰,认为在这样绑住手脚的情况下潜艇还能有什么作为?他通过海军总司令部说服希特勒收回成命,随之放松了对潜艇作战的限制。

1939 年 9 月 17 日黄昏,德国潜艇击沉了英国的"勇敢"号航空母舰,在世界范围内首开了潜艇击沉航空母舰的先例。当时"勇敢"号航母由 2 艘驱逐舰掩护,在爱尔兰以西海域进行反潜巡逻。由于对海警戒疏忽,为其担任警戒的驱逐舰又前去援救不远处一艘被潜艇击伤的运输船,航母又在准备接受舰载机着舰,附近的德国 U–29 号乘虚而入,轻而易举占领了绝佳的攻击阵位。德军潜艇在 2700 米外发射了 3 枚鱼雷,其中 2 枚击中了舰艇左舷,造成"勇敢"号船体沉没,1259 名船员中有 518 人丧生。

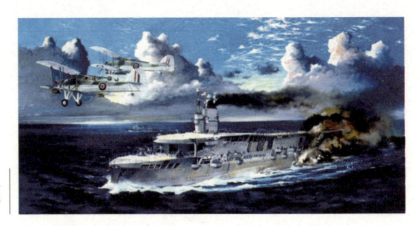

描绘英国"勇敢"号
航空母舰被德国潜艇
击中的油画。

★链接

英国损失的首艘航空母舰"勇敢"号

"勇敢"号航母原是作为大型巡洋舰开工建造，于 1915 年 3 月 29 日开工，1916 年 11 月 4 日完工。第一次世界大战结束后，英国决定将"勇敢"级大型巡洋舰改造为舰队航母。1924 年开始改造，1928 年 2 月改装完工并重新服役，1936 年又进行了现代化改装。改装后"勇敢"号航母主要性能为：舰长 239.7 米，宽 27.6 米，标准排水量 2.25 万吨，最高航速 30 节，武备为 16 门单管 120 毫米高射炮，载机 48 架，编制舰员 1216 人。

"勇敢"号执行反潜巡逻任务时被潜艇击沉，使附近的英军驱逐舰非常震惊，迅速冲过来朝着想定的潜艇位置猛投深水炸弹，却未投准，U-29 号隐蔽海下熬过 4 个小时后安然返航。航母"打狼不成反被狼伤"，这一失利使英国海军总结出舰队航母不适合用于反潜，随后又规定每艘航空母舰周围在任何时候必须保证要有两艘以上的驱逐舰护航。此后，英军逐渐采用由商船改造的护航航母来执行反潜护航任务并取得了不小战

1939 年潜入英国斯卡帕湾击沉"皇家橡树"号战列舰的德国潜艇 U-47 号的剖面图。

绩，舰载航空兵终于成为打击潜艇的一支重要力量。

1939 年 10 月 14 日，德国潜艇 U-47 号又在夜间潜入英国本土舰队主要停泊港斯卡帕湾内，以发射 3 枚鱼雷一举击沉了排水量 3.2 万吨的"皇家橡树"号战列舰。潜艇创造的这些战绩，使德军统帅部又将这一水下兵器当成海军装备的头号发展重点。

海上"狼群"严重撼动"海上霸主"地位

1940 年 6 月，德军打败法国，英军败退本土，希特勒提出媾和不成后企图以空袭打垮英国，结果在不列颠空战中却未能掌握制空权。德国统帅部便将陆军、空军主力东调准备进攻苏联，封锁英国的任务主要交给海军潜艇部队。

因潜艇作战连连告捷，邓尼茨的意见是，海战重点在于潜艇战，潜艇战重点在于经济战，只有尽一切可能打击和消灭盟国的商船队，才能打垮英国经济。他计算后认为，要确保大西洋海战的胜利，至少需要 300 艘潜艇，其中三分之一用来攻击敌舰，三分之一来往于战场和基地之间，三分之一留在基地待命。如果前线的潜艇能始终保持在 100 艘左右，就足以切断英国海上贸易通道。

邓尼茨的意见得到了希特勒的重视，不过这时德国军费主要用于对苏联作战，对海军拨款逐年减少。在 1941 年内，德国还在船台内保留着未建造好的 4 艘预定为 5.6 万吨的"兴登堡"级战列舰，准备东线战争结束后继续建造，这也影响到潜艇的建造。直到 1941 年末，德国潜艇保有量才突破了 236 艘。不过，因盟军反潜手段的提升，邓尼茨设想的百艘规模就能切断英国海运的预想并不可能实现。

英国轮船是德国潜艇的主要攻击目标，以此实现邓尼茨的"吨位战"。

针对德国的潜艇战，英国沿用第一次世界大战的经验，将商船编队并以军舰护航，发现德国潜艇攻击便予以反击。从 1940 年初至 6 月，德军潜艇共击沉船只 242 艘，总吨位约 85 万吨。这些损失对英国而言还能够承受，因为同一时期里新建造的船只吨位完全弥补了损失，而且英国的反潜战共击沉了德军 24 艘潜艇，并将德军潜艇逐渐逐出近岸海域。

面对英军的传统护航战术，邓尼茨决定采取新战术。他悉心研究了声呐、鱼雷等武器装备的性能，决定彻底摒弃传统的单艇昼间潜航状态下的远距离鱼雷攻击战术，采取多艇集群，夜间水面状态近距离鱼雷攻击。因此时雷达对海探测技术还未普遍实行，潜艇夜间在水面航行时声呐难以发现，近距离攻击就能确保较高命中率，对付船队时集群攻击又最有效。

邓尼茨的核心作战思想是著名的"狼群"战术，即模仿野外狼群追逐猎物，待其疲惫时才群起攻之。他在对方船队的可能航线上横向展开一队潜艇，若有一艘潜艇发现了踪迹就立即跟随，并通知其他的潜艇迅速集结，在船队航线前方埋伏，以便在次夜发动攻击。

德国潜艇部队逐渐掌握了"狼群"战术后，在 1940 年的夏秋季节迎来第一个"黄金时期"。6 月间，德军潜艇击沉 58 艘、28.4 万吨；7 月，击沉 38 艘、19.6 万吨；8 月，击沉 56 艘、26.8 万吨；9 月，击沉 57 艘、29.5 万吨。这年 10 月，德国潜艇击沉了 63 艘商船，总吨位数达到 35 万吨之多。英国损失的商船数至此超过本国造船厂的补充数，感到了严重的危机来临。

邓尼茨的形象在 1941 年被美国《时代》杂志作为封面，他的潜艇被绘成海怪，反映出盟国对他的恐惧。

战争开始时德国潜艇升起后检查美国船的画面，当时希特勒还限制对中立国美国的攻击。

保持中立国地位的美国，此时却向英国伸出援手。1940 年 5 月和 6月德国横扫西欧时，美国民意测试中只有 1/3 的人愿意援助英国，因为他们感到德国很快会征服那里，援英的物资还会落入纳粹之手。7 月间，英军舰队强占和击沉法国舰队后，美国民意看到英国有顽强抵抗的决心，多数人开始赞成援英，以避免德国征服欧洲后再威胁美洲。同年 8 月，罗斯福总统秘密派遣军事代表团前往英国，会谈后制订了美国一旦参战后在大西洋与英国海军合作的计划，英国还将一年来在海战中所取得经验、情报以及雷达等先进技术无偿提供给美国。

美国的援助可不是免费的午餐，除了要英国提供技术还索要基地。1940 年 9 月 2 日，美英达成协议，英国将其在西大西洋的巴哈马群岛、牙买加群岛、安提瓜岛、圣卢西亚岛、特立尼达岛和英属圭亚那等地的海空军基地 99 年使用权交给美国，同时将纽芬兰的阿根夏和百慕大岛基地无偿提供给美国使用，换取了美国 50 艘超龄服役的旧驱逐舰。国际上普遍认为，此举意味着英国将持续了近 300 年的"世界海上霸主"的地位交给了美国。

1940 年 9 月 5 日，美国总统罗斯福发布命令，沿美洲大陆海岸设立中立安全海区，由美军大西洋舰队组织对中立海区的巡逻和为航行船只提供护航，同时宣布将驱逐中立海区里参战双方的作战舰艇，这实际上是赶走德国舰艇。美国的介入，加上德军大批潜艇需要检修和维护，大西洋上又出现恶劣的天气，导致 11 月后德军潜艇击沉的船只数大幅下降。1941 年 1 月间，德军潜艇击沉船只只有 21 艘、12.7 万吨。

看到美英加强反潜，邓尼茨下令实施改进的潜艇战术，即以 6~8 艘甚至更多数量的潜艇在护航运输船队可能经过的海域以 40~50 公里间隔一字展开，形成潜艇巡逻线或称艇幕，这使 2 月的战绩略有上升，达到击沉运输船 37 艘、19.7 万吨。

英国海军反潜作战的形象。

到 3 月间，德国潜艇又取得了击沉运输船总吨位 24 万吨的战果。4 月间，德军潜艇击沉的英国船只 24 万吨；5 月，更是达到了 32 万吨；6 月，31.5 万吨，加上飞机、水雷和水面舰等其他兵力的战果，这一季度英国损失的船只吨位高达 170 余万吨，被英国称为战争中最艰难的一个季度。同年 7 月 18 日，美国国会批准了为英国建造 100 艘 1500 吨级的驱逐舰、20 艘扫雷舰和 4 艘救生船的计划，同时还为英国修理损坏的舰船和补充民用船，邓尼茨的"吨位战"仍不能奏效。

1941 年 12 月 7 日，日本因袭击珍珠港而对美国宣战，德国为策应日本也于次日对美宣战。由于美国事先缺乏防备，德军以不多的潜艇便获得了又一个"丰收期"。

对美国宣战后，德军有 5 艘远洋潜艇到达美国东部海域。这时美国沿海地区没有实施灯火管制，航线上灯标和航标照旧大放光明，夜间航行的船只仍旧开灯并公开使用明码通信，又基本没有编组护航船队。德军潜艇就不再采取集群攻击，而是白天在远离商用航线的海域潜座海底，夜幕降临后则在航线上以水面状态搜索目标，发现猎物就接近至鱼雷最小射程距离发射鱼雷。面对美国的小型船只，德国艇长都不舍得使用鱼雷，一般都用甲板上的火炮将其击沉。结果，德军 5 艘潜艇都取得了极大的收益，尤其是哈尔根海军少校任艇长的 U—123 号，创下了击沉 8 艘运输船，计 5.3 万吨的纪录。在 1942 年前 3 个月，德军没有损失 1 艘潜艇，却取得了击沉运输船 242 艘，共计 134 万吨的巨大战果。这一时期，被德国海军称为"第二个黄金期"和"美国狩猎季节"。

1942 年美国《时代》杂志又以邓尼茨作为封面人物，表示他是对盟国极大的威胁。

吃了亏的美国马上采取措施，5 月间，在整个东海岸都建立起了护航船队体系，并开始组织岸基航空兵为船队提供空中掩护，还从大西洋舰队向东部海疆区调拨了一批军舰，编成 6 个护航队。至 5 月 15 日，德军潜艇被逐出美国东海岸各主要航线，这显示了美国巨大的经

表现英国飞机反潜作战的油画。

济潜力和强大战争机器，一旦被调动起来就迸发出巨大力量。

邓尼茨的潜艇战遇到由盛向衰的转折点

1942 年内，由于美国参战，盟军反潜力量大大加强，尤其是在大西洋东、西两面建立了载有搜索雷达的飞机反潜机基地，商船的护航队制度也全面建立起来，这使德国潜艇不大敢靠近海岸。不过，德国潜艇部队也看到了盟军一个弱点，那就是大西洋宽达 6000 公里左右，从英国、美国起飞的反潜机的巡航半径不到 2000 公里，这样中间就出现了一个 2000 公里左右的无空中打击的海域，德国潜艇主要选择在这里进行伏击。

在 1942 年上半年之前，德国潜艇攻击商船时大都还遵守国际上规定的规则，即击沉前先要发出警告，再让船员乘救生艇离开，对落水者还应救护。邓尼茨通过一些战例感到，潜艇在击沉商船前升起会暴露目标，商船可能在沉没前发电报，说明潜艇的位置。救护落水船员，又会给自己的潜艇造成负担，耗费艇上有限的生活品。这个醉心于无限战争而无视国际法的"潜艇战之父"下令自己的潜艇不要遵循过去的规则，他的观点是——军事行动中胜利高于一切，战争没有人道可言。

★链接

证明邓尼茨犯有战争罪的"莱肯尼亚"命令

1942 年 9 月 12 日，德军 U-156 号在南大西洋击沉了英国运输船"莱肯尼亚"号，救起第一批幸存者后得知船上载有自己的盟军意大利战俘，便向周围发出明码电文，注明了出事地点的具体位置，以便附近船只救助。9 月 16 日，美军的 1 架 B-24"解放者"轰炸机发现了标有红十字的 U-156 号潜艇，进行了攻击并将其击伤。9 月 17 日，邓尼茨根据此事向所有德军潜艇下令：禁止救援任何被击沉船只的幸存者。这一命令下达后，导致了同盟国许多被击沉船只上的船员葬身大海。这就是后来审判邓尼茨时认为犯有战争罪的"莱肯尼亚"命令。其实德军一些潜艇指挥官根据暗示，不仅不救援落水的对方船员，还经常升到水面用机枪将其射杀，并认为这是削减敌方海运力量和造成其恐惧的有效手段。

德国潜艇在 1942 年 7 月以后将潜艇作战的重点再次转移回北大西洋，同时又从德国空军那里得到一些战斗机支援，使其在通过靠近欧洲的海域时可以免遭盟军飞机的空中攻击。这样，德军潜艇在同月取得的战绩是击沉 96 艘、47.6 万吨，创造了新纪录。从 8 月开始，德军每月新建成服役的潜艇数量达 30 艘，这就使得邓尼茨能拥有足够的潜艇投入大西洋。8 月间，德国潜艇共击沉 108 艘运输船、54.4 万吨。9 月间，德军潜艇数量继续增加，用于大西洋上的潜艇首次达到了创纪录的 100 艘。

在整个 1942 年，德军潜艇共击沉同盟国运输船 1160 艘，总计 626.6 万吨，是整个战争期间年度最高战果，这一数目又占德军潜艇、飞机和

这幅画表现的是德国潜艇官兵因长期在外远航，在战斗间歇也组织一些娱乐活动。

这幅画 表现德国 U 型潜艇实施"狼群"战术攻击盟军运输船队的油画。

水面舰艇击沉运输船总数 1664 艘的 69.7%，击沉吨位总数 779 万吨的 80.4%。由于运输船的严重损失，英国全年物资进口量下降到 3400 万吨，比 1939 年的进口量下降了几乎三分之一。同年，德军潜艇全年损失 87 艘，因有大量新服役潜艇，潜艇总数增加到 393 艘，其中 212 艘完成了战斗训练能够随时出海作战。这时在大西洋潜艇战中德国取得重大胜利，却仍未达到邓尼茨"吨位战"的目标。同年，英国生产的船舶不足 200 万吨，美国生产的吨位却达 800 万吨，略超过德国、日本、意大利击沉的总吨位，盟国船只虽损失惨重却仍比过去要多一些。

进入 1943 年 1 月，德军因在斯大林格勒惨败而呈现出战败之相，希特勒下令实行"总动员"，重点是扩大兵员数量、研制新坦克和飞机。看到海军水面舰只作战没有什么战果，希特勒把十几年来一直担任海军总司令的雷德尔叫来，用难听的语言痛骂了一顿，盛怒之下还要求把所有水面大舰拆毁回炉，只保留潜艇。受尽羞辱的这位德国海军元帅，只好随之辞职并退休回家。在 1 月 30 日即纳粹执政 10 周年纪念日这天，邓尼茨被提升为海军总司令兼潜艇部队司令，其军衔继前年升中将、去年升上将之后，又晋升为海军元帅。邓尼茨就任后，自然更把潜艇部队发展作为首要任务，不过，他又反复劝说希特勒，最终保留了原来的大舰备用，只是不再建造新的大型水面舰。

1943 年 2 月至 3 月间，德军潜艇在大西洋上取得了令人可观的战果，出现了人称的"海狼狂潮"。3 月 6 日，德军 U-405 号发现了从加拿大开往英国的 SC-121 护航船队，邓尼茨接到报告之后立即调集了 26 艘潜艇，前往攻击这支有 59 艘运输船和 1 艘驱逐舰、3 艘护卫舰、1 艘驱潜快艇掩护的船队，成为德国潜艇最经典的一次"狼群"战。

从 3 月 7 日起，德国潜艇在大西洋上风力达到 10 级还夹杂着雪电的恶劣天气条件下，接近了船队，却因风大浪急难

德国潜艇部队指挥官的形象画，立功的 U 艇艇长是当时最受尊敬的国民英雄。

表现德国 U-552 号潜
艇离开基尔港的油画。

美军使用长航程的水
上飞机在大西洋长时
间巡航反潜的油画。

以攻击，只有 1 艘运输船被击沉。3 月 8 日后，风暴逐渐平息，有 4 艘
在风暴中掉队的船只因没有得到护航军舰的掩护而被击沉。次日天黑后，
3 艘德军潜艇借助夜幕掩护突破了船队的警戒圈，又击沉了 4 艘运输船。
直至 3 月 10 日，盟军再次派来 2 艘护卫舰赶来增援。船队也逐渐驶近冰岛，
德军潜艇才停止了对船队的攻击。此次对 SC-121 船队的攻击中，德国
潜艇共击沉了 13 艘运输船，计 6.2 万吨，自己无一损失。

3 月 16 日至 20 日，德军以 22 艘潜艇组成的"狼群"又追踪攻击英
国的 HX-229 船队。尽管德军潜艇在后期遭到了反潜飞机和护航舰的有
效压制，仍取得了巨大的战绩，总共击沉 21 艘运输船、14 万吨，仅损
失 1 艘潜艇。

1943 年 3 月可谓德军潜艇战果最高的月份，共击沉盟军 108 艘运输
船，共计 62.7 万吨。不过盛极而衰，随后德国潜艇战况急剧走了下坡路，
同时出现了盟军的转机。在这个月内，大西洋护航会议在华盛顿召开，
同盟国决定集中统一使用反潜兵力，其中英国和加拿大负责北大西洋上
的护航，美国负责中大西洋和美洲海岸的护航。盟军在有效调配反潜力
量的同时，还研制出一些对付潜艇的利器。

英国研制出新型的厘米波 ASV-Ⅲ雷达，此时装配了反潜机，其效
能较过去的雷达大为提高，甚至能够在 10 公里外发现海面上的一个罐头。
德国潜艇在水下伸出潜望镜，就此也能被盟军轻易搜索发现，接着就会
遭到沉重打击。

除反潜雷达外，同盟国还运用了一些新技术，如改进舰载声呐和高
频测向仪以准确测定潜艇位置，加紧生产对潜艇威胁极大的反潜"刺猬
弹"、机载航空火箭弹、反潜自导鱼雷等新型武器。英国代号"超级机密"
的破译室，加大了密码破译的投入，掌握德国潜艇的许多动向。在所有

措施中最重要的是建立了反潜战斗群，又称反潜支援大队或反潜特混舰队，由护航航母、驱逐舰、护卫舰等军舰组成，这些军舰上均配备最先进的探测设备和威力最强劲的武器装备，雷达、声呐等部门的骨干均是一些经验丰富的老手。

盟军采取这种攻击性反潜手段，彻底改变了过去只侧重护航的防御性反潜手段，终于转守为攻。1943 年 2 月结束的斯大林格勒会战成为整个第二次世界大战的转折点，3 月以后大西洋反潜战的转折点也随之到来。

盟军打赢保交战使德国潜艇部队走向末路

1943 年 4 月，取得空前战果的德国潜艇部队向大西洋航线投入了更多的力量，战果却开始下降。这个月德军潜艇只击沉了 56 艘运输船，吨位下降至 32.7 万吨，只相当于 3 月的 52%，损失的潜艇却达到 15 艘之多。

进入 5 月间，德国潜艇遭受前所未有的打击。5 月 3 日至 6 日，盟国 ONS-5 船队面对德军 41 艘潜艇的"狼群"疯狂攻击，以飞机和护航舰猛烈反击，虽然被击沉 12 艘运输船、5.7 万吨，也击沉了德军潜艇 6 艘并击伤 4 艘。

表现英军战机攻击德国潜艇的油画。

在雷达搜索引导下的舰载机，此时成为打击潜艇的主角。5月23日，英军"射手"号护航航母搭载的"剑鱼"反潜飞机在护航中首次使用机载火箭弹，在360米距离上向正企图下潜的潜艇连续实施了四次火箭齐射。潜艇遭到重创后艇长只得下令上浮，指挥艇员用甲板上的高射炮负隅顽抗。另一架"野猫"战斗机赶来，用机关炮猛烈射击，艇长和多名艇员被击毙，其余艇员投降。

在整个1943年5月间，盟国共有50艘运输船被击沉，损失吨位26.4万吨，德军潜艇被击沉却高达41艘，以致德国海军称之为"黑暗的五月"。5月24日邓尼茨在日记中写道："到目前为止，我们的损失已经到了无法容忍的地步。"

从战损比来看，此前德军每损失1艘潜艇可以击沉运输船10万吨，而在1943年5月，每损失1艘潜艇只击沉0.64万吨。这个月活动在大西洋上的德军潜艇共有118艘，损失高达41艘，战损率达34%。5月23日邓尼茨下令，潜艇部队全面撤出大西洋航线，这也标志着潜艇战走向失败。

此后，盟军反潜手段进一步发展，飞机可以向海面空投声呐并接收信号，飞机发现潜艇后又可报告水面舰艇。反潜舰赶来后就先用声呐确定潜艇的位置，再用大定深的深弹将其击沉。美军舰载机也开始使用新型的"菲德"音响自导鱼雷，首次投入实战就一举击沉潜艇4艘。10月下旬，邓尼茨鉴于集群作战损失太大，被迫决定放弃艇群作战，改为单艇作战，此时考虑的首要因素不是形成"狼群"攻击而是潜艇自身的生存。

看到潜艇战难达到破交效果，邓尼茨又想利用一下德国残存的大舰出海拦截盟国船队。1943年12月，他下令停泊在挪威港口内的德国仅剩的一艘战列巡洋舰"沙恩霍斯特"号出海，截击北极航线上美英向苏

美国海军使用飞艇，在大西洋上可以进行耗费燃料不多的长时间反潜巡逻，发现升起的潜艇即进行攻击。

美国轰炸机攻击德国潜艇的油画。

表现德国战列巡洋舰
"沙恩霍斯特"号最后
战斗的画面。当时英
舰发射的照明弹将其
周围照亮，然后发起
攻击。

联运送物资的船队。这艘 3.2 万吨排水量的大舰已有近两年未出海，舰
上装备的两部雷达的探测性能已落后，舰员中有不少名见习军官和毫无
经验的新兵。舰长埃里克·贝伊海军少将报告人员素质很成问题，如果
发生战斗结局难以预料，希望推迟出海（实际是不想出海），却被邓尼
茨严词拒绝。

"沙恩霍斯特"号出海后，面对英军的搜索果然重蹈了"俾斯麦"
的覆辙，而且结局更惨。它很快被英军飞机和驱逐舰发现，引来"约克
公爵"号战列舰等舰只前来拦截。"约克公爵"号是英国最新型的战列舰，
标准排水量 3.5 万吨，装配 356 毫米口径主炮 10 门，还具有雷达探测优势。
12 月 26 日，在靠近北极海域的暗夜中，"约克公爵"号战列舰的雷达
在 22 海里（4 万米）距离就发现德舰，距离 2 万米时凭借着炮瞄雷达向
"沙恩霍斯特"号猛烈开火。过去有许多战绩的"沙恩霍斯特"舰因雷
达落后，被炮弹命中时还根本不知对手在哪里，在黑暗中盲目开炮还击。
接着，英军有 2 艘巡洋舰和 5 艘驱逐舰也赶来参战，摧毁了"沙恩霍斯
特"号舰上的主炮后又以驱逐舰逼近德舰发射了 55 条鱼雷，有 11 条命
中。这艘德舰随即沉没，舰
上约 2000 人只有 36 人在冰
海中被英军救起。

过去大名鼎鼎的"沙恩
霍斯特"号舰覆没后，威胁
北极航线的德军大型水面舰
只剩下"提尔比兹"号战列舰。
这艘标准排水量 4.1 万吨的
战列舰是"俾斯麦"号的姊
妹舰，下水三年间未参加过

1944 年英国轰炸机
炸沉德国战列舰"提
尔比兹"号的油画。

独狼开始行动——德国潜艇和破袭舰开启大西洋海战　139

"提尔比兹"号战列舰长期停在挪威港湾，人称"北方孤狼"。

被盟军飞机发现的德国在海面的潜艇，只能以机炮对空拼死一搏，此时下潜只能被深水炸弹消灭。

一次海战，不过其停泊在挪威港湾内就是对英国北方海上航线的威胁。为了消灭它，英军出动过人操鱼雷、袖珍潜艇，还组织过13次大规模空袭，共出动过600架次飞机。1944年11月12日，英机终于将"提尔比兹"号炸得翻沉在挪威林根峡湾内。这一战例也说明，失去了空中掩护后，大型水面战舰不仅难以出海，甚至都无法生存。

进入1944年后，盟军用于反潜的飞机数量已达3000架以上，平均每一艘德军潜艇将要对抗20架以上的飞机，而且美英岸基航空兵已在冰岛、爱尔兰、纽芬兰、百慕大群岛、格陵兰岛和亚速尔群岛等地建立起完善的基地网，加上护航航母的舰载机，空中掩护几乎覆盖整个大西洋航线，同盟国的船队终于可以在大西洋上安全航行。

面对盟军严密的空中搜索，德军潜艇只能转入长时间潜航，不敢上浮水面换气和开动柴油发动机充电。当时邓尼茨全力组织建造代号为"瓦尔特"的Z1型潜艇，这种潜艇排水量达1600吨，新型发动机的蓄电池能量比现有潜艇增加了一倍多，能长时间在水下高速航行。这种潜艇采取流线型艇体使水下航速达到创纪录的 14 节，可以轻而易举地从水下超越船队，在船队航线前方实施攻击。尽管这种新型潜艇的研制生产工作从 1943 年下半年就已开始，却因盟军航空兵对潜艇建造厂实施猛烈轰炸，批量投产至少要到 1945 年才能实现。为了在这种新潜艇投产服役之前有效进行潜艇战，邓尼茨只好

表现获得铁十字勋章的德国艇长克雷奇默在 U-99 号艇的舰桥上指挥攻击的绘画。

采取折中方案，让潜艇装上通气管，使潜艇在下潜状态仍可补充新鲜空气，潜航状态柴油主机也能通过吸气管正常工作。

德国潜艇使用通气管后，大大减少上浮充电的时间，使之能最大限度潜在水下以躲避盟军飞机打击。这种措施一度使潜艇的损失下降，却由于长时间在水下航行，潜艇难以发现船队，攻击机会也大大减少。

1944 年 6 月 6 日，盟军在法国诺曼底登陆，开创了第二战场。根据希特勒的命令，邓尼茨下令集中 200 余艘潜艇，不惜一切代价在英吉利海峡拦截盟军舰船。此时，盟军在海峡两端建立了严密的声呐和雷达搜索网，海峡宽度又只有 20 至 100 公里，潜艇进入这里真是如入虎穴。如在 6 月最后两周中，有 12 艘德国潜艇想进入英吉利海峡，结果只有 3 艘最终成功进入，其余不是被击沉，就是被迫折返。

侥幸进入英吉利海峡的潜艇，一旦发起鱼雷攻击也通常会暴露自己的位置，从而引来致命打击。在 7 月间，进入英吉利海峡的德军潜艇冒险攻击了同盟国船队，击沉运输船 2 艘、登陆舰和武装拖网渔船各 1 艘，击伤运输船和油船各 1 艘，潜艇损失却高达 8 艘。当时计算，德军往往损失 1 艘潜艇还不能击沉 1 艘运输船，邓尼茨却认为被击沉的运输船上所运载的武器、物资和人员随船沉没，就是对盟军最沉重的打击。若是在陆地上消灭 1 艘运输船上所运载的武器、物资和人员，必将付出更大的代价，因此损失潜艇也应在所不惜。这时德军潜艇的主要任务已转为

战争后期德国 U 型潜艇大都停泊在挪威基地，为躲避轰炸而停在水泥掩体内。

近岸防御，为多少减轻一点陆上的压力，投入了孤注一掷的拼死攻击。

诺曼底外海的潜艇拦截战持续到 8 月 27 日，邓尼茨见盟军登陆场越来越巩固，潜艇部队已无力回天，便下令尚在英吉利海峡活动的 5 艘潜艇撤回挪威的基地。此后，德国潜艇只能以单艇出击的方式，在海上袭击一些易打的盟国船队，战果不大而损失不小。

进入 1945 年后，纳粹德国的末日已到，潜艇战也无起色。从 1 月至 5 月 7 日，德军潜艇共击沉 54 艘运输船，总吨位 22.3 万吨，自己也损失潜艇 62 艘。此刻邓尼茨仍盼望新型潜艇出现能扭转战局，至 4 月底盼望已久的第一艘 Z1 型潜艇才终于建成，能够在远海长时间潜航作战，但一切都为时已晚。

5 月 1 日，根据希特勒的遗嘱，邓尼茨接任第三帝国的元首，他上任时就明白这是要自己来处理后事。邓尼茨在 5 月上旬向陆上德军下达的命令，是尽快摆脱苏军而撤到西线向英美军投降，想以此分裂盟军而保存德国的力量。他对海军下达的命令，是集中可用的舰船前往被苏军陆上封锁的库尔兰半岛，尽量接回那里被困的"北方"集团军群的官兵。

5 月 4 日，邓尼茨总部所在地的德国北方守军开始向逼近的英军投降，新任"元首"知道再战已不可能，同日向西线盟军总部派出洽降代表，并命令海外潜艇停止战斗并返回港口。

5 月 5 日，可能是未接到命令的德国 U−853 号潜艇在美国布洛克岛附近海域击沉 1 艘运输船，U−236 号潜艇在英国福思湾附近海域击沉 2

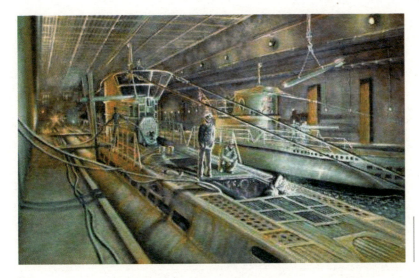

战争末期德国一些潜
艇躲进地下洞库加油
和装鱼雷。

艘运输船，成为德国潜艇最后的战斗。5月9日即德国签订投降书的次日，潜艇部队接到命令，要升上海面挂起黑旗向盟军投降。

随后几天中，先后有德国156艘潜艇返回基地，向盟军投降。不过，德军潜艇部队的许多人不甘心交出潜艇，他们私下传开了第一次世界大战结束时自沉的暗语代号"彩虹"，先后有203艘潜艇自沉，而艇员上了岸。

德国潜艇进行的大西洋战役，是世界战争史上最典型的潜艇战，大西洋上"狼群"出没，潜艇战与反潜战贯穿整个战争始终。英国战时内阁首相丘吉尔在回忆录中写道："战争中唯一真正让我害怕的是德国海军的潜艇。"美英反潜战的成功，才使英国得以生存，并保证了反攻欧陆的成功。

德国进行的潜艇战虽然没有成功，却损耗和牵制了对手的巨大力量。战时德军共装备了1170艘潜艇，作战损失了719艘（加上事故等损失共780艘），死亡了3万名艇员。与之对比，西方盟国进行空前规模的反潜战所耗费的人力物力要高许多倍，据统计曾有300万军人在海上和空中参与了同潜艇的斗争。由此可以看出，潜艇如使用得当，会成为一种效费比非常高的战略性武器。

大西洋上这场破交与保交的较量，既是双方统帅和高级将领之间在战略上的斗智斗勇，也是武器装备、技术水平的竞争，还是参战官兵战术素养、作战意志全方位的比拼。德国潜艇部队作战凶悍，技术水平也居当时世界之首，战争的非正义性和法西斯主义的疯狂性却决定其必然失败。希特勒的征服欲望膨胀使德国海军在力量不足时就投入战争，野心过大与实力不足的矛盾又导致潜艇建设投入不足。当美英两国都把军费近半数用于海军建设时，德国因将主要力量投入东线对苏联交战，海军军费在全国军费总额中的份额由 1940 年的 12% 降到 1944 年的 6%。仅从重视程度和力量投入看，纳粹德国在海上就没有获胜的可能。

★链接

德军潜艇年度战绩与损失表

时间	击沉运输船数量、吨位	损失潜艇数量
1939 年 9 月至 12 月	114 艘、42.3 万吨	6 艘
1940 年	471 艘、218.6 万吨	31 艘
1941 年	432 艘、217.5 万吨	24 艘
1942 年	1160 艘、696.6 万吨	87 艘
1943 年	466 艘、220.3 万吨	245 艘
1944 年	131 艘、51.1 万	264 艘
1945 年 1 月至 5 月	54 艘、22.3 万吨	62 艘
整个战争期间	2828 艘、1468.7 万吨	719 艘

战略大轰炸重创德国战争潜力

在付出鲜血最多的苏德东线战场上，空军只是地面作战的配角，西线战场上的空中轰炸却唱了主角，而且首开了人类战争史上的战略轰炸。

英国和美国对德国的作战，空中打击又是一个主战场。在付出鲜血最多的苏德东线战场上，空军只是地面作战的配角，西线战场上的空中轰炸却唱了主角，而且首开了人类战争史上的战略轰炸。当年有人认为战争靠航空兵就能打赢，而事实证明英美的轰炸机虽破坏了不少德国城市并影响了军工生产，战胜纳粹的决定性因素还是地面攻击而不是空中打击。

战略大轰炸重创德国战争潜力

1903 年美国莱特兄弟发明的飞机问世，1909 年意大利建立起世界上第一支航空队，人类的战争从此由平面向立体化发展。自第一次世界大战起，空中轰炸开始成为打击敌国的有力手段，战后一些军事家就认为未来战争中起决定作用的将是航空兵，如意大利的杜黑将军就提出了"制空论"。许多西方政要和军事家又通过一次大战的教训，认为地面战要付出巨额人员伤亡，空中轰炸付出少数飞行员的损失就能换来对手毁灭性的地面损害，因而格外重视发展航空兵特别是轰炸航空兵。20 世纪 30 年代和 40 年代前期，德国和苏联建设空军的指导思想是将其作为"空中炮兵"支援地面部队，英国和美国建设航空兵的目标却是打击对手的后方城市和基地。由于英国和美国具备雄厚的财力和科技条件，可以生产大吨位的轰炸机，因而只有这两国后来才有能力实施真正意义上的战略轰炸。

英国人认为炸工厂、炸工人同样重要

在第一次世界大战中人类开始感到空中轰炸的威胁，1923 年世界各大国制定的国际空战规定便明确限定，禁止进行对平民造成恐怖、以非战斗员为目标的轰炸。日本和德国在发动战争时，毫不顾忌这种规定，首开对平民区实施无差别轰炸的先例。1940 年德国对英国伦敦、考文垂等地的空中轰炸，又带有战略轰炸的初步特点，只是因其缺乏大型轰炸机和后劲不足才未能达成目的。

英国作为一个岛国，一向不愿意参加大规模陆战而主要依赖海军，有飞机后又特别迷信空军。早在 1932 年，英国首相斯坦利·鲍尔温在一次著名的演讲中宣称："轰炸机能够胜任一切。最好的防御就是进攻，也就是说，如果你要保护你自己，就必须比敌人更多更快地杀死妇女与儿童。"1933 年纳粹在德国执政后，希特勒和空军司令戈林都认为通过轰炸敌方主要城市和工业区，就能更快导致敌人士气的崩溃。这些观点，实际上都奠定了随后进行战略性轰炸的思想基础。

20 世纪 30 年代后期，英国比德国投入了更大力量发展远程和重型轰炸机，只是因绥靖思想及和平麻痹观念的影响，大战开始时未能大量生产装备。1940 年夏秋季尝到德军轰炸的苦头后，英国政府把近一半军费用于发展皇家空军。1941 年 6 月德国进攻苏联后，英国感到本土已不会遭受地面入侵，在海军已有绝对优势的前提下更强调以空中打击取胜。同年 9 月，丘吉尔提出了制造 4000 架轰炸机的计划，并于 1942 年初任命哈里斯负责指挥轰炸机司令部，主要以战略轰炸手段打击纳粹。

英国对德战略轰炸开始时的头号目标是潜艇基地，画面上的英机正向德军港口投弹。

英国轰炸机司令部司令哈里斯的绘画，前面就是他最重视的"兰开斯特"轰炸机。

★链接

英国轰炸机的主要性能

"兰开斯特"Ⅱ型重型轰炸机，最大起飞重量28吨，最大时速434公里，载弹量6.3吨，航程3600公里，自卫武器为10挺机枪。

"蚊"式轻型轰炸机，

英国"兰开斯特"轰炸机夜间出击的画面。

英国的"蚊"式轰炸
机，为减轻重量提高
航速主要采取木质材
料。

最大起飞重量 9.7 吨，最大时速 611 公里，载弹量 970 公斤。该机为减
轻重量而主要用木质材料，主要靠速度快速摆脱德机截击，不载自卫
武器。

英国主要使用这两种轰炸机，达到快—慢和轻—重搭配。不过也有
难以解决的矛盾，"蚊"式因航速快，战损少却投弹量小，"兰开斯特"Ⅱ
型轰炸机载弹量虽大却因速度慢易遭拦截，损失量很大。

在 1940 年 5 月 10 日德军对英法发起突袭之后，5 月 15 日英国轰炸
机就开始袭击德国莱茵河附近的工业区，不过，因担心德军战斗机拦截
而采取夜间攻击，投弹几乎难以命中车间等要害目标，只起到了骚扰作
用。同年 9 月英国轰炸机首次空袭柏林，虽在夜间盲目投弹未造成多大
破坏，却使纳粹高层重新认识英国的抗战决心。考虑到德国潜艇、飞机
对英国威胁最大，英国当局给皇家空军规定的轰炸目标顺序依次是潜艇
基地、石油工业和航空工业。由于德军装备了 Me-110 和 FW-190 战斗
机能实施夜间拦截，并广泛使用雷达预警，英国皇家空军初期的空袭损
失大而战果很少。

哈里斯就任英国轰炸机司令部司令后，决定转向实施大规模的城市
轰炸。他提出的一个明确的行动前提是——"毁坏德国工人的住所，并
且在道路上大量杀伤工人，与炸毁工厂一样有效。"丘吉尔的科学顾问
切尔威尔勋爵也统计说，2200 万工人居住在德国的 58 个大城市中，让
他们无家可归，能够削弱德国的士气。

为了达到既炸工厂又炸工人的目的，哈里斯决定在夜间对德国城市实施密集轰炸，即不分青红皂白投弹实施大面积摧毁，为此实施了"千机轰炸"。1942年5月31日，皇家空军出动1046架飞机轰炸德国西部工业城市科隆，投弹1455吨，其中有2/3为燃烧弹，全城40公顷的地区被夷为平地。不过德国城市的防空组织得比较好，全城在此次轰炸中只有486人死亡，只是因房屋被毁导致14万人无家可归。此次轰炸中英国损失了45架轰炸机，要低于原来出击时通常要被击落10%左右的战损率。从总体上看，德国空军在1942年间的防空作战比较有效，英国空军被击落1404架，击伤2724架。这一年德国军火工业产量增加了50%，潜艇、飞机的增产计划基本完成，战略轰炸的目的并未达到。

美国自1941年12月对德国宣战后，派第八航空队进驻英国，于1942年8月17日开始参加对纳粹德国控制下的西欧占领区的战略轰炸，却未轰炸德国本土。德国的民心士气并未受到太大打击，除了夜间受到灯火管制有些不方便外，绝大多数老百姓还照常过着较优裕的生活。

英、美联合作战使德国城市遭大难

1943年1月，第二次世界大战以斯大林格勒之役的基本结束而进入了转折点，德国败局已定。此时美国、英国首脑召开了卡萨布兰卡会议，确定了战胜纳粹德国的作战方针，要求两国航空兵要"消灭和瓦解德国的军事工业和经济系统，摧毁德国的民气，使其武装抵抗能力降到最低

描绘千机轰炸场面的油画，美军的B-17正遭到德军FW-190战术机群拦截。

的程度"。美英规定轰炸的优先顺序为：潜艇工业、航空工业、交通运输系统、石油工业、其他军事工业，对民间目标的轰炸虽未列入却仍在心照不宣地进行。

1943年春，美国陆军航空兵大量进入英国基地，其本国又有最强的航空工业基础，对德轰炸的能力就此大大提升。于是，英美双方协调了轰炸分工，确定了一个"白天美机炸、夜间英机炸"的原则。

对如何轰炸德国，英国空军负责人查尔斯·波特尔爵士的观点是夜间轰炸，这样能减少自身轰炸机的损失，对城市实施大面积投弹在白天和黑夜效果又差不多。美国空军负责人伊拉·克拉伦斯·埃克将军却主张白天轰炸，因为夜间大面积投弹主要炸的是居民区，只能对工业区造成低度破坏，白天的精确轰炸才能有效摧毁为数不多的重要工业目标。

按照英美的分工，英国空军首先以夜间攻击进行了鲁尔战役、汉堡战役、柏林战役三次摧毁城市的空中战役。从3月至7月间，英国轰炸机对德国最大的工业区鲁尔区若干城市进行43次空袭，着重攻击了杜伊斯堡、埃森、科隆、多特蒙德等城市，而且还攻击了起蓄水发电作用的鲁尔水坝。5月16日至17日夜间，英机的19架重型轰炸机飞到水坝上空投下照明弹，再低空丢下特制炸弹摧毁了鲁尔水坝，不过德军高射炮火网也让英军损失了8架飞机和上面的全部机组人员。这次夜间实施的相对较精确的轰炸，导致鲁尔水电站发电量下降，工厂缺水而谷地则洪水泛滥，不过秋季水坝修复后英军再度想破坏就未成功。

英国飞机的夜间轰炸精度能有较大提高，就在于不断改进空中突袭方法，重要的进展之一是建立导航机部队。在空袭某一目标前，导航机要先于轰炸机主力部队飞向目标，在漆黑的夜里用照明弹标识转变点，

1943年6月，美国《时代》杂志以英国轰炸司令部司令哈里斯作为封面人物，背景是以轰炸的铁锤打击纳粹。战后他升为元帅，其轰炸平民的做法却广受非议，他本人也保持低调。

1943年美军B-25轰炸机实施白天轰炸的画面。

并在目标上空投掷照明弹，以便于轰炸机识别目标。这些导航机还使用红色和绿色照明弹以标明轰炸范围，直到轰炸员将炸弹投下为止。

在英机轰炸的同时，美国陆军第八航空队对德国航空工业、滚珠轴承工厂进行了轰炸，虽有战斗机护航还是在德机拦截下受到不小损失。1943 年 7 月后，美国的 P-51 和 P-47 远程战斗机开始为轰炸机全程护航，德国战斗机的性能难与之相比，导致空战中美军损失减少而德军损失大增。同年 9 月 27 日，盟军又占领意大利南部，11 月间美英航空兵群进驻意大利，这就使德国本土及其占领区全在英美飞机航程之内。

★ 链接

美德主要战斗机性能相比

1943 年美国定型投产称为"战斗机之王"的 P-51"野马"式，被国际上公认为第二次世界大战期间性能最好的战斗机。其主要性能如下：最大时速 703 公里，升限 1.28 万米，航程 3400 公里，装配 12.7 毫米机枪 6 挺，可载弹 600 公斤。P-51 因其载弹多，还可作为战斗轰炸机。

德国在 1943 年防空的主力为 FW(福克)190A-3 战斗机，主要性能为：最大时速 635 公里，装配 2 挺 12.7 毫米口径机枪、2 门 30 毫米口径航炮。

德国的 FW-190 战斗机，可以用于对地和空中拦截。

美国 P-51"野马"式战斗机在 1943 年服役后，能有效战胜德军战斗机，图中是其击落 Me-110 的画面。

1943 年 7 月 24 日至 8 月 3 日，英美空军联合进行了一次战史上争议颇大的"汉堡大轰炸"。

英国飞机连续四次夜间轰炸了汉堡，其中两次还有美国空军进行了昼间补充轰炸。在轰炸中，皇家空军首次采用了代号为"视窗"的电子干扰战术，即投下一大堆金属铝箔条以干扰对方雷达，使德国雷达屏幕上一片迷茫。当英机接近汉堡城之前，德方还搞不清空中发生了什么情况，未来得及起飞战斗机拦截，结果皇家空军的第一波炸弹就投到汉堡城内，第二波空袭则变成了人称的"烈火风暴"。

★链接

英国以燃烧弹空袭汉堡造成的结果

　　7月28日夜间，英机空袭汉堡投掷的炸弹主要是由高爆炸弹和一些4磅重的燃烧棒的混合体，有超过700架的主力战机在汉堡市中心地带投掷了2326吨燃烧弹，引发了数千处大火。根据当时德方的报告称，"高达600℃的炽热空气在狭窄的街道产生了巨大的吸力和旋风。炽热的空气以极大力量在街道上咆哮而过。"轰炸持续了两个钟头，使得风暴性大火逐渐向东扩散，肆虐了近3个小时，在烧光了所有可燃的东西后才平息了下来。在这场大火中，有1.6万套住宅被烧毁，超过4万人身亡，绝大多数死者是在防空洞中因炽热和缺氧而丧命，其中包括1.3万名男人、2.1万名妇女和8000名儿童。一份德国的报告将城内大火称为"从未见证过的烈火风暴，而人类任何的抗拒都对其无能为力"。

　　汉堡城内及郊区确有100多家军工厂，这次空袭的主要目标是工人居住区，正应验了皇家轰炸部队司令哈里斯的观点——"炸死工人比炸工厂更容易且更有效"。后来西方有些人批评这种空袭法无异于"空中屠城"，不过德国人也怪不得别人，因为开创无差别轰炸别国居民区的先例的正是他们自己的军队。

　　对德国第二大城市汉堡的这次空袭，在当时开创了人类战史上轰炸城市死亡数的最高纪录（后来被东京大空袭打破），也引发了后来道德上的争议。从破坏德国工业的角度看，这一轰炸的效果并不明显，因为

⊘ 汉堡大轰炸后的城市惨状。

⊘ 汉堡大轰炸后的照片，可看出电车交通很快恢复。

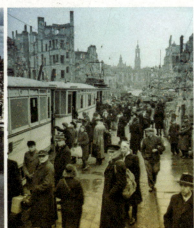

1943 年 8 月美国轰炸机轰炸罗马尼亚油田的画面。

三个月后该城的军工生产就基本恢复。从精神震撼的层面看，这次轰炸达到了很大成效，德国高层出现了严重恐慌，有些反纳粹分子认为战争必输而急于想后路。据当时德国生产部长施佩尔在 1945 年的审讯中说道："纳粹的高层人物也被汉堡轰炸吓坏了。戈林声称，一个人口上百万的城市，以历史上绝无仅有的方式毁灭了。"

轰炸汉堡之后，8 月 17 日到 18 日夜间，英国皇家空军又对佩内明德的制造 V 型火箭发动机的工厂进行了空袭。这次轰炸后，希特勒大骂德国空军无能，戈林把责任下推，空军参谋长汉斯·耶顺内克就此在办公室开枪自杀。

英美对德国实施空袭时，自身损失也很重，尤其是对柏林实施的空中战役并不成功。从 1943 年 11 月下旬至 23 日，1944 年 3 月，英国共出动 20224 架次飞机对柏林空袭 16 次，对其他城市空袭 12 次，结果被击落 1047 架，被击伤 1682 架飞机。美国第八航空队空袭生产飞机、人造纤维和滚珠轴承的工厂时，也遭德军战斗机和高射炮的有力拦截。如 1943 年 10 月 14 日轰

这幅画表现的是 B-17 轰炸机起初因航程远得不到战斗机护航，要靠机上机枪自卫，在空中也遭攻击。

美军 B-17 重型轰炸
机遭受德机拦截的场
面。

炸施魏因富特轴承厂时出动了 291 架 B-17"空中堡垒"重型轰炸机，由于战斗机因航程所限不能全程护航，遭德机截击时只能由轰炸机上的机枪手自卫，结果一次就被击落 60 架，击伤 138 架，飞机损失率之高为美军此前轰炸战史上所未见。

在 1943 年内，英美联合对德国的空中进攻虽付出巨大代价，德国军火生产却没有下降反而继续上升，原来预期的德国民心士气崩溃也没能实现。不过轰炸毕竟牵制和分散了德国空军的力量，鼓舞了盟国和被占领区战胜纳粹的斗志。于是，英美决定进一步加强对德国的战略轰炸，尤其是要破坏其铁路运输和燃料生产，以最终瘫痪其军工生产。

加强战略轰炸最终严重干扰了德国军工业

《时代》杂志上的这期
封面人物是美国战略
航空兵司令卡尔·安
德鲁·斯帕茨中将，
1943 年末，他在欧
洲组建司令部并负责
对德轰炸。

1944 年 2 月至 6 月，美国和英国对德国的轰炸主要为配合诺曼底登陆。这时美国的飞机生产量稳居全球之冠，英军的部分飞机和多数燃料也要靠美方供应，因而美国驻欧的陆军战略航空兵司令卡尔·安德鲁·斯帕茨担任了对德轰炸的总指挥。

美英轰炸的头号重点，又是破坏德方运输系统和燃料生产，前者是阻止德军向西部调动，后者是给德国的军事机器"断血"。

石油是维系德国军事机器运转的"黑色血液"，按正常需求每年至少要有 1000 万吨的供应量。从 1940 年至 1943 年，德国还能基本保障这一需求，其一半靠罗马尼亚、匈牙利的油田生产，另一半靠国内的合成燃料厂（即以煤转油）。为保障罗马尼亚这一德国控制的最大油田，当地便驻扎了近 10 万人的德军高炮和其他空军部队。美军航空兵进驻意大利后，就开始对罗马尼亚油田实施轰炸，其中以第八和第十五航空队在 1944 年 4 月和 5 月实施的普洛耶什蒂大轰炸产生了明显效果，将炼油厂汽油生产能力破坏了 75%。美机还在过去通行油船的多瑙河内空投了许多水雷，导致运输中断，铁路所运的油料则远远达不到要求。同年 8 月，苏军占领了罗马尼亚，接着于 10 月间推进到匈牙利，德国原有的陆地油田丧失，燃油就几乎全部依赖人造石油。

在 1944 年下半年，德国国内的合成燃料厂被英美列为头号轰炸目标。7 月间空袭为 35 次，8 月为 20 次，9 月间更是实施了十几次千机轰炸。这时法国和比利时已被解放，德国空军雷达站被迫后撤到国内，盟军空军遭受拦截的概率大减，损失越来越少，空袭的效果却越来越大，投弹量超过以往月份的 3 倍。此时美英轰炸对合成燃料工厂一再造成严重破

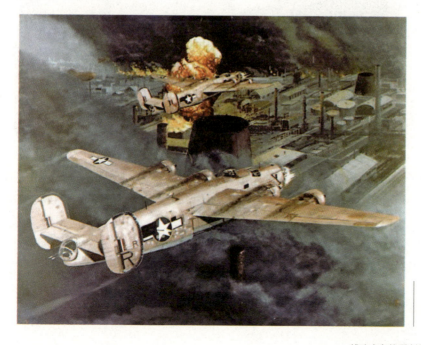

美国轰炸机重点轰击德国合成燃料工厂的画面。

坏，已使德国难以修复。在 1944 年最后两个月内，德国获得的油料只相当于年初前两个月的三分之一，大批飞机、坦克难于开动。1945 年 1 月 23 日，苏军向德国第二工业中心加里西亚进攻时，坦克开进波兹南附近的一个德国空军训练和作战基地，竟看到机场上丢下 700 架飞机，大都是因缺油无法起飞。斯大林曾评价说，美英对德国石油工业的轰炸，对加速苏联红军的胜利起了重要作用。

　　1944 年 6 月 6 日，美英盟军在法国诺曼底登陆，此前和登陆后战略轰炸的一个重要任务又是切断法国和德国西部边境的铁路、公路桥，阻止德军调动兵力实施反登陆。当时盟军的轰炸机在白天炸桥，夜间追逐攻击火车，成功地实施了空中阻滞。德军在 6 月中旬从东线调 2 个装甲师前往诺曼底滩头，按过去正常的时间 4—5 天就可到达。然而因桥梁遭到破坏，列车也屡遭攻击，过河时临时抢建的浮桥也总被炸断，这些装甲部队用了 3 个星期才到达战场，早就错过了反击的有利时机。

✎ 表现美机轰炸德国列车的油画。

　　面对空前猛烈的战略轰炸，希特勒、戈林除了加强高炮部队，主要希望是研制新的喷气式飞机。德国在世界上最早推出了梅塞施米特-262 即 Me-262 这款能投入实战的喷气式飞机，这标志着人类航空技术向前迈进了划时代的一大步。希特勒和德国空军要人们一度都充满希望，认为有了这种他国都没有装备的喷气式战机，德军就能改变空中战局。

　　1943 年秋天，Me-262 试飞成功，在俯冲中达到的最大时速接近 1000 公里。当时各国空军普遍使用的都是螺旋桨飞机，最高时速只能达

描绘德国最早研制喷气式飞机的油画。

到刚超过 700 公里的极限，德军的喷气式战机无疑具有无可比拟的速度优势。希特勒面对战局恶化出现的决心摇摆，却使 Me-262 的定型时走了一段弯路。按德国空军许多人的意见，如此高速的飞机能最有效地拦截轰炸机和为之护航的战斗机，应将其作为战斗机。此时希特勒一味迷信进攻，武断地下令先将 Me-262 作为高速轰炸机来研发，作为"闪电轰炸机"使用。直到 1944 年 9 月，希特勒才正视现实，撤销了关于"所有的 Me-262 必须作为轰炸机生产"的命令，却已耽误了一段时间。

由于 Me-262 型飞机是在战争情况下突击研制，很多技术还不成熟，事故率高得惊人。它的寿命很短，发动机仅能工作 17 个小时，本身还存在着一些结构上的问题。1944 年 7 月中旬，Me-262 战斗机队的首任指挥官就在测试中死于事故，许多德国飞行员都不愿意驾驶这种经常让人送命的"新玩意儿"。

★链接

世界上第一种喷气式作战飞机 Me-262

早在 1938 年之前，德国当局就要求梅塞施米特飞机厂研制一种涡轮喷气发动机的全新型战斗机，随后定名为 Me-262。该机在 1939 年 8 月 27 日首次升空，1941 年 4 月 5 日首飞成功。1943 年 6 月 Me-262 的少量样机投产，在试验中又发现其毛病不少，根本不适于作为轰炸机使用，最终在 1944 年春天才定型了 Me-262A-1A 这种型号。其最大时速

870 公里，最大航程 1050 公里，最大升限 1.15 万米，机载主要武器为 4 门 30 毫米航炮，后来还装配 55 毫米口径的空对空火箭。该机的机载武器能有效摧毁重型轰炸机，高速飞行又提高了自身的生存性。

一种新军事技术推出后，很难长久保密。德国研制喷气式飞机的同时，英国也开始研究，喷气实验飞机在 1941 年 5 月 15 日首飞。1944 年 7 月，英国的"流星"式喷气战斗机开始服役，却因感到技术不成熟，没有投入前线而只在英国上空拦截 V-1 飞弹。

✎ 英国在 1944 年服役的第一种"流星"式喷气式战斗机。

美国在喷气式动力飞机的研究上一度落后，1941 年 4 月美军陆军航空队阿诺德少将访问了英国，因英方有求于美方援助而向他展示了当时最机密的喷气式飞机样品。阿诺德马上在日记中写道"（这种新技术）可以把现有的飞机全扔进垃圾堆"。美国在战争结束前也推出了 P-59 式喷气式飞机，总计生产了 66 架，却用于试验而未参战，战后其定型为 P-80 式（后来改进成 F-80，是朝鲜战场初期的空战主力）。

苏联最早研制的喷气式飞机，是在滑翔机上安装火箭发动机进行试验，1940 年首次试飞。卫国战争爆发后因喷气发动机研制滞后，项目停顿，直至战争结束时缴获了 Me-262 飞机和技术资料，才以此为后来发展新一代喷气式战斗机的重要基础。

盟国研制喷气式飞机的过程说明，纵然德国一时能拥有优于对手的战机，有雄厚物力和科技实力的盟国也会赶上来。

Me-262 投入战斗后，起初事故损失比战斗损失还要高。在西线参战的第一个月中，这些新机共击落了 4 架重型轰炸机、12 架战斗机和 3 架侦察机，自己也有 6 架被盟军击落，另外还有 7 架毁于故障和事故。至 1945 年初，德国空军开始获得足够数量的 Me-262，每周能有 36 架飞机走下梅塞施米特工厂的生产线，却又感到能驾驶这种飞机的飞行员严重不足。此时盟国飞机已经完全控制了德国上空，某个机场被发现有喷气机就会遭到反复轰炸，还常有盟军战斗机在机场上空盘旋等待时机，

一旦有 Me-262 起飞训练就将其击落。喷气式飞机起飞需要的跑道要比螺旋桨飞机长得多，盟军发现有长跑道的机场就优先轰炸，导致培训计划一直不能完成。

德军 Me-262 喷气式战斗机出击的画面。

1944 年 6 月，姗姗来迟的战斗型 Me-262A 第一次取得战果的画面。

　　少数德国的王牌飞行员掌握了 Me-262 的驾驶技术后，曾创造过突出的战绩，表明这确是当时世界上最出色的截击机。在 1945 年 3 月的一次战斗中，6 架 Me-262 击落 14 架美军 B-17 重型轰炸机，自己无一损失。不过德国工厂在战争结束前一共制造出 1433 架 Me-262，只有 200 架能够升空作战，因油料和飞行员不多导致参战次数也很少。Me-262 的问世和参战，预示着战斗机的发展方向，此时它却没有成熟到可以作为一种能扭转战局的武器的程度，想以一种新式武器就改变战争的结局也是不可能的。

以暴对暴的战略大轰炸引发长久争议

　　1944 年下半年，德国又使用新研制的 V-1 和 V-2 导弹袭击英国，拦截前者比较困难，拦截后者在当时完全无办法，于是英国又将轰炸德国导弹基地和生产中心作为头等任务。由于德国导弹生产车间设在山洞中，轰炸并未达到制止导弹发射的目的，却使预定产量下降。

　　进入 1945 年初，盟军从东西两线向德国本土推进，美英的轰炸重点又瞄准交通线和

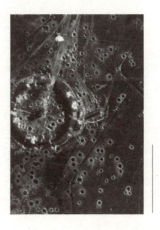

1944 年 9 月 2 日，盟军轰炸德国佩内明德的 V-1 导弹测试基地后的拍照，可看出现场弹坑累累。

城市，目的是阻止德军调动，并打击其国民意志迫其尽早投降。在 1945 年 2 月的雅尔塔会议上，美、英、苏三国划分了战后在德国的占领区，会后美英航空兵以帮助苏军推进之名，对已经划归苏联占领的德国东部一些城市进行大轰炸，其中包括进行了引发长久争议的德累斯顿大轰炸。对这种做法的动机，后来出现了许多猜测，有人认为这是要向苏联显示自己的空中实力，也有人认为是想给战后将变成对手的盟友制造接收麻烦。

1945 年 2 月 13 日至 2 月 15 日，英国皇家空军和美国陆军航空兵对德国东部大城市德累斯顿实施了大轰炸。该城是欧洲的文化古城，在战时也有军工生产的企业，为数毕竟不多。此前德累斯顿没有遭受过大规模轰炸，除本城 60 多万市民外还有至少 20 万以上难民涌入，他们自认为该城会安全，没有想到很快遇到了德国历史上有名的"恐怖之夜"。

2 月 13 日晚间，英国皇家空军出动了 796 架"兰开斯特"轰炸机和 9 架"蚊"式轰炸机，向德累斯顿投掷了 1478 吨高爆炸弹、182 吨燃烧弹，轰炸一直持续到次日早晨。14 日中午，美军第 8 航空队又出动 311 架 B–17 轰炸机以铁路调车场为瞄准点投下 771 吨炸弹，而且"部分担任护航的 P–51 野马战斗机得到命令，环绕德累斯顿对路面交通设施进行低空扫射，借此增添混乱"。在四轮空袭中，英美飞机投掷的炸弹总共约有 3900 吨。

此次轰炸又被称为"燃烧轰炸"，按标准程序严密进行：先投掷大量的高爆炸弹，掀掉屋顶，露出房梁等木结构；爆炸气浪把房间的隔门冲走，形成贯通结构。随后飞机投下大量燃烧弹点燃房屋的木材结构，再投下高爆炸弹来阻遏消防队的救火行动。这一切最后形成一股持续一段时间的火灾旋风，中心火场温度激增至 1500℃。轰炸区域着火后，焚烧区上方的空气温度暴涨并且产生高速上升气流，外界的冷空气被极速带入的同时也将地面的人们吸进火中。虽然市民基本都躲进防空洞或楼内地下室，仍有许多人被高温烤死。据参加轰炸的飞行员回忆说，城内燃烧引起的气浪把空中的飞机都冲得摇摇晃晃。

德累斯顿大轰炸结束后德国人在现场收验死者尸体的照片。

英国"兰开斯特"轰炸机在夜间向城市投掷大量燃烧弹引起地面熊熊大火的画面。

　　据事后统计，德累斯顿遭到完全破坏的区域面积达 15 平方公里，包括 1.4 万栋民宅、72 所学校、22 家医院。这次轰炸造成的死亡量，几十年后仍是未知数。轰炸结束当天，戈培尔领导的纳粹宣传部就在新闻稿中说，德累斯顿没有军事工业，只有文化和诊所，随后又声称在"恐怖大爆炸"死亡的平民多达 20 万人。此时城内抢救和善后尚未完成，戈培尔抛出的数字显然是夸大的。战后查到的该市政府统计，共掩埋了 2.5 万具军民尸体。当时在废墟中和城外肯定还有不少未找到的遗骸，因此许多历史研究者认为死亡数字应在 3.5 万人以上，也有一种估算是 6 万人左右。

　　几十年来，德累斯顿大轰炸一直被看成是第二次世界大战历史上最受争议的事件之一，而且轰炸的性质问题成为争论焦点所在。事先赞成把德累斯顿列入目标进行轰炸的丘吉尔，事后却同此事撇清关系。3 月 28 日丘吉尔给英军总参谋长发去一份备忘录称："在我看来质疑德国城市轰炸的时刻业已到来。虽然有其他诸多借口，但对单单出于增加恐怖的目的进行的轰炸应当再评价。……德累斯顿大轰炸留下对盟国轰炸行径的严肃质疑。我主张此后我们必须更严格地考虑我们自己而不是敌人的利益来研究军事目标。"后来他在回忆录中又说当时的心情是——"如果我们走得太远的话，是否也会成为禽兽？"

　　在德国国内，从左翼到极右翼都经常纠缠这一历史问题。在民主德国时期，苏联及其支持的东德政府和舆论经常宣传这一轰炸是美英屠杀平民的暴行，从军事上看根本没有必要，一度还称轰炸中死者高达 13.5 万人。德国右翼更一直声称此事是"战争罪行"，认为盟国的行为在道德层面上同纳粹一样。如果从政治立场看，正义战争有时也难免会造成平民的伤亡，以此来否认反法西斯斗争自然不应该。不过以暴制暴应该

德累斯顿大轰炸后的
惨状。

美军 P-51"野马"
式战斗机依靠其灵活
性击落高速的 Me-
262 战斗机的画面。

有限度，像英美当年有意轰炸敌国平民的行为在道义上确实有愧，战后对纳粹和日本战犯进行审判的纽伦堡法庭和东京法庭都不得不实行"同犯不究"的原则，不追究德日法西斯空中屠杀平民的罪行，这也留下了长久的历史遗憾。

1945 年 3 月中旬，美英军队跨过莱茵河时，对德国最大军工基地鲁尔区展开包围，实施轰炸只是以空中打击威慑敌国军民让其尽快投降。3 月 11 日，美英军以 1038 架重型轰炸机对埃森投下 4500 吨炸弹，次日又以 1150 架重型轰炸机对多特蒙德投下 5000 吨炸弹。据当时美军官兵反映，德军已经不做多少抵抗，轰炸造成的弹坑和桥梁破坏只是给己方军队前进布下了障碍。被围在鲁尔区的 32.5 万德军随即投降，斗志丧失同空中轰炸应有重要关系。

1945 年 4 月 16 日，苏军开始进攻柏林，美军和英军也顺利占领了德国西部，当天美国驻欧战略航空兵司令卡尔·安德鲁·斯帕茨宣告对德战略轰炸结束。此后半个月内，还有英美飞机轰炸了德国的潜艇基地，目的也是促其尽快降服。

英美对德国进行的轰炸持续了五年之久，最后三年半为大规模的战略轰炸。轰炸的指挥官斯帕茨和他的英国同僚哈里斯指挥的作战飞机最多时达 2.8 万架，空勤、地勤人员达 133.5 万人。英美航空兵一共进行 44.4 万架次轰炸，出动轰炸机 144 万余架次，歼击机 268 万架次，投弹 270 万吨（其中投在德国本土 136 万吨）。美国损失飞机 1.8 万架，英国损失 2.2 万架，英美两军各死亡了 7 万多名飞行人员，还有几万空勤人员跳伞成了德军的俘虏。

付出这样大的代价进行战略轰炸，战果究竟如何呢？从德国本土遭到的损失看，城市连同工厂被毁最严重，61 个 10 万人以上的城市被投弹 50 万吨以上，毁房 360 万户，占全国住房的 20%。西德统计局 1956 年发表的数字，平民死亡 57 万人，伤 88.5 万人，却不包括警察、民防人员、外籍工人及战俘在内。当时德国并未统一，如果加上东德地区损失的数字，再加上轰炸时死亡的军警和民防人员，德国在战略轰炸中死者当在 80 万人以上，接近其整个战争中死亡数的十分之一。

英联邦发行的宣传画，表现"我们的力量"就在于集中一切力量用于生产更多的飞机。

实施战略轰炸，需要有雄厚的航空工业提供保障，特别是要拥有大量重型轰炸机。在第二次世界大战中，苏联航空工业落后于英美，加上陆战消耗大，飞机生产只突出战斗机、强击机，再生产少量轻型轰炸机，因而只能做战术轰炸。德国航空工业基础也不如英美，战略重点也在陆战，主要以发展战术飞机为主，基本没有能力发展远程轰炸机。日本航空工业又落后于美、英、德、苏，只能搞战术航空兵而缺乏战略轰炸能力（对中国大后方的轰炸有此意义却能力不足）。英国航空工业基础仅次于美国，又偏重于轰炸机生产，却因财力有限难以顾及战术攻击机和运输机。此时美国的财力、科技水平和航空业规模都是世界第一，能全面发展各个机种，战时共生产了 29 万多架飞机，其中近 10 万架是在 1944 年内生产，而且美制的 4000 多架重型轰炸机的价格就超过苏联总计生产的 13 万架各型飞机。实行战略轰炸，只有财大气粗的美国和英国才有条件，何况当时的英国还是一个囊括加拿大、澳大利亚和印度等地的大联邦帝国。

战后不少人单纯看某些数字对比，认为英美对德国的战略轰炸是得不偿失的浪费，其作用在多少年内都成了战史争论的话题。按照表面数字计算，轰炸对德国工业设施造成的损失只占 9%，在轰炸最猛烈的三年间德国军工生产仍在大幅增长。英美在轰炸时损失的宝贵飞行员却超

英军"蚊"式轰炸机夜间轰炸德国城市的画面。

过了对地面德军的杀伤，英国更是把军费的近一半都用于发展空军，若节省其一半经费就可把陆军扩大一倍，这样可能会更有效地歼灭德军。

战争是复杂的多重因素较量，在战史研究中不能单纯看某些数字，因为简单数字后面有着复杂的结果。有专家通过全面研究第二次世界大战史后认为，若没有空中轰炸，德国军工生产增加的幅度更要大得多。空中轰炸又着重打击了德国要害部门，如潜艇生产工厂、合成燃料厂、飞机制造厂等，从而严重延误了新型潜艇投产，更使德国的燃料不足。如德国以原有工业潜力，预定在1944年达到600万吨人造石油的产量，结果因受轰炸延误还达不到400万吨，缺油对德军行动的影响很难用简单数字来计算。德国空军为了防空，建立了世界上规模最大的高炮部队，1944年初达到90万人（其中有近30万苏联战俘和10万名以上本国妇女），这么多人被牵制在炮位、雷达、对空观察哨和探照灯旁边，很大程度上削弱了地面作战和工业生产的人力投入。战争的最后两年，德国空军的优秀王牌战斗机飞行员有很多被调到国内防空，这又直接影响了在东线地面行动的空中掩护，乃至完全丧失了战场制空权。

盟国最后战胜纳粹德国，的确主要不是靠空中打击而是依赖地面军队的进攻。不过经过这次战略轰炸，人们对战略轰炸有了更深入的认识，也从另一方面真正认识到建立一支独立空军的战略价值。

美英反攻促使意大利崩溃

反法西斯战争进行到 1943 年夏天，意大利已面临崩溃，美英军队举行的西西里岛登陆战又给它以关键性一击。

反法西斯战争进行到 1943 年夏天，意大利已面临崩溃，美英军队举行的西西里岛登陆战又给它以关键性一击。想丢弃墨索里尼而自保的意大利上层和军界头目，此时同盟国讲好宽大的投降条件，希特勒的大军却毫不迟缓地占领了亚平宁半岛的大部，那个"靴子"形的半岛又成为盟军同纳粹作战的南线战场，意军大部分反而摇身一变站到了英美阵营中。

美英反攻促使意大利崩溃

意大利的宣传画鼓吹同德国的结盟，实际上自己只是仆从。

意大利军队曾被称为战场联盟队伍中的"猪队友"，意思是参加那一方就只能带来拖累。有的德国军官曾带有些夸张地抱怨说——"它若同德国敌对，我们用 3 个师就能击溃；它若保持中立，我们要用 10 个师监视；它若站到德国一边，我们须用 30 个师去援救。"希特勒参加北非作战，在很大程度上是被那个不争气的盟友墨索里尼拉了进来，又被隆美尔这个精于战术而疏于战略的将领的乐观夸口拖得不断"添油"。其实第二次世界大战中的意大利战场乃至整个地中海，一直是对全局关系不算大的次要战场，对希特勒而言只增添了麻烦。美英占领北非后又在意大利半岛登陆，当墨索里尼政权垮台时又迅速化敌为友，这还是威胁到德国的南翼，在近两年时间内牵制了德军 20 多个师的力量。

内外危机使意大利法西斯政权风雨飘摇

德国在法西斯上台后能为祸欧洲乃至世界，除了因德意志民族有尚武传统，又在于纳粹整体性全民收买政策煽动起大多数人的狂热扩张精神，还有雄厚的工业科技实力来保障。意大利早有"穷汉帝国主义"之名，全民族既不善战又缺乏军工实力。墨索里尼在 1922 年就最早建立了法西斯统治，国内却没有取得多少经济成就，对外侵略战争又打得十分糟糕，国民自然对其不满且日益表露出来。

1940 年 6 月，墨索里尼见希特勒横扫西欧，为分到胜利果实而狐假虎威地匆忙参战。同年下半年意军就在北非和希腊战场大败，国内资源严重不足，只得捡德国的残羹剩饭。如罗马尼亚油田成为德国控制的主要能源基地后，意大利才能每年从中分到 100 万吨石油，只能达到国内最低需求的一半，加上没有人造石油产业，以至大型舰艇都停在港内很少开动。

德国在纳粹上台后仅 5 年间就使民众平均收入提升了 1 倍多，战争开始后仍基本能维持国内民众有较高生活水平，主要依靠从外国占领区掠夺物资。意大利发动对外战争后，经济上只有损失而基本无收益，只好在国内采取竭泽而渔的措施。开战后墨索里尼政府以爱国捐献的名义强迫居民上缴铜等有色金属，下令征用民间的钢铁用品，在全国范围内严格限电，仍解决不了意大利战略物资的短缺。1942 年意大利经济接近崩溃，每个居民每天的面包配给平均只有 400 克，这不仅远比不上德国居民每天配给的 700 克定额，还不如德国占领下的法国等地。再加上肉类油脂不够，意大利多数老百姓根本吃不饱，举国怨声载道。

★链接

墨索里尼老婆去排队时听到的只是骂声

据历史当事者回忆，战争开始后意大利老百姓每天都要花费许多时间排长队，有时还买不到配给的一点东西。人们聚在一起长时间排队时，主要话题就是骂墨索里尼，警察也听之任之。有一次，墨索里尼的老婆为显示体察民情，也挎着篮子来到排队的人群中，结果听到的全是对她丈夫的谩骂，只好转身狼狈地跑回来。

希特勒一次见到墨索里尼时不满地责问道："我们这儿举国一致，你们那里为什么不稳定？"墨索里尼无奈地说："国内那么多人反对我，我有什么办法？"希特勒冷冷地说："我把国内反对我的人都杀了！"

意大利有着弥漫全社会的反法西斯情绪，又在于墨索里尼政权的统治能力远不及德国纳粹。希特勒身兼总统、总理于一身，纳粹党实行了从最高层到每个闾巷的森严法西斯统治，人们在公开场合对希特勒只敢喊"嗨里"（万岁）而不敢有半句怨言。意大利法西斯党统治力量却很薄弱，不敢采取像纳粹那么残暴的手段，包括对抓到的意大利共产党领导人都是长期监禁而未处决。从政治地位看，墨索里尼只是王国首相兼党首，名义上还有国王在上，梵蒂冈教皇势力在很大程度上主导着多数民众思想，军界将领和工业巨头大都不在法西斯党内且与之并不同心。德国侵略势力猖獗时，意大利工商界巨头、国王和军队将领都以为轴心国会胜利，表面上支持墨索里尼并让其独揽大权，看到德国大败后自然就会想改弦更张。

从 1941 年秋天起，早被宣布非法却仍在秘密活动的意大利共产党人就联合社会党、共和主义左派等正义力量展开了地下抵抗运动，罢工和怠工现象遍布全国。1943 年 1 月，美国和英国首脑在摩洛哥的卡萨布兰卡会谈并发表宣言，声称德国、意大利、日本已没有讲和资格，只有无条件投降。意大利上层此时看到本国原来的投机押错了宝，多数人便想牺牲法西斯党以退出战争，闲居深宫并无实权的国王也支持这一密谋。墨索里尼身边一些助手和军事将领为解脱自己，也准备推翻他，只有这个志大才疏的法西斯领袖被蒙在鼓里。

意大利军队大败于北非后，在苏联战场的溃败也严重影响其国内情

✐ 意大利宣传画中描绘英国威胁自己，蜘蛛象征英国国旗。此画实际上已充满恐怖情绪。

✐ 这幅漫画形象地表现出墨索里尼在 1943 年的狼狈相，他被绑在"靴子"形意大利半岛上。

绪。1942 年希特勒因兵力不足，要求意军派最精锐的第八集团军 20 多万人去了东线。苏军在进行斯大林格勒会战的反攻时，这个集团军除 2 个师还能抵抗几天外，其余非逃即降。意大利外长、墨索里尼的女婿齐亚诺到柏林询问第八集团军的损失时，一个德国军官没好气地回答："谈不上有什么损失，他们都逃得没影了！"希特勒在气愤之下，把东线残剩的意军全部打发回国。

1943 年的英国宣传画，简单的口号是"海军到那里去！"意思是直指意大利并将其解决。

意大利军队在各战场表现都极其糟糕，除了官兵厌战，也在于墨索里尼刚愎自用，少谋寡断。他本不懂军事，却以最高统帅的身份剥夺了总参谋部的军事决定权，独断专行，下达的命令多是瞎指挥。人称一将无能累死三军，统帅的无能更加会误国。当年的意大利有独裁专制的恶例，却没有集权专制的效率。

美英发布《卡萨布兰卡宣言》后，墨索里尼看到此刻苏联还未表态要求德国"无条件投降"，媾和还有一线希望。1943 年 4 月，他赶到希特勒那里劝说道，想征服俄国是根本不可能的，只有不惜任何代价同斯大林讲和，集中全力对付英美。希特勒和戈林等纳粹头目却想同西方讲和，因而要求墨索里尼坚持住，对手无计可施时才可能放弃"无条件投降"的要求而言和。

1943 年 5 月间，在突尼斯的德意军 25 万人投降（意军占其一半），意大利丧失了在北非的全部占领地区，国内又开始遭盟国飞机轰炸。希特勒为了支援意大利，派从北非败逃回来的隆美尔元帅率 8 个德国师和部分空军进入那里，首先要守住西西里岛，该岛的得失已经关系到墨索里尼政权的命运。

空降兵在西西里岛出师不利，登陆却大获成功

突尼斯战役结束后，海峡对面不到 200 公里的意大利西西里岛就暴

1943 年美英军占领突尼斯，将其作为前进基地，这是表现当时机场补给的油画。

露在美英军面前。刚取得对德意军首次大捷的 50 多万美英陆军士气正盛，航空兵完全掌握了制空权并开始轰炸西西里岛上的基地乃至罗马城外的铁路枢纽，强大的舰队已控制海峡，美英军想跨海作战可谓稳操胜券。

此时美国因实力最强而具有决定权，确定美军艾森豪威尔上将为战役总指挥，英国的亚历山大上将负责登陆行动。登陆部队由两支军队组成——蒙哥马利将军指挥的英国第八集团军和巴顿将军指挥的美国第七集团军。其总兵力达 47.8 万人，有作战飞机 4000 余架。美英海军集中了约 3200 艘战斗舰艇和辅助船只，其中包括 8 艘战列舰、8 艘航空母舰、26 艘巡洋舰和 100 艘以上的驱逐舰、护卫舰。

在面积为 2.6 万平方公里的西西里岛上，有 36 万意大利军队及约 4 万德军（有 2 个装甲师），拥有 260 辆坦克及约 200 架飞机。意大利海军舰艇因缺油和躲避空袭多躲在半岛北方的港口内，德军潜艇在地中海的浅水区域（西西里一带尤为如此）也活动困难，很难有效攻击盟军船只。

1943 年 7 月 10 日凌晨，盟军在强大舰队掩护下，登陆舰船运载着第一批登陆部队 16 万人驶至西西里岛的西南部和东南部，天亮后由美军、英军分头各实施一个方

表现西西里登陆战总指挥的美国上将艾森豪威尔的宣传油画。

向的登陆（这样便于指挥）。登陆前的凌晨2时40分，空降部队首先发动攻击，美军第八十二空降师和英军第一空降师的5400名官兵搭乘366架运输机和滑翔机从突尼斯出发，飞向西西里岛，开始了两军战史上首次大规模空降作战。

美国和英国是最早建立航空工业的国家，却受传统观念束缚，对空降兵这一新兵种长期抱怀疑态度，直至1940年4月德国使用空降兵大出风头后才突击组建。至1943年上半年，英国已建成3个空降师，却不得不仰赖美国援助上千架运输机，美国就乘机提出英军空降兵在战争中要服从美军指挥。至1943年初，美军也组建了2个空降师（即几十年来都很著名的第八十二空降师、第一〇一空降师），美国又以"世界工厂"的雄厚实力在战时生产了C-46、C-47等运输机2.3万架，使空降和空运有了最雄厚的物资保障。不过因缺乏作战经验，美英空降部队首次在西西里空降便窘态百出。

美英空降兵接受的任务，是为陆军上岸控制登陆场。由于天气状态超出预想，狂风大作，加上夜间空降，美军第一批2000名伞兵竟降落在海边20多个分散的地点上，绝大部分偏离预定位置。接着，美军第二批运输机飞临西西里海岸，地面和海上突然出现了猛烈的对空火力。事后查明，这些火力来自美军和英军的陆军和舰艇部队，他们把来空投伞兵的飞机当成了德国轰炸机。这次历史上有名的误击，使第八十二空降师的第二批144架运输机中有23架被击落，37架被严重击伤，伞兵们七零八落地降落到地面。幸亏守卫海岸的德军已经撤退，未向美军伞兵发起攻击，才未出现更大损失。

英国伞兵空降兵第一师的2500多人，主要乘137架由轰炸机牵引

美军伞兵首次在西西里空降，许多人落入海中。这是表现当时情景的绘画。

美军C-47运输机在夜间投放伞兵的画面。

在西西里岛，英军伞兵首次实施大规模空降，又系夜间进行，都显得十分紧张。

的滑翔机向西西里岛滩头降落。不过因缺乏经验，滑翔机多在低空脱钩，有 69 架坠入海中，600 多伞兵被淹死，其余人员混乱着陆，在德军反击下陷入苦战，因登陆部队到达才扭转了形势。

美军空降兵首次大规模参战，第八十二空降师便元气大伤，死伤达 2000 余人，其中的 70% 又是自己误伤和事故损失。英军淹死了四分之一的伞兵，这一损失远大于作战阵亡。事实说明，一个新兵种想有效地使用，需要经相当长时间磨合才行。

★链接

美国空降兵的命运差点因西西里岛失利而夭折

西西里空降行动，被美英军界称为"浪费兵力而毫无收获的战役"。一些美军将领就此认为大规模空降不可行，只能小股使用，艾森豪威尔上将便向美国陆军参谋长马歇尔抱怨说"我不相信空降师"。幸而美国决策者未听取这一意见，空降师才得以保留下来，并在诺曼底登陆时发挥了重大作用。

凑巧的是，德军在西西里岛也使用了空降兵。盟军在西西里岛登陆开始后，德国空降集团军司令斯图登特就建议用空降师在盟军后方实施突击，以粉碎其登陆。7 月 14 日傍晚，德军从法国南部基地起飞了 100 余架容克 –52 型运输机，伞降了 5 个营，又机降了 2 个营，以 2000 多伞兵增援岛上交通咽喉要地卜利马索尔大桥的守军。他们刚着陆，天空又出现运输机和滑翔机，并且在同一场地降落，原来是英军伞兵来夺桥。英国伞兵着陆后，马上与德国伞兵展开激战，一度敌不过这些凶悍对手而后退。次日，英军正面进攻的装甲部队进抵后，大桥才为英军占领。卜利马索尔大桥地区之战，是空降作战史上唯一的一次空降兵对空降兵的遭遇战，却完全是由于偶然和巧合形成对抗，这也表现了空降兵确是一支能出奇兵的部队。

美英陆军的登陆战进行得十分顺利，海岸线上的意军仅进行了微弱抵抗即后退，只有德军装甲兵的反击对盟军有一些威胁。随后，英国第八集团军和美军第七集团军分两个方向进攻，美军因正面多是意军而进展顺利，巴顿将军还非常得意并嘲笑蒙哥马利，因为英国第八集团军的6个师遇到德军2个师和一些脆弱的意大利部队抵抗便迟迟停滞不前。原计划是英军夺取西西里首府巴勒莫，美军却抢先到达，并俘虏意军5.3万人，接着巴顿又挥军攻向西西里岛连接意大利本土的港口墨西拿。

经过岛上半个月的激战，德军中精锐的"戈林"师曾屡次挫败英军，却看到自己兵力太少，意大利军队又无斗志，便从8月初开始有计划地边打边撤，沿途炸毁桥梁并埋下数以万计的地雷。1943年8月10日，德意部队退到墨西拿附近，由于盟军没有切断海峡的计划和行动，4万德军和7万意军利用7个夜间的航渡完成了向意大利本土的撤退。美英军在进攻中过于谨慎，再加上相互争功，美军抢先占了原定由英军占领的城市，而不是去包围敌军，结果让德军主力逃掉。

经过一个多月作战，1943年8月17日美英盟军占领了整个西西里岛，

英军登陆意大利西西里岛的照片。

表现美军中将巴顿形象的油画，他在西西里作战中同英军矛盾重重。

共伤亡 2.28 万人，其中 5532 人死亡，另外还有 2869 人失踪（估计多数已死在海中）。德意军伤亡 3.3 万人，被俘 13.2 万人（基本上是意大利人）。战役期间意军战机出动 690 架次，德机出动 500 架次攻击盟军，只炸沉 1 艘驱逐舰、1 艘医院船及 3 艘运输货轮（即"自由轮"）。盟国空军共损失飞机 375 架，德意空军损失飞机达 740 架，这一统计数字说明德意飞机出击后大都被击落，盟军掌握着绝对的制空权，来袭者大都变成飞蛾投火。

盟军登陆后最感到兴奋的事，就是发现意大利居民不仅不支援本国军队及其伙伴德军，反而夹道欢迎美国军人（对英国军人则冷淡些）。这充分说明了墨索里尼政权已经人心丧尽，意军斗志如此低下的原因也就可想而知。

墨索里尼被推翻后意大利王国退出战争

西西里岛战役开始半个月后，意大利突然发生了推翻墨索里尼的政变，那个糊里糊涂的法西斯头子一下子变成阶下囚，德、意、日三国轴心就此崩塌了一角。

1943 年 7 月 24 日夜间，过去基本不问政事的意大利国王埃曼努尔三世突然召开高官会议，通过对墨索里尼的不信任动议。会议还决定把军队指挥权交还国王，许多原来的法西斯政权的要员对此都表示赞成。此事严格保密，只听到一些不利风声的墨索里尼在 7 月 25 日进皇宫询问，国王却反常地劝他离职休息。墨索里尼感到大事不妙而告辞，走出皇宫时马上被军人逮捕并押上一辆车带走。此时这个执政已达 21 年的独裁者只是带着嘲讽说了一句："这次行动，大概是意大利军队在这次战争中唯一的胜仗了。"

抓捕墨索里尼当天夜晚，意大利国王任命巴多里奥陆军元帅为总理，组成了一个无党派政府，并对外宣布。巴多里奥元帅过去拥护法

意大利巴多里奥元帅（右二），此人主持了同盟国的停战。

西斯党，在 1935 年入侵埃塞俄比亚时曾担任最高指挥官。1943 年春天他任意军总参谋长时，见形势不妙，向墨索里尼建议脱离德国尽快同盟国媾和，结果被解职。7 月 28 日，刚上台三天的巴多里奥就宣布解散执政了 21 年的法西斯党，那个过去声势很大的政党就毫无反抗地星离云散。

为防止墨索里尼纠集手下反抗，新政府将这个被捕的独裁者先押到一个岛上，后来因担心有人来劫而将其移到意大利中部蒙特柯诺山上的一所名为"坎普将军"旅馆里，准备议和成功就将其引渡给盟军。为了麻痹希特勒，巴多里奥表面宣布继续同德国维持盟约，意军在西西里岛上也奉命继续作战。

希特勒从墨索里尼被捕那天起，就猜出了反叛者的意图，马上以减轻意北部防务负担为借口，派遣隆美尔元帅率 8 个师德军占据阿尔卑斯山各山口，控制意北部要地和支援南部的另外 8 个师德军。为此，德军还从苏联库尔斯克前线调回精锐的党卫军装甲军，让他们将坦克等重装备留在原战场交给别的部队，回国途中接受新装备就迅速进入意境。

意大利新政府执政后，马上秘密派特使与盟国谈判，却在"无条件投降"的问题上讨价还价，延误了一个多月时间，德军就此已做好了应变准备。8 月中旬，英国首相丘吉尔和美国总统罗斯福商定了相对宽大的停战条件，即要求意大利"无条件投降"在名义上不改变，却允许保留新政府，并承认其代表意大利站到盟国一边。

1943 年 9 月 3 日，意、美双方代表在西西里岛的锡腊库萨附近的橄

表现 1943 年夏天形势的漫画，希特勒正被苏联"熊"咬住，英美想从英吉利海峡和突尼斯这两个方向伸手，尤其是把手指向下面"靴子"形的意大利。

1943 年 9 月 3 日，意军代表在西西里岛锡腊库萨附近的盟军司令部签署停战协议。

德军在意大利投降时抢占其大部地区，这是表现伞兵在Ⅳ号坦克掩护下进攻的油画。

榄林中秘密签订了停战协定，规定意军立即停止军事行动，海、空军撤往盟军指定地点，并立即撤回在国外各战场作战的军队，盟军有权使用意境内的各个机场和军事基地。

9月8日，盟军司令部与意大利新政府公开发表了停战声明，并宣布意方接受投降要求。早有准备的德军马上开始解除意军武装，还想抓捕国王和新政府成员。此前意大利政府对谈判严格保密，并没有通知各部队将领，官兵们听到停战消息后大都不知所措，也不明白应该如何对待此前的盟友德国，遇到德军进逼时基本都不敢抵抗。9月8日夜间，德军第一空降军进占罗马城，又顺利解除了首都附近意军8个师的武装。9月9日晨，德军又在罗马东北的蒙特罗当多伞降了1个营，经过短暂战斗就控制了设在这里的意军统帅部。幸好在德军占领罗马前夕，意大利王室、巴多里奥及其政府成员仓皇出逃，乘坐潜艇于9月10日到达南部的布林的西城，投奔登陆的美英军。意大利中部、北部的80万意军，都轻易被30万德军解除了武装。

意大利那支当时规模居世界第四位（次于美、英、日三国）的海军水面舰队，又成了交战双方都想争夺的目标。此时意大利舰队主力躲在北部的拉斯佩齐亚港内，还有一部分停泊在南部的塔兰托港，其中有6艘可用的战列舰。其中3艘老式战列舰系第一次世界大战中下水而价值不大，近几年建成的3艘新型的"维内托"级（标准排水量4.1万吨，装配3座3联装共12门381毫米口径的主炮）却属于当时世界上水平比较先进的战列舰。希特勒下令占领意大利前，德国海军司令邓尼茨已经制订了夺取意舰的计划，想以此建立自己的地中海舰队。

"维内托"级（"罗马"号）战列舰三视图。

　　按照停战协定，意大利舰队要开到盟军指定的地点交给胜利者来处置。新政府事先为防泄密并未告诉海军，直至 9 月 6 日意海军参谋长代科尔坦上将才知道停战谈判结果，他也在两天内封锁消息，直至 9 月 8 日即停战令公布当天才下令军舰起航前往英军占领的马耳他岛。此时德军装甲兵急速冲向意大利北部港口拉斯佩齐亚，轰炸机队接到的任务是炸毁不能缴获的意军舰只，不能让其为盟军利用。

　　由于起航令下达太晚，意大利不少舰艇没有准备燃油无法开动，许多官兵却出于对德国人的厌恶自动沉没了一些舰只，德国军队只俘虏到 2 艘巡洋舰、8 艘驱逐舰、22 艘护卫舰、10 艘潜艇，还有 1 艘未建好的战列舰，随后因盟军轰炸和自身缺油也基本无法利用。

　　9 月 8 日从拉斯佩齐亚港开出的 2 艘新型的"维内托"级战列舰是"意大利"号（原来的"利托里奥"号）和"罗马"号，它们在途中发现德机后，开始还习以为常，因为此前他们也常遭受英美飞机轰炸，马上以高炮对空开火迫使飞机高飞，认为即使投弹也很难命中。没想到这次德机在 5500 米高空投下的炸弹能滑翔飞行，在"罗马"号和"意大利"号上各命中了一枚。"罗马"号的弹药库被引爆马上沉没，"意大利"号受重创逃到马耳他。

★链接

德国率先研制出的制导炸弹

德军早在参加西班牙内战时就发现，空中投弹要命中机动目标十分不易，为此在战时率先研制了可以由飞机发出电波操纵落点的制导炸弹。1943 年初，代号"弗里茨 X"的制导炸弹终于装备德国空军，被视为实

施轰炸的一种划时代武器。它是在 3000 磅（1400公斤）的穿甲弹上安装了无线电控制的飞翼，当时被看成小说中才有的武器。德

这幅画表现了德国轰炸机用"弗里茨 X"制导炸弹击中意大利"罗马"号战列舰的场面。

国人将其在战史上的首先使用，目标倒是对准了一天前还算是盟友的意大利。

德机首次使用制导炸弹大获成功，也是利用了意舰无空中掩护。次日，德机同样以大量"弗里茨 X"制导炸弹攻击意大利南部登陆的盟军舰队，重创了英国战列舰"厌战"号和美国巡洋舰"萨凡纳"号，又炸沉了 10 余艘中小型舰船。随后盟军加强了空中掩护，德国轰炸机无法接近舰队，这种制导炸弹就再也难显威力了。

意大利宣布投降后，美军急忙在其南部登陆。

意大利海军"罗马"号（"维内托"级）战列舰的画面。

意大利海军从塔兰托出发的 2 艘战列舰（包括新型"维内托"号）、2 艘巡洋舰和一些驱逐舰，因位于半岛南部海域不受德国飞机威胁，顺利开到了马耳他。几天前的这些敌方舰艇，此时进入港口受到了英国"盟

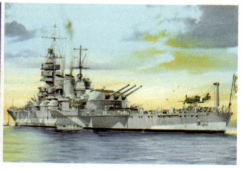

友”般的欢迎，此后还让舰员继续操纵一些舰船。

看到德军要抢占意大利，盟军也展开了“抢时间”的竞赛。9月9日凌晨，美军在意大利西南海岸登陆，并随之占领那不勒斯。同日，英军从西西里岛渡过海峡登陆，同时以伞兵第一师在军港塔兰托空降。这样，美英军以快速机动的能力占领了意大利全境面积四分之一的“靴子”形南部，为新政权提供了一块地盘。10月13日，刚履行完投降仪式的巴多里奥政府正式向德国宣战，英、美、苏这三大国政府接着也发表宣言承认意大利为共同作战一方。此举打破了德、意、日三国组成轴心的国际战略格局，是反法西斯联盟的一大胜利。

意大利在战争后期明智选择了退出法西斯阵营，还配合了盟军，对反法西斯战争的胜利算是做出了贡献。意大利虽然与德、日一道被认为是发动世界大战的责任者，却因理智的意

意大利王国政府在1943年退出战争后，国内反法西斯组织印发的反德宣传画，表示对希特勒要反戈一击。

大利人民较早地抛弃了法西斯主义狂想，加入到正义阵营，最后得到反法西斯盟国的宽容。

意大利宣布投降时，在南斯拉夫、阿尔巴尼亚等地还有军队配属德军作战。那里的意军一般都向游击队交出了武器，换得平安撤走或投向盟国。在意大利南部的意大利部队，有一些还参加到盟军一方，不过盟国毕竟对其不信任而未让他们到前线。原先被英美军俘虏的意军都被释放回国，有些还参加到盟军一方，如在1941年末操纵“人操鱼雷”炸沉英军“伊丽莎白女王”号战列舰的意军潜水员就被英军用来为己服务。苏联却将其捉到的几万意军留下，继续以战俘身份做劳工。后来苏联人总结，日本战俘最为吃苦耐劳，德国战俘虽高傲却工作效率较高，意大利战俘最为懒惰，因而战后最先把意籍战俘遣返回国。

对投向自己的意大利海军，英国曾想利用其在己方作战，苏联却不同意，认为应按战败国待遇处理。英军便让意舰队主要作战舰只长期停泊在埃及亚力山大港，虽算是降舰却迟迟不肯按约瓜分给苏联。

苏联盯上意大利战列舰却得不到新型号

在 1943 年以前的三年战争中，意大利军舰共损失了 26.9 万吨，还有 30 余万吨舰艇投降了盟国。按照美、英、苏三国的事先协议，投降国舰艇应由三国平分，缺少海军装备的苏联正想分到一些，而且盯上了新型的"维内托"级战列舰（这时还剩 2 艘）。英国自然不愿意增强苏联这个潜在对手的海军力量，就借口意舰缺乏配件不易远航，可以用本国第一次世界大战中的旧战列舰"君主"号来"调包"顶替，斯大林也只好接受。"君主"号已显老迈，在 1944 年交苏军后只用于北极航道的护航，战后苏联索性将它还给英国，仍提出依据协议应得到意大利本国军舰。1949 年，英国将停在北非的意大利"恺撒"号战列舰交给苏联，也是第一次世界大战中下水的旧舰。该舰交黑海舰队后，在 1955 年一次莫名其妙的船底爆炸中沉没，原因至今也说不清楚。

希特勒救出墨索里尼在半岛继续顽抗

希特勒在决定占领意大利时，也想抢出墨索里尼，让他充当统治的代理人。德军调动了一个伞兵"突击队"实施营救，队长为元首的奥地利同乡奥托·斯科尔兹内中尉，希特勒亲自向他交代了任务。这次代号"橡树行动"作为特种作战的典型，被称为"魔鬼的杰作"。

斯科尔兹内事先通过侦察，了解到墨索里尼被监禁在高山上的"坎普将军"旅馆，强攻需要一个师的兵力，而且届时很可能有人会打死抢救目标。他通过研究空中拍摄照片，拟订了以滑翔机营救的计划。1943 年 9 月 12 日，斯科尔兹内率领的 10 架滑翔机和 60 名伞兵滑降在"坎

表现德国伞兵乘滑翔机降落山顶旅馆前抢救墨索里尼的绘画。

德国突击队长斯科尔兹内（左）率伞兵降落抢救墨索里尼的形象。

墨索里尼（中穿黑衣者）获救后的照片，左为德军突击队长斯科尔兹内。

普将军"旅馆前面，德国伞兵离开滑翔机后立即冲向旅馆，先由他们带来的一名亲德的意大利将军喊话劝说不要抵抗，随后在守兵不知所措时救出了墨索里尼。这时山峰周围还有大批意军且立场难测，于是德军以一架观察机在旅馆近旁降落，装上墨索里尼和斯科尔兹内两人，在狭小的山顶场地冒着极大危险起飞，尽管撞伤了轮子还侥幸飞到罗马。墨索里尼马上被送到柏林德军统帅部，希特勒命令他立即回到意大利北部搜罗死党重建政府。

德国空军凯塞林元帅的照片，他在1943年末至1945年春天成为意大利的主宰者。

9月17日，墨索里尼出面找来少数还效忠他的法西斯党骨干，建立起一个"意大利社会共和国"，同南部的意大利王国分庭抗礼。这时的墨索里尼政权连德国的仆从国都算不上，只是一个德军控制下的傀儡。重建的意大利法西斯党组织了几个师，德国认为让他们同英美盟国作战根本靠不住，而将其投入对苏联作战的东线，结果也没有发挥多大作用。

1943年11月，希特勒将驻意德军合编为C集团军群，下辖第十、第十四集团军共21个师，由凯塞林空军元帅任总司令，让他担任意大利的最高主宰。凯塞林在罗马以南80公里处横贯半岛东西海岸的山区利用有利地形，建立了"古斯塔夫防线"。该防线依山峰天险而构筑，易守难攻，美国第五集团军和英第八集团军数次发起攻击都未成功。

擅长水陆两栖作战的美英盟军为打破亚平宁半岛上的僵局，决定再

表现美军在安齐奥滩头阵地同德军激战的油画。

在安齐奥登陆滩头陷入困境的美军形象。

表现美军飞机掩护安齐奥登陆的画作。

采取登陆战术，在罗马南部小镇安齐奥实施登陆作战，想从背后突破德军防线。1944 年 1 月 22 日，美军第六集团军在安齐奥登临，开始因出敌不意未遇到多少守军，很快建立了一个滩头阵地，这时若乘势前进就可能切断前线德军的供应线和退路。可惜美军过于依赖后勤并强调稳进，停下 9 天用于大批兵力和给养运输上岸。这几天内，德军将 4 个师调到滩头周围，已构成了严密的阵地。

安齐奥登陆滩头战，一时成了美军的陷阱，登陆部队在 4 个多月中被压缩在滩头阵地上一筹莫展。绕过德军防线企图失败后，盟军统帅部只好对"古斯塔夫"防线实施正面强攻。防守峻岭防线上的是德国伞兵，他们打得十分顽强，著名的卡西诺修道院被炸成废墟，盟军仍无法突破。

1944 年 1 月，美军在安齐奥登陆的照片。

表现德国伞兵坚守"古斯塔夫"防线的绘画，其背后是卡西诺修道院。

美英绝对优势的钢铁倾泻和持续进攻最终还是发挥了作用，"自由法国"军队中的一支山地成长的骁勇善战的摩洛哥土著部队和波兰流亡部队又充当了突破先锋。1944 年 5 月 11 日晚，在盟军空军的掩护下，摩洛哥兵翻山越岭冲上海拔高度 1600 米的山峰，绕到德军背后，三天后，波兰军队终于冲进卡西诺修道院废墟，曾在东非和阿拉曼作战中表现突

出的印度第四师也突破了德军防线，凯塞林元帅被迫命令德军后撤，5月22日，被困安齐奥滩头的美第六集团军也发起进攻，于25日同正面进攻部队会师。

德军北撤时，为照顾意大利人让古都免遭破坏心理，宣布罗马为不设防城市，其实也是想以此引诱美军将其当成主要目标而放慢追击。果然，想争功的美国第五集团军司令卢卡斯没有派部队去截断后撤德军的通路，而是在6月4日晚派部队抢先进入罗马城。英军对此非常不满，认为这是为了沽名钓誉而放掉了歼灭2个德国集团军的机会。

1944年6月5日，美军进入罗马。

意大利是一个狭长又多山的半岛，德军很快在罗马北面建立一条哥特防线。美英军将该防线突破，德军又退到北面建立新防线。这时因西欧登陆的需要，盟军从意大利战场调走7个精锐师，接着英军看到苏军进入巴尔干，希腊共产党游击队又占领雅典，从意大利向那里调兵。这时在意盟军除部分美军二流师之外，英联邦留在意大利的陆军大多是来自殖民地、自治领的"杂牌"部队，只满足于对峙而无心进攻。

此时德军兵力分布在欧洲各地，已是捉襟见肘，若将意大利的2个集团军抽回可作为重要的预备队。希特勒却考虑到保持墨索里尼政权还能在名义上表现德、意、日轴心存在，军事上能掩护"第三帝国"南翼，那里的北部工业区又是重要的军工生产基地，便迟迟不愿放弃。因意大利北部的共产党组织建立了20余万人的游击队进行反对德、意法西斯的战斗，德军和墨索里尼手下的傀儡部队在战争末期以很大力量用于稳

在意大利作战的英联邦军士兵形象，可看出他们来自四方。左一为尼泊尔廓尔喀兵，中为印度兵，右二人为欧商。

定后方的作战，同美英军的对峙前线反而出现了半年之久的沉寂，有些美军将领总结意大利战役是"没有意义的作战"。

1945年4月柏林告急，希特勒才同意驻意德军"摆脱敌人"即退往南德地区，却为时已晚。此时美英盟军北进总攻，意共发动总起义，驻意德军于4月29日同对面盟军签订了投降书。苏联对此非常不满，认为不应单方面接受投降而必须在全线实行，美英解释这一投降只是战区行为不牵涉全局。墨索里尼被意大利游击队抓获枪毙，随后国际上对法西斯进行清算和审判时就没有太多追究意大利，甚至没有当成侵略国要求赔偿。

在美英为首的西方盟国眼中，意大利的侵略罪行远小于德国和日本，其最大战争犯罪行为是在埃塞俄比亚使用毒气屠杀了几十万黑人，对当时自己手上还沾着殖民地人民鲜血的英、法等国家来说是不必张扬的。多少年来，西方主流观点一直将墨索里尼政权与纳粹区别对待，重要原因在于意大利上层后来倒戈投向英美，还很快成为西方阵营的一员。

全面回顾第二次世界大战史，德国和日本是发动战争的主犯，意大利属于"从犯"，在这场战争中所扮演的角色极不光彩又很可悲。由于意军无能，对反法西斯盟军没有造成多大损害，他们丢弃和交出的大量武器还让盟军和许多游击队受益，因此包括苏联在内的盟国对意大利这个软弱的敌人还不算十分痛恨。不过有正义感的人们应该看到，墨索里尼之流倡导法西斯主义和首创这种恐怖统治的罪行，还是应该严格清算，这样才能警示世人以防止历史的悲剧再次重演。

西西里岛作战的德国党卫军部队和意大利狙击兵团，画中最左边的是意大利人，另外三人为德国兵。

10.

德国占领区到处燃起游击战火焰

1941 年苏德战争爆发和美国参战后，国际反法西斯同盟宣告形成。

美、英、法等盟国在西线进行反法西斯战争时，还有欧洲各国的抵抗运动策应。在纳粹德国恐怖统治下的许多国家里，都燃烧起游击战烽火，还出现了群众性的地下反抗活动，其中规模最大力量的抵抗运动还是由各国共产党所组织。美、英、法从现实需求和战后长远目标出发，对抵抗武装虽给予支持却又想加以控制，这就使欧洲游击战场上出现了极其复杂的图景。

德国占领区到处燃起游击战火焰

　　纳粹德国从 1939 年 9 月发动战争起，至 1941 年春天征服了波兰、西欧和巴尔干各国，占领区有 1.4 亿人口。波兰、荷兰、挪威、南斯拉夫、希腊等国政府流亡到英国，号召本国人民反抗。法国、丹麦、比利时、捷克等国原来的政府和首脑被德军控制，下面的人民也不愿听从这些已成侵略者工具的当权者指令。德军在所占各国都野蛮地无偿掠走所需的各种物资，还从那里强征数百万劳工充当奴隶，自然激起人民仇恨。起初，被占领各国民众看到德国统治力量强大，还只有宣传鼓动、收集情报、怠工罢工等各种破坏活动。1941 年苏德战争爆发和美国参战后，国际反法西斯同盟宣告形成。欧洲人们普遍看到打败德国的希望，反法西斯武装斗争就如雨后春笋般组织起来，使希特勒惊恐地感到后院起火却又镇压不下去。

✐ 这位光彩照人的法国女抵抗战士名叫西蒙娜，当时她年仅 18 岁。

法国抵抗运动兴起并统归戴高乐领导

　　欧洲影响最大的反法西斯抵抗运动，出现于 1940 年夏初便沦陷的法国。贝当政府和法国众多人一度丧失战斗意志而同意签订停战投降协定时，6 月 17 日，国防部长戴高乐随英国使节一起飞到伦敦，宣布建立"自由法国"组织继续对德作战。设在维希的听命于德国的贝当政府宣布判处戴高乐死

刑，海外的法军和法国侨民也没有多少人响应"自由法国"，使抵抗运动开始处境十分艰难。

此时法国共产党因盲目听从共产国际指示（实际服从苏联的外交需要），思想陷入混乱。早在 1935 年，法共就主张建立反法西斯统一战线，反对绥靖妥协，曾在社会上得到相当多的民众支持。1939 年 8 月《苏德互不侵犯条约》签订后，根据共产国际指示，法共宣称大战是帝国主义之间狗咬狗的战争，反对本国参战，在 9 月被政府宣布为非法组织而转入地下。1940 年 6 月法国败降，法共反对投降的贝当政府，也抨击戴高乐为英国服务，还不切实际地希望德国占领当局允许法共合法活动，结果德军只是大力搜捕法共党员。同年 12 月，法共改变方针号召反对德军，共产国际在翌年 1 月也发出指示建议法共放弃对戴高乐的批评而采取联合。1941 年 5 月 15 日，法共中央发起成立了民族解放阵线的声明，在 6 月 22 日苏德战争爆发后又动员发起抗德武装斗争。

此时法国内部的抵抗组织很多，有"保卫法国""解放者""抵抗者"等团体，起主导作用的是知识分子，初期主要斗争形式是散发传单、出版地下书刊和收集情报。法国共产党的组织力量最强，在国内最早建立起游击队，于 1941 年秋冬进入山区开始活动。从 1942 年起，英国军队一再向法国沿海派出突击队袭击德军，将德国驻军的主要力量吸引到海边，这也鼓舞了法境内的抵抗力量。

苏联从联合盟国的目标出发，出面为法国共产党同戴高乐牵线。1942 年 8 月，法共政治局委员马尔蒂在莫斯科会见了"自由法国"的代表加罗，按苏方的意见表示愿意接受戴高乐领导。11 月 25 日，法共代

这幅描绘戴高乐的油画，表现了他在法国沦陷时代代表了自由解放的方向。

这幅画表现的是德国占领当局抓捕法国抵抗运动地下人员。

表现英国飞机在夜间飞抵法国游击队根据地机场运送物资援助游击队的绘画。

法国抵抗运动展开城市游击战情形的画面，游击队员使用的是英国空运来的"斯登"式冲锋枪。

表和戴高乐派来的代表在法国实现了会谈，达成协议规定：法国国内民族起义归法共领导，国外抵抗运动由戴高乐领导。

★ 链接

戴高乐接受杜鹃花，却不接受同法共的协议

法国共产党同戴高乐流亡政权达成协议后，为表示祝贺，让伦敦派来的秘密代表将一盆杜鹃花拿回去献给戴高乐夫人。戴高乐只接受了杜鹃花，却否定了协议文本，要求把法共纳入"战斗法国"（由"自由法国"改称）归其指挥，并异常敏感并着眼于战后建国问题。1943 年 1 月，法共中央派费尔内·格列尼埃为代表到伦敦，戴高乐在第一次见面时就问："法国解放后会发生什么事？你认为法国那时会变成共产主义国家吗？"这时法共在原则问题上做出让步，同意国内的武装也服从戴高乐指挥。

表现法国共产党领导的"马基"游击队最早在山区建立根据地的绘画。

1942 年末至 1943 年初，法国共产党在中央高原组织的第一批"马基"游击队开始攻击德军。1943 年 5 月，法国内地各抵抗力量在巴黎第六区秘密召开了成立大会，成立了全国抵抗委员会，戴高乐派来的前省长让·穆兰当选为主席，各地方相应成立抵抗委员会，大都由法共主持。法国南方的大片地区成为根据地，还建起不少同英国联络的机场，大批美英轻便武器通过空运武装了游击队，仅英制"斯登"式冲锋枪便有几十万支送到法国。随飞机到达的也有戴高乐的众多代表，他们到游击队后负责联络也想占有控制权。

1944 年 2 月 1 日，法国各抵抗武装联合成立了"内地军"，法共领导"自由射手"游击队成为主力，司令部却设在伦敦。6 月上旬盟军在法国登陆后，内地军根据同盟军的协议立即在内地实施"褐色计划"破袭公路。游击队员在许多公路上横向砍倒的大树，埋设地雷，并袭击扫清障碍的德军。纳粹王牌"帝国"师赶往前线时，正常应走 3 天的路竟走了 18 天。

盟军登陆后，法国内地军自己解放了南部多数地区，并发展到 50 万人，其中法共领导的"自由射手"和游击队达 25 万人。8 月 7 日，巴黎的内地军司令、共产党员罗尔上校发布命令动员巴黎民众起义。8 月 23 日，巴黎城内有几万武装人员在法共领导下起义，各阶层民众也积极支援，将城内德军包围在孤立的据点中。经三天战斗，防守巴黎的 1 万多德军弹药将尽又无法逃走，因害怕受严惩还不敢执行希特勒炸毁城市重要目标的命令，见到戴高乐手下新建的法国第二装甲师又接近城市，只好在 8 月 25 日签订降约放下武器。

巴黎的解放，是法国共产党武装同戴高乐军事合作的结晶，不过双方的矛盾随着德军失败也凸显出来。法军第二装甲师师长勒克莱尔把德军投降书递给戴高乐，当看到签字的名次排列竟然是罗尔（法共代表）、勒克莱尔、冯·肖尔蒂茨（德国司令）时，戴高乐即训斥勒克莱尔这样做是"助长了法国共产党夺权的野心"。他马上要求美军也进驻巴黎，自己又在 8 月 28 日赶到那里。进入首都后，戴高乐就宣布，除了正规军以外，任何武装部队都没有理由继续存在。当时美、英、苏三大国都承认戴高乐为法国新政府首脑，法国共产党很多人不愿意自己的部队受改编，长期

法国游击队执行"褐色计划"拦截伏击德军增援部队的情景画。

表现法国抵抗力量解除德军武装的形象。

表现巴黎解放的绘画。

✐
1944年8月巴黎解放
时，戴高乐（右）于
28日回到凯旋门举行
仪式。

✐
美军进入巴黎的历史
照片。

居住在苏联的法共总书记多列士从莫斯科飞回国内说服大家接受。

1944年10月28日，即巴黎解放两个月后，根据戴高乐的命令，除美英协助建立的正规军队之外的一切武装都宣布解散，法国共产党的所有武装力量都交出了武器。法共此举也是苏联和英美政治交易的结果，当时斯大林同意不支持西欧共产党游击队夺权，换得美英承诺不支持波兰等东欧国家的反共政权和组织。

从法国的历史和社会条件看，在驱逐了德国侵略者这个大敌而达到复国目的后，法共确实也不存在进行武装斗争的条件。法共因为在国内反法西斯武装斗争中做出了最重要的贡献，战后成为法国第一大政党，在内阁中一度担任副总理、国防部长等职务。不久美国实行"马歇尔计划"援助西欧复兴，前提条件是政府要符合自己的要求，1947年法共便被赶出政坛，只成为在野的反对党。

战争末期法国共产党实行的政策，大受斯大林赞赏，在国际上一度声誉很高。1945年8月，毛泽东赴重庆同国民党谈判前曾在干部会上讲，如果谈判成功，可能走法共的道路，即参加政府。历史却证明，中国的情况同法国大不相同，中共坚持不交出武装，独立自主地取得了革命斗争的胜利。

南斯拉夫游击队靠自身力量解放祖国

欧洲各国抵抗运动中，战斗最英勇、牺牲最大和牵制德军最多的当属铁托为首的南斯拉夫共产党领导的游击武装——人民解放军。经过4

年激烈战斗，南斯拉夫人民解放军消灭和驱逐了国内的德军及其仆从，成为欧洲被占领国中唯一由自己打败法西斯侵略者的国家。

战前的南斯拉夫王国政府腐败昏庸很不得人心，南共受到镇压而在地下活动。1941年4月6日德军入侵巴尔干，仅战斗至4月17日，有34万人的南斯拉夫皇家军便宣布投降，德军以死亡151人、伤392人的轻微代价就征服南全境，南国王流亡英国。当时铁托为总书记的南共中央号召反对德国占领，却因纳粹还同苏联订有互不侵犯条约，按共产国际的要求不便号召起义。1941年6月22日德国入侵苏联，铁托感到如释重负，6月27日南共就设立了人民解放游击队司令部，并派遣12名中央委员分赴国内各地领导建立游击队。

南共刚开始的游击活动，主要在塞尔维亚地区，这里的人民在一次大战时就有抗德作战的历史传统，受到动员后马上奋起。德国此时将南全境划分为10个地区，分别交自己的驻军和意大利、匈牙利、保加利亚和克罗地亚伪政权统治，其相互矛盾和空隙正好为游击队发展提供了条件，至9月间法西斯政权就对约三分之二的塞尔维亚乡村失去控制。不过此时南境内还有国王留下了一支1万多人的"祖国军"，自称受伦敦流亡政府指挥负责国内抗德。南共起初想与之建立统一战线，这支武装却自称正统并要掌握领导权，双方合作谈判未成。德军看到这一矛盾马上加以利用，同"祖国军"秘密达成互不攻击协定，集中力量"围剿"南共。

德国统帅部对付南共游击队时，主要运用了其军事顾问团在中国帮助国民党"围剿"红军的经验，强调想击溃游击队就必须让老百姓不敢帮助他们。德军为此实行恐怖的报复法，即遇到游击队袭击便枪杀当地

表现南斯拉夫共产党领导的游击队初建时艰苦斗争的绘画。

德国占领区到处燃起游击战火焰　191

民众。1941 年 10 月间德军一个小队在克拉古耶瓦茨遇伏有 10 人死亡、20 人受伤，便马上枪杀了当地 7000 名男子，后来的西德政府都承认这是大暴行。

1941 年 11 月初，德军纠集其意大利军和克罗地亚伪军向南共游击队发起第一次"围剿"，"祖国军"又乘游击队在前线作战之际袭击了南共后方根据地，并将抓住的俘虏按牲口价格卖给德军。游击队开始集中兵力打正规战连连失利，主力被迫撤退到黑山一带。这一仗后南共游击队进行总结，在失败中学到了分散游击的经验。同时，南国内两个反德阵营武装的关系完全破裂，南共将"祖国军"视为敌人，并宣布再不承认国王设在伦敦的流亡政府。

在主要实行分散游击的同时，南共也开始建立建成正规部队。1941 年 12 月 21 日，南斯拉夫共产党建立起第一支正规军"第一无产阶级旅"，此后在六个月内又相继建立了另外 4 个旅，就此建成了南斯拉夫人民解放军，并以主力部队和地方游击队相配合。

1942 年内，人民解放军向波黑和克罗地亚发展并建立根据地。11 月 4 日，游击队解放了比哈奇，铁托和总司令部也迁到这里。至此解放区发展到 5 万平方公里，占南斯拉夫领土的 1/5，人民解放军组成了 8 个师，连同地方游击队总数达到 15 万人。11 月 27 日，南斯拉夫民族解放反法西斯大会在比哈奇城召开，选出了政府性质的人民解放委员会执行委员会，战后南斯拉夫国家的雏形由此诞生。

当时南斯拉夫"祖国军"自称是国内唯一抵抗力量，国际上明眼人却都看到它消极抗战甚至与法西斯勾结，并接受德军的武器来打解放军，在南境内真正能打击德意军队的只有南共领导的人民解放军。当时英国在北非战场上激战，急需在巴尔干方面牵制德意军队，于是开始研究是否向南共游击队提供支援。

1943 年 1 月，德意军向南共的人民解放军发起第四次"围剿"，铁托率部向黑山的山区转移。3 月上旬，解放军突围时冲破了德军拦截，又彻底打垮了 1.2 万人的"祖国军"，使其从此溃不成军，盟国

铁托（前右）同南斯拉夫人民解放军主要领导干部在司令部议事。

要支援南境内的抗德武装就只有找铁托。

　　1943 年 5 月，德军集中 4 个德国师、3 个意大利师加上克罗地亚伪军及一些保加利亚军队共 13 万人，对南共解放区发动第五次"围剿"。这是解放军经历过的最残酷的一次战斗，尤其是苏捷斯卡河突围战，牺牲了近 5000 名游击战士。

★链接

南人民解放军著名的苏捷斯卡河突围战

　　1943 年 5 月末，德军以重兵包围了铁托所在的解放军司令部及直属部队约 1.6 万人，同时被围的还有中央医院的 4000 多名伤病员。铁托决定向苏捷斯卡河谷突围，德军却发现这一企图并把 3 个德国师部署到那里，还调来进攻苏联时担负特种突击任务的著名的"勃兰登堡团"。德军司令扬言，"要把苏捷斯卡河谷变成共产党人的坟场"，铁托却率队英勇突围成功，选择敌人的薄弱地点进入东波斯尼亚比较安全的地带。当时随队行进的英国刚派来的联络官向伦敦报告称："南斯拉夫游击队是一个可靠并值得支持的组织。"

表现德军抵抗南斯拉夫人民解放军进攻的绘画。

南斯拉夫人民解放军建立时的战士形象，使用的是缴获的德国机枪和意大利冲锋枪。

　　看到南斯拉夫人民解放军的重大作用，1943 年 8 月，罗斯福和丘吉尔在魁北克会晤时议定，要调解南斯拉夫"祖国军"和游击队之间的关系，同时在物质上帮助游击队。9 月 8 日意大利宣布投降，驻南意军 14 个师崩溃，铁托马上命令部队全速进军，防止德军和"祖国军"抢到武器。随后，解放军成功地将 10 个意大利师缴械，获得了大量军火和物资，扩充了 8 万兵员，一部分还是自愿参军的意大利战俘。1943 年底，南共武装已达到 30 万人，控制了南斯拉夫近三分之二的国土。英军看到"祖国军"已所剩无几，终于承认人民解放军，向铁托总部派出军事使团并以飞机向其空运武器。苏联原来认为巴尔干是英美势力范围，本不想干预那里，这时看到英美的态度也向铁托总部派出代表团，同时也以空运提供武器。

铁托在抗德斗争中还注意空中力量，在 1942 年春一些克罗地亚伪军飞行员驾机起义后，就利用投奔根据地的飞机从简易机场起飞去空袭德军。1943 年末，铁托同英国达成协议，派人到北非学习飞行，从翌年夏天起，这些游击队飞行员开始操纵英制"喷火"式战斗机从意大利机场起飞支援国内作战。在欧洲抵抗运动中，只有南斯拉夫拥有当时人称的"游击队空军"，这也令德军感到震惊。

南斯拉夫"游击队空军"的"喷火"式战斗机。

1943 年 11 月 29 日，反法西斯人民解放委员会召开第二次会议，通过决议剥夺了流亡伦敦的王国政府作为南斯拉夫政府所拥有的权力，铁托被授予元帅军衔，并当选为南斯拉夫人民委员会（即临时政府）主席。11 月 29 日这一天，就此被定为南斯拉夫国庆日，英、美、苏三国也承认了铁托领导的政府。这是南共领导人民解放军英勇战斗赢得的成果，也宣告了流亡政府及其属下的"祖国军"因消极抗德、积极反共而无所作为，最终被抛弃。

看到南共游击武装的发展，希特勒认为这是在东南欧后方的心腹大患，于 1944 年 4 月发起第七次进攻。这时因解放区面积广大，德军难以形成合围，就在地面部队分路进攻的同时，以伞兵突袭设在德尔瓦尔城外山间的解放军司令部，企图俘获铁托。

★链接

德国伞兵想活捉铁托的"跳马"行动

德国伞兵在意大利劫走墨索里尼后，希特勒就此非常迷信特种分队袭击，想在南斯拉夫如法炮制。1944年5月22日凌晨，德军运输机输送近700名伞兵空降到离南斯拉夫人民解放军最高司令部不远的地方。铁托的卫队虽遭意外突袭，却顶住了进攻，在其他部队的增援下掩护司令成功转移。留下的德国伞兵到处搜索，却未找到铁托而一直受游击队袭击。待德国陆军部队赶到德瓦尔时，空降下来的伞兵仅剩下六分之一。随后，德国当局在维也纳展览了缴获的铁托的军装、靴子和其他用具，却掩饰不了空降突袭未成功的事实。

铁托遇德国伞兵袭击后经激战转移，并根据英国使团的建议，从根据地机场飞往意大利维斯岛，在英军控制的这个地点建立新的指挥部。这次反击德军进攻的作战中，南人民解放军在塞尔维亚、马其顿、波斯尼亚、黑山等地都进行了激战，打退了敌军最后一次大攻势。

1944年8月，苏军进入罗马尼亚，接近了南斯拉夫。此时南斯拉夫人民解放军和游击队总共已有40万名战士，8月28日铁托下令，为实施解放首都贝尔格莱德的战役做好准备，游击队大都集中作战。9月19日，铁托乘飞机离开意大利维斯岛前往莫斯科，同斯大林会商。鉴于南军攻城时缺乏重武器，斯大林同意调一个坦克军协助。会谈结束后，铁托回国指挥，共产党起义后执政的保加利亚也派部队来协助。10月14日晨，南、苏、保三国军队开始向贝尔格莱德进攻，20日解放了首都。

1944年5月，南斯拉夫解放军总司令部遇到德国伞兵袭击的情景画。

表现1944年5月德国采取"跳马"行动时，铁托在卫兵掩护下突围的绘画。

🖋
南斯拉夫人民解放军
的战斗形象。

🖋
铁托在战后受到南斯
拉夫人民拥戴。

苏军、保军随即离开南境北进，南斯拉夫人民解放军又以自身力量向西部还未解放的国土进攻。

面对南军进攻，德军纠集波黑和克罗地亚的分裂政权继续顽抗，战斗一直持续到 1945 年 5 月德国投降，南境内的德军才放下武器。此时南斯拉夫人民解放军已经发展到 80 万人，主要换装了苏联武器。因为英国和美国过去向南解放军提供不少武器并建立了密切关系，铁托在战后冷战开始后没有加入苏联阵营，由此证明英美的援助毕竟有了政治回报。

南斯拉夫进行了四年抗德战争，付出了巨大民族牺牲。全国 1700 万人口中有 170 万人死于战争，这一比例在欧洲仅次于波兰、苏联、德国而居第四位。南人民解放军（包括游击队）牺牲共计 24 万人，还有几十万人负伤。据南斯拉夫政府战后宣布，战争中共毙、伤、俘德军 37 万人，还消灭了 30 多万人意大利军、保加利亚、俄反共哥萨克部队等仆从军和南伪军，总计歼敌 70 多万人。而据德国战后统计，战时共有 10.3 万军人死于巴尔干战场，其中约 8 万人死于南斯拉夫（另外负伤估计也有 20 万人以上），单纯从阵亡数看就远远高于北非战场。

欧洲各国的反法西斯抵抗运动中，南斯拉夫共产党领导的人民解放军的战绩毫无疑问属于最辉煌之列。在 3 年时间内，南斯拉夫战场上长期牵制了德军 16 个师（隆美尔的德国非洲军多数时间只有 4 个师）以上的兵力和大量仆从军，而且主要不是依靠苏联而是以自己的力量解放了祖国。正因为如此，战后铁托才能不服从斯大林的指挥棒，不跟随苏联模式（不过在个人崇拜和民族问题上还是犯了同样的错误），走上完全独立自主的道路。

希腊共产党游击队解放国土却遇悲惨命运

在巴尔干方向，除南斯拉夫游击队在抗德发挥了主要作用，阿尔巴尼亚共产党和希腊共产党领导的游击队也进行了长时间的英勇战斗。阿共在 1941 年开始组织武装斗争，主要反抗意大利占领军。1943 年 9 月意大利投降后，德军进占当地，阿共游击队又反抗德军，在 1944 年南斯拉夫首都解放后也于 11 月间自己解放了首都地拉那，当地德国驻军逃走，阿共（后改为劳动党）建立了国家政权。当时阿尔巴尼亚只是 170 万人口的小国，盟国对其并不重视，希腊因其战略位置重要成为注目的焦点。

阿尔巴尼亚共产党游击队员的形象。

1941 年 4 月，德军联合意大利的军队占领了希腊，过去在国内极不得人心的国王乔治二世和他的内阁逃到了埃及，在那里由英国支持建立了流亡政府。德国在雅典又扶持了一个傀儡政权，有许多前政府官员参加，不过它更不得人心。希腊共产党在 1941 年 9 月开始领导武装起义，并响应苏联的号召成立了广泛的反法西斯联合阵线。

希腊是一个适合打游击战的国度，内陆多是山区，老百姓多数是农

希腊共产党游击队女战士。

民，过去百年间进行反抗土耳其的斗争中还锻炼出群众反抗和游动作战的传统。德军占领当地后，实行残酷的统治和劫掠，许多民众和被打散的前王国政府士兵都在希共号召下聚集起来建立游击队。开始德军主要守备城市和海岸，让意大利部队"围剿"游击队，结果意军往往成了"运输队"，一遇袭击便溃逃，把许多武器丢给抵抗战士。

1943 年春天，德军及其傀儡政权在希腊仅能控制主要城镇和交通要道，广大山区都在抵抗力量的手中。当时，希腊共产党正式建立了民族解放军，拥有约 2 万名武装人员，有效地控制着国内多数地区。此时抵抗运动分为不同派别，宣布服从流亡的王国政府的"希腊民主同盟"武装大约有 5000 人，还得到英国空投武器的援助。另外在德国人的秘密支持下，希腊还建立了几支名为支持国王实际只一心反对希共的小股武装，因此"民族解放军"不但要打击德国和傀儡政权，也与这些本国武装作战。

希腊的复杂形势，在反法西斯战争胜利局面明朗化后就演变为反德阵营中的对立，形成了"解放军""民盟"和德军的三角冲突。1943 年 9 月意大利投降后，希共的民族解放军解除了部分意军的武装，壮大了自己的力量。希腊在开罗流亡政府指挥的"民盟"部队也要抢地盘，10 月间双方出现席卷全国的内战。德军故意放过"民盟"，重点进攻希共根据地。内战持续到 1944 年 2 月，经过英国出面调停，希共的解放军和王国政府部队达成《布拉卡协议》而停火。此时希共武装占绝对优势，完全有力量消灭"民盟"等武装，苏联却向其提出要维护团结抗德的局面，解放军因此做出让步，还同意服从英国军官指挥。

1944 年 9 月，因苏军进入罗马尼亚和保加利亚，德军因后路受威胁，急忙撤出希腊。英国认为该国是它传统的势力范围，便决心要控制，并同苏联达成了政治交易。

★链接

丘吉尔同斯大林会谈时将希腊划入英国势力范围

1944年9月，苏军进入巴尔干，英军也准备反攻希腊。为防止两国各自支持的力量发生冲突以影响双方的关系，10月上旬，丘吉尔飞到莫斯科同斯大林会谈。他后来在回忆录中记下他同斯大林商讨双方在东南欧的势力范围的过程：

"我用半张纸把下面这些写了出来：

罗马尼亚

	俄国	90%
	其他国家	10%

希腊

	英国（连同美国）	90%
	俄国	10%

南斯拉夫		50%
匈牙利		50%
保加利亚	俄国	75%
	其他国家	25%

我把这半张纸推到斯大林面前，当时他已经听到了译员的翻译。然后是片刻的沉默。接着他拿起蓝铅笔在纸上画了一个大勾。随即把纸片递还给我。一切都决定了，所费的时间并不比写这张纸的时间更多。"

希腊共产党领导的解放军解放了五分之四的国土。

希腊共产党领导的民族解放军最先进入雅典的照片。

德军从希腊撤退后，原来境内"三足鼎立"变成了希共同王国政府的两方对立。此前三年间在抗德斗争中起到最大作用的民族解放军拥有5万多人，已占领了全国面积的五分之四，又最先解放了首都雅典。希腊流亡政府从埃及带回来的部队及其能指挥的国内"民盟"部队总计不过1万多人，又没有群众基础，却要抢夺全部胜利成果。10月13日，英军在雅典登陆，陆续上岸达6万多人，流亡政府内阁也随船到达。希腊共产党基层干部和下级战士大都想制止登陆，领导层却接到了斯大林的指示，要他们别轻举妄动，否则会破坏同盟国的团结。

英军进入雅典时，希腊国王还留在开罗。因为人民大都反对不得人心的国王返回，英方只好承诺通过全民公决确定是否保留君主政体。当时希共中央提出要转入合法斗争，同意放弃武装，解放军广大干部却表示反对。1944年12月3日，希共组织的雅典群众游行受到王国政府警察和英军开枪镇压，民族解放军奋起还击，英军将领斯科比急忙从意大利调兵来镇压，双方进行了一个多月的战斗。

英军武力镇压希腊共产党武装的"斯科比事件"，一时轰动了世界，希特勒就此感到出现了美、英、苏同盟破裂的希望，斯大林则根据同丘吉尔达成的协议要求希共让步。1945年1月5日，民族解放军根据苏联的劝告撤出雅典，十天后英军统帅斯科比同意停火，条件是解放军必须解散。美、英、苏同盟虽没有因此事而破裂，却已经呈现出两种意识形态在国际范围内对立的图景。中国的国民党当局对希腊事件感到兴奋，毛泽东在1945年春天召开的中共七大上所作的《论联合政府》报告中，特别提出要警惕"斯科比和希腊反动政府的屠杀事业"的危险，中共也确定了"人民的武装，一支枪、一粒子弹，都要保存，不能交出去"。

希腊共产党屈从于苏联的压力，在1945年春天这一关键时刻解除了武装，经过不公正选举上台的右翼政府和重返雅典的国王却继续镇压进步力量。战后，希腊共产党在1946年春天再度发动起义，却丧失了有利时机。因英国力量衰落，美国派出以范佛里特中将（此人后来被调

2014 年希腊共产党召集数万人集会，齐唱《国际歌》，缅怀70 年前同法西斯战斗解放祖国的历史。

到朝鲜任美军第八集团军司令对新中国军队作战）为首的顾问团，并提供武器援助王国军队实行镇压。由于斯大林要求放弃起义，原来支持希共的铁托因同苏联破裂也断绝了支援，希共武装在 1949 年失败，大批党员和拥护者受到屠杀或被迫流亡。直至 1974 年希腊军政府倒台，希共才恢复了合法地位。这一段历史也证明，进行武装斗争的革命力量不屈从于外来压力，坚持独立自主原则是何等的重要！

西欧其他国家抵抗运动的战斗及其结局

法西斯主义的野蛮残暴，在欧洲各国都激起了反抗，包括在德国内部也有反纳粹活动。尽管其斗争成果有大小之别，却都对反法西斯斗争做出了贡献。有些没有开展游击战的国家，也有城市袭击活动。例如在英国受过训练的捷克武装人员被空投回国后，在街头击毙了纳粹秘密警察的二号人物海德里希，此事还震惊了欧洲。

在德国国内，纳粹上台后的理论基础是种族主义，鼓吹消灭"劣等民族"时保证要在内部建立"民族共同体"，不讲阶级斗争而强调全民福利。纳粹以民族优越感进行煽动，一度促成了社会上群体性的狂热扩张思潮，再加上有严密的秘密警察监视网，使反法西斯宣传几乎无法进行。德国共产党在国内丧失生存条件，领导人多数流亡苏联。战时德国有过反法西斯斗争，如慕尼黑大学绍尔兄妹的"白玫瑰"组织，共产党

捷克地下武装人员袭击并击毙德国秘密警察头子海德里希的情景画。

人的"红色乐队"，还有施陶芬贝格等贵族军官对希特勒的行刺。这些活动都是少数人密谋，并没有群众基础，也注定德国地下抵抗运动规模很小也不能影响大局。盟军攻入德国时，没有看到任何地方发生过反纳粹起义，法西斯统治是靠外部进攻而非由内部推翻。

★链接

如何看待行刺希特勒的军人密谋

希特勒冒险发动战争时，有一些老派贵族军人如原陆军参谋长贝克上将等人反对，这些人并非反对扩张而是认为过于冒险，不过德军战胜法国后他们便转入沉寂。1942 年美、英、苏三强国开始联合抗德，一些军官又暗中筹划议和。1943 年初德军在斯大林格勒大败，美英的卡萨布兰克宣言表示德国只能无条件投降，密谋集团便认为只有消灭希特勒才有可能让英美同新政府媾和。1944 年 7 月 20 日，他们制造了"狼穴"爆炸事件，只将希特勒炸成轻伤。随后纳粹开始大搜捕，几乎全部肃清了贝克为首的密谋者。当时苏联的观点是，谋刺行动不过是德国上层统治集团的部分人想以牺牲希特勒来保存自己。英美对密谋集团也不予理睬，因为他们不想再面对一个由军人控制的德国新政府。

意大利国内的反法西斯抵抗运动一直有很大规模，墨索里尼垮台后在北方还形成了规模浩大的游击战。1943 年 9 月德军占领意大利大部领土后，10 月间共产党在北部山区组建第一支抗德游击武装"加里波第旅"。随后，行动党和其他政党也相继组建游击队，意共游击队始终占主导地位。1943 年 12 月至 1944 年 5 月，北部山区各根据地粉碎了德军联合墨索里尼伪军的"进剿"。根据意共的倡议，1944 年 6 月 9 日各游击队和组成自由志愿军并成立

这幅形象画表现了 1943 年秋天以后意大利人内部的分野，左为意大利抗德游击队员，右二人为法西斯部队成员。

联合指挥部，人数达 25 万人。据统计，游击队的积极战斗牵制了德国占领军 7 个师及傀儡军 5 个师，共 20 余万人。在 1944 年 6 月至 1945 年 3 月间，游击队共进行大小战斗 6400 余次、毁坏机车 230 辆、炸毁桥梁 276 座、飞机 237 架，游击武装在战斗中也牺牲 7 万余人。当时美英军向意游击队空投武器支援其作战，也向其提出必须接受盟军指挥的要求。

1945 年 4 月上旬，驻意的德军开始败退，美英军向北推进。此时意大利共产党发出总起义号召，自由志愿军发动了全面攻势，许多居民也群起响应，起义者自己解放了米兰、都灵等北方大城市。意共领导的游击队还封锁了德军逃走时所必经的阿尔卑斯各山口，与北进的英美盟军形成了南北夹击之势。4 月 27 日，北撤的一支德军车队被意大利游击队

墨索里尼和情人佩塔奇的照片。

意大利游击队枪毙了墨索里尼及其情妇，躺着的是其尸体。

意大利游击队枪毙墨索里尼（中）后，将他和他的情妇（右）以及同伙（左）倒悬在街头的照片。

波兰参加华沙起义的战斗人员形象。

挡住，德国军官出面谈判请求允许通过，游击队的条件是把意大利法西斯分子交给他们，随后在搜查车队时将穿着德国军装的墨索里尼抓了出来。4 月 28 日，墨索里尼和他的情妇以及几个追随者被游击队枪毙，尸体还被倒挂在街头示众。

意大利北部解放后，美英盟军要求游击队交出武装。当时意大利共产党已有 200 万党员，以人数而论为西欧第一大共产党，在本国也成为第二大党。按照苏联的意见，意共让所有游击队交出武器，加入政府并获得了副总理等职务。1947 年，在美国实行援欧重建的"马歇尔计划"时，意共同样被赶出政府。

当纳粹德国败亡在即，盟军从东西两线进军之时，划分势力范围就成了美、英、苏三国首脑的主要考虑。斯大林同意不支持法国、希腊和意大利等国共产党游击队并要其放弃武装，这一让步是以英国和美国在东欧同样的表态作为交换。

波兰人民在德国统治下掀起了广泛的地下抵抗，内部却分为流亡政府指挥的"国家军"和苏联支持建立的"人民军"两个相互对立的系统。1944 年 8 月，伦敦的波兰流亡政府鼓动"国家军"在华沙组织起义，准备抢在苏军到达前控制首都。这个起义在开始时并不通知苏军和"人民军"，遭到德军围攻后只向伦敦流亡政府告急。后来西方舆论攻击接近华沙的苏军不援助起义，其实明眼人都会知道，斯大林怎么可能支援一个极端仇视和反对自己的流亡政权呢？何况这时英国、美国虽口头支持华沙起义，实际上已经同苏联达成了政治交易。

1944 年 10 月初，刚被波兰流亡政府任命为全国武装部队总司令的布尔率"国家军"及辅助人员在华沙向德军投降，苏军同波兰"人民军"在辖区也对流亡政府指挥的"国家军"游击队和地下组织实行缴械搜捕，按当时波兰一家电台的哀叹，所有强国都来"签下了死亡证明书"。任何大国政治家尊重的都是现实，当时的波兰已由苏军主导，苏联帮助建立的"人民军"控制了大部地方，罗斯福、丘吉尔在给"英勇的华沙"一些廉价的赞美词后，马上承认波兰工人党领导的"民族解放委员会"是国内唯一合法政府，对自己支持了五年多的流亡政府则撤销了承认。苏联仅同意流亡政府成员和海外波兰军人战后以个人身份回国，却要接受新政府领导。结果，伦敦的波兰流亡政府因失去利用价值而被英美两国弃之如敝屣，此后便销声匿迹。

苏联支持的波兰人民军游击队的形象。

对苏军占领和将要占领的罗马尼亚、保加利亚、捷克、匈牙利等国的反共组织，美英也表示不支持，苏联后来才能顺利帮助这些国家建立模仿自己模式的政权。在西欧的荷兰、挪威、比利时等国的地下抵抗组织规模本来就很小，又一直受英美支持，自然归于西方阵营而不必做交易。

尽管欧洲抵抗运动内部矛盾重重，又受美、英、苏各国的影响，从总体看，这些斗争还都是国际反法西斯斗争的组成部分。那些德军后方的游击队和地下组织从法西斯集团统治的心脏地带打击占领者，加速了反法西斯战争的胜利，在第二次世界大战史上也必须写下他们的贡献。

★链接

从 1944 年夏天德军兵力分布看后方抵抗运动的作用

当时德军共有 360 个作战师，其分布状态如下：

东线战场：180 个师（在北极到黑海边的 3000 公里长的战线上同苏军作战）；

西线战场：59 个师（在法、比、荷防御盟军，其中约 10 个师对法国游击队作战）；

巴尔干战场：26 个师（主要在南斯拉夫、希腊、阿尔巴尼亚同游击队作战）；

意大利战场：25 个师（同盟军作战并防范后方意共游击队）；

挪威占领地：12 个师（防御盟军登陆）；

东欧占领地：20 个师（控制波兰、匈牙利、捷克、斯洛伐克等国）；

国内：9 个机动师、29 个正在组建训练的师。

从以上兵力分布可看出，德国直至战败前还处于兵力分布太广，战线太长的状态下，作战师有一半同苏军作战，用于对付美苏盟军的不过四分之一，其余或用于镇压后方或在训练组建中。

✎ 这幅画表现了德国党卫军残酷镇压占领区人民的场面，这种暴行激起广泛的武装反抗。

诺曼底登陆开辟第二战场

在诺曼底实施的登陆战，成为人类战史规模最大的登陆战，显示出美英强大的经济实力和两栖作战能力。

表现诺曼底登陆战场面的油画。

进入 1944 年以后，纳粹德国大势已去，美国和英国的战略考虑是想抢在苏联之前控制西欧和中欧。此时美英军不仅完全控制了海面，而且还有绝对的制空权，进入西欧的关键就在于登陆成功并获得一块足够大的滩头阵地。在诺曼底实施的登陆战，成为人类战史规模最大的登陆战，显示出美英强大的经济实力和两栖作战能力。希特勒苦心经营的"大西洋壁垒"被突破，这又使德国处于东西两线受夹击的绝境。

诺曼底登陆开辟第二战场

罗斯福（左）同丘吉尔会谈时的照片，二人对如何反攻欧陆有分歧，美国的强大实力最终使其拥有了决定权。

美英对西欧实施大规模登陆，是在德军投入主力的东线之外真正开辟"第二战场"，是尽快结束西欧反法西斯战争的关键一环。对于选择在哪里登陆，美英两国曾存在分歧，丘吉尔主张从意大利和巴尔干登陆直插中欧以进攻德国"柔软的下腹"，罗斯福却主张在法国登陆，相当于直插纳粹阵营的"后背"。若在南欧登陆，美英的机械化装备翻越阿尔卑斯山极为困难，选择在法国登陆并在西欧平原进攻才能充分发挥美制的巨量坦克、汽车的威力，还能以较少的人员损失抢占到西欧工业最发达的地区。美英统帅部经过反复斟酌，还是将登陆地点选在了法国，并为这次大规模的登陆作战起了个霸气十足的名字——"霸王行动"。

掌握绝对兵力、火力优势使登陆稳操胜券

　　早在 1941 年 9 月，因苏军在东线告急，斯大林就向丘吉尔提出在欧洲开辟第二战场对德国实施战略夹击的要求。当时美国尚未参战，英国虽有海上优势却受制于德国潜艇战而运输线不畅，空中优势也不大，无力组织大规模登陆作战，只是在 1942 年内派出些小部队对欧洲大陆实施偷袭骚扰。美国参战后，美英军队在空中对德军形成压倒优势，1943 年夏天又在反潜战中取得决定性胜利，运送部队上岸已无问题，就看选择什么时间和地点登陆。

　　1943 年 5 月，美英华盛顿会议上决定于翌年 5 月在欧洲大陆实施登陆。同年 11 月美、英、苏三国首脑在伊朗的德黑兰会面时，美英向苏联保证自己有义务在 1944 年 5 月 1 日前开辟第二战场，地方又初步确定在能直接威胁到德国西线的法国海岸。

美国将领艾森豪威尔担任了盟军反攻欧陆时的总司令。

　　1943 年 12 月，美国陆军上将艾森豪威尔被任命为欧洲同盟国远征军最高司令，到任后便召集相关人员研究登陆地点。根据历次登陆作战的经验教训，登陆地点要具备以下三个条件：一是要在英国机场起飞的战斗机半径内，二是航渡距离要尽可能短，三是附近要有大港口以便能迅速夺取。以此条件衡量，法国北部有三处地区较合适——康坦丁半岛、加来和诺曼底。

盟军统帅部经比较后认为，康坦丁半岛地形狭窄，不便于展开大部队；加来距英国最近处不过 30 公里，德军防御力量却最强，附近又无大港口；诺曼底虽距离英国较远，优点是德军防御较弱，地形开阔，距法国北部最大港口瑟堡仅 80 公里，在那里登陆最有利。

1944 年 5 月间，美英军在诺曼底对面的英国南部集结了 153 万人的登陆部队，并有 1200 艘战斗舰艇、4000 艘登陆艇和 1.37 万架作战飞机。此处，盟军在英国还有 130 万后备部队将作为二线部队上岸。这些地面部队全部实现了机械化，有 1 万辆以上的坦克，还能有源源不断的补充。此时法国抵抗运动在德军后方又组织了 50 万人游击队，他们得到美英飞机空投下的大批轻武器的装备，成为策应盟军登陆和空降的重要力量。

按照德黑兰会议的决定，盟军在诺曼底实施"霸王行动"登陆时，又要以在法国南部实施"龙骑兵行动"，即集团军一级的登陆战役相策应。后来因诺曼底登陆计划规模庞大，需要数量众多的海、空运输工具，"龙骑兵"登陆计划被推迟到诺曼底登陆后两个月后实施。

此时德军主力还陷入东线，在法国、荷兰、比利时只有 59 个师约 100 万人（其中作战部队为 76 万人），拥有 1400 辆坦克。德军因在广阔的海岸到处设防，在法国内地还需要 10 个左右师的兵力对付游击队，在重点防御的加来地区部署了第十五集团军的 15 个师、20 万人，诺曼底地区只有第七集团军的 6 个师另 3 个团、10 万余人设防。

此刻德国弱小的海军在西线能动用的舰只仅有驱逐舰 5 艘、潜艇 52 艘、远洋扫雷舰 16 艘、鱼雷艇 34 艘、炮艇 42 艘，同盟军强大的海军力量根本不成比例。德国空军在西线的作战飞机约有 450 架，其中战斗机 160 架。与盟军作战飞机数目相比处于 1∶30 的绝对劣势。

当时德军因车辆、油料供应都已严重不足，陆军机械化水平大大降低，除装甲师外的各步兵师多靠骡马、自行车运输，士兵的素质尤其是体力状态更大不如战争初期。

★链接

西线德军素质低下的可悲状态

进入 1944 年夏天时，德军精锐大都消耗于东线，长期无大战的西线多是二流部队。此前四年时间内德军已战死了 200 多万人，有 150 万人残废，50 万以上的人被俘，国内青年男性已损失大部。为维持总数达

1000万人的军队，德国在 7900 万人口中动员了 1600 万人，征兵年限下至 16 岁、上至 60 岁。由于身体不合格的人大量被征入伍，西线德军中竟出现了这样的番号——"胃营""肺营"，就是把患胃病、肺病的人集中到一个单位以便供应特定的伙食和治疗。

此时美军和英联邦军动员的数量都超过 1000 万人，却因此前伤亡很小，美国和英国征兵年限都起自 18 岁，最高年限 40 岁，战斗部队士兵最高年龄都在 30 岁以下且身体合格。

德军在西线的总司令是老元帅龙德施泰特，指挥分别配置在北方和南方的 B、G 两个集团军群。在法国北部指挥第七、第十五集团的 B 集团军司令是过时的"北非英雄"隆美尔元帅。由于法国北部漫长的海岸线上都有遭受登陆攻击的可能，当时德军高层争论的重点又是该把装甲师配置哪里，隆美尔主张前置，其上司龙德施泰特则主张放在纵深以便机动。

被纳粹德国誉为"北非英雄"的隆美尔元帅的肖像画。

隆美尔非常清楚德军的弱势地位，认为 D 日即登陆日的"24 小时内决定一切"，这一天内若不能将登陆的盟军打下海，随后就会有源源不断的兵力上岸，德军装甲兵应部署在海岸边以便迅速参战。到西线巡视的装甲兵总监古德里安等人却认为坦克的优势在于机动，若放在海边当大炮用，"不但不能充分发挥坦克的真正作用，而且会招致敌舰炮火的攻击。"

同古德里安等人争吵时，隆美尔当场叹息他们"只同俄国人打过交道，所知道的战争还只是二维空间而非三维空间的，只知道来自地面和海上而不知来自空中的威胁"。他坚持说："如果把装甲师留在后面，那它们就根本无法开往前线。一旦进攻开始，敌人的空军会阻止任何部队向前运动。"面对坦克可以在夜里向前调动的争辩，隆美尔只是冷笑道："夜里？别忘了，敌人的照明弹会把黑夜照得像白昼一样。"

希特勒最后接受了古德里安和龙德施泰特等人的意见，将装甲部队放在距海岸较远的位置以备机动。后来的战况证明，因盟军控制天空，德国在纵深的坦克难以到达滩头反击。若是摆放在海边，这些坦克也无法抵御强大火力打击，败势已定的局面无论怎样都不能改变。

对美英盟军而言，登陆最大的顾虑是恶劣的天气。盟军在冰岛等地设有气象站，能及时报告北大西洋的气流影响，德军依靠挪威、丹麦一带的气象站预报会慢一个节拍。盟军知道在 6 月 3 日至 5 日的坏天气后会出现好天气，为干扰德军的注意力又在加来方向实施佯动。

此时盟军将登陆的情报也送到柏林，战后缴获的档案中发现有一个为德国服务的法国军官在阿尔及利亚发来的情报最准确。不过因美英散布的假情报太多，德方真假难辨。进入 6 月后，美英轰炸机已炸断了法国中部塞纳河上的所有铁路桥，法国抵抗运动的游击队也在破坏道路和设置路障。尽管有种种登陆迹象，隆美尔却看到 6 月 2 日以后一直是坏天气，在 6 月 5 日这一天回国内的家中为妻子过生日。前线德军见大风和雨天持续，在海岸必要的例行巡逻与警戒都被取消，纵深待命的装甲部队在盟军登陆这天，既得不到希特勒的命令也没有隆美尔指挥，自然错过了抗登陆作战最关键"滩头击""半渡击"的时机。

诺曼底战役的前夜，盟军在英国港口集结的画面。

伞兵充当先锋，五个滩头齐上岸

　　1944 年 6 月 6 日，是一个永载史册的日子。这一天，14 万美国、英国和加拿大（此时属于英联邦军的一部分）部队作为第一梯队，搭乘登陆艇如潮水般涌上诺曼底海滩。

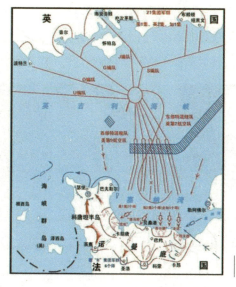

諾曼底登陆示意图。

　　登陆部队上岸前，空降兵充当了挺进敌后的先锋。美军第八十二空降师、第一〇一空降师，英军第 6 空降师共三个师的 1.7 万伞兵乘 1000 余架 C-47 运输机，在登陆地区距海岸 10~15 公里的纵深地域跳伞降落。第一批伞兵着陆并控制了部分地面后，又有第二批 1.7 万名伞兵和 110 辆轻型坦克乘滑翔机从空而降，总共使 3.5 万空降部队迅速出现在德军后方。

英军以滑翔机在诺曼底空降坦克的画面。

　　筹划空降前，美英军鉴于上一年西西里岛空降不成功，曾有不同意见。盟军空军司令、英国空军上将利马洛里认为空降突击是不明智的，伤亡将在 50% 以上且会一无所得。美国陆军航空队司令官阿诺德主张在

英军在诺曼底登陆后，在滩头临时铺设金属路面，以保障坦克上岸，并在滩头外建人工港。

深远纵深空降，以夺取通往巴黎的沿途目标。盟军总司令艾森豪威尔主张使用空降部队于海岸后方降落以阻止德军预备队开进，他的意见还得到认同。

6月6日凌晨，在一片黑暗中，美英飞机先向德军防御纵深广大地域投放了200多具木头制造的假伞兵，并操纵音响模拟器发出声响，造成到处都有空降的假象。不过此举也提醒了敌人，德军得知有伞兵着陆就通知各地驻军预先准备，使不少伞兵着陆后便陷入苦战。

✎ 美军伞兵在黑暗中跳伞着陆的场景。

✎ 诺曼底登陆前，美军伞兵从空而降的画面。

美军第一○一空降师的伞兵在黑暗中跳伞降落时，德军对空观察哨已事先发觉，马上在农村小房上浇了汽油并点着，将整个地域照亮，步枪手、机枪手在火光照耀下向飘落的美军伞兵射击，使其未着陆就遭受很大伤亡。美军第二批空降兵乘滑翔机着陆时，因着落场内有德军设置的反空降木桩，一些滑翔机撞上后马上翻倒，也损失了不少人员和装备。这个师伞兵在混乱中一度人自为战，终于等到了登陆部队赶来会师，不过全师跳伞人员伤亡高达70%。

美军第八十二空降师、英军第六空降师的跳伞地点大都在德军设防的空隙地带，遇到的抵抗相对弱一些，却也伤亡了20%的人员。天亮后，美英军以400余架运输架拖带着滑翔机到达伞兵着陆点上空，接着放下滑翔机向着地面的标识点降落，着陆后就有上百辆坦克如同蚕蛹破壳一样开足马力从木质机体中冲出，形成了战史上空前壮观的空降场面。总计在登陆日当天，盟军有3000多架运输机参加了空降行动，又有上万架次轰炸机、战斗机对德军反复轰炸扫射以掩护，并将德国飞机拦阻在登陆和空降区域外。这保障了空降基本成功。

诺曼底登陆战第一天的空降，的确让德军摸不清空降规模和地点而到处分兵应付。当天下午，德军调来的唯一的装甲师——第二十一装甲

盟军掌握制空权是登陆成功的关键，画中显示的是英军战斗机在诺曼底登陆滩头上空。

英军中的苏格兰步兵在进攻时仍穿着传统服装冲锋。

师在向滩头行进时，突然发现盟军有 500 架运输机从头顶飞过。这些飞机是为已着陆的英军第六空降师运送后续部队和补给，德军指挥官却误认为盟军空降伞兵要前后夹击己部，惊慌失措中放弃反击匆忙后撤。不过"D 日"空降的战例也说明，伞兵是作战风险最大的兵种，战斗中伤亡率往往比步兵高得多，组织难度也大得多。有人说"跳伞是勇敢者的运动"，"当伞兵是敢于牺牲者的选择"。美英在掌握绝对制空权的条件下实施空降作战，在诺曼底也付出巨大代价。

在诺曼底登陆的主力，是登陆艇运送的抢滩部队。这一片海滩从东到西全长约 80 公里，5 个滩头分别是剑海滩、朱诺海滩、黄金海滩、奥马哈海滩和犹他海滩。登陆的第一批进攻部队有 5 个师（各师编制 1.8 万人，加上配属部队有 2 万多人），每个师负责占领一个滩头。登陆部队还使用了 M4-DD 两栖坦克作为登陆先锋，以压制敌人滩头防御火力。

德军海岸防御部队虽部署分散，却事先构筑了多种类、高密度、大纵深的梯次防御工事。但面对盟军海、空军铺天盖地的火力打击，这些工事大部分都被摧毁。由于盟军散布的假情报是在加来登陆，得知诺曼底登陆开始后，希特勒仍对是否调兵增援犹豫不决。

诺曼底登陆当天，犹他、黄金、剑和朱诺海滩登陆行动进展都比较顺利，当地德军守兵大部溃退。如犹他海滩是"D 日"作战中最顺利、人员伤亡最少的海滩，美军第四师共登陆 2 万人，建立了巩固的登陆场，自身仅阵亡 197 人，不到预计伤亡的 10%。

奥马哈海滩是 5 个登陆滩头中损失最惨重的，有"血腥奥马哈"之称。从清晨开始登陆的头 6 个小时内，美军一个师在不到 6.4 公里宽的登陆正面就阵亡了 2400 名官兵。这场战斗成为后来许多影视作品的表现重点，美国电影《拯救大兵瑞恩》就取材自奥马哈海滩。

★链接

德军强固的奥马哈海滩阵地

诺曼底海岸中部的奥马哈海滩，是一片凹进去的滩地，两边有 30 多米高的悬崖，从地形条件上看不适宜登陆。盟军之所以选择它，是因为在犹他海滩和它东部的英军登陆地点的中间需要打破间隔。这个海滩最初由德军一个战斗力较弱的守卫团防守，并没有坚固工事。隆美尔战前视察时却估计到盟军可能在此登陆，命令修筑牢固工事，并把战斗力较强的德军第三五二摩步师调来。经过德军施工，这里的海岸从低潮线到高潮线之间修成了 3 套用水泥、障碍物和地雷组成的防线，海岸线上面又设置了大量的坚固的火力支撑点，使这个海滩成了一个真正的"大西洋壁垒"上的支撑点。

美军登陆奥马哈海滩的是号称"大红一"的陆军王牌第一步兵师，该师事先缺乏登陆训练，上艇官兵多为晕船和湿冷所苦，因而疲惫不堪，抢滩时未能快速冲锋而是爬行前进。负责掩护他们登陆的 32 辆水陆坦克竟有 27 辆刚一下海就因风浪过大而沉没，幸存的 5 辆坦克中还有 2 辆很快被德军炮火击毁，余下的 3 辆坦克根本无法压制岸上的火力点。由于上岸队形混乱和遭遇火力拦阻，登陆的美军士兵大多晕头转向，搞

描绘美军第一步兵师
（大红一师）在奥马哈
海滩激战的画面。

不清方向和集合点，只挤在滩头上，结果成了岸上碉堡中机枪射击的靶子而伤亡惨重。整整两个小时的时间里，在西段美军没有一名士兵冲上海滩，在东段也仅仅占领了 9 米宽的一段海滩。

在此危急关头，美国海军指挥官虽然同岸上失去联系，却看到海滩上形势极为严峻。17 艘驱逐舰不顾触雷、搁浅和被岸炮击中的危险，驶至距海滩仅 730 米处，用 127 毫米口径的舰炮在近距离直接瞄准射击德军的碉堡射孔。接着，美国的战列舰和巡洋舰也在远处对岸射击，岸上的德军阵地完全被炮火浓烟覆盖。此时，第一师师长下达了前进的死命令："只有两种人可以留在海滩上——死去的人和将要死去的人！"

美军在 D 日 - 诺曼底
登陆作战中滩头苦战
的画面。

在军官带领下，趴在泥泞的海滩上达几小时的美军士兵终于跃起，冲上了悬崖，占领了已被舰炮摧毁的工事。到中午时分，第一批登陆部队终于能向前推进，第二批队伍也提前登陆，至天黑时完全控制了这一段登陆场。美国陆军第五军的军长杰罗少将上陆后立刻发电报称："感谢上帝缔造了美国海军。"

这天登陆的事实证明，美军步兵过分依赖火力而导致自身攻击能力不强，全靠海军和空中打击起了决定作用。

登陆战成功后，一位美国老兵在滩头休息的画面，表现了惨烈的战斗场景。

登陆战以大军上岸和夺取港口告捷

1944 年 6 月 6 日，是盟军在诺曼底的登陆日即"D 日"，曾被一些美国人称为"历史上最长的一天"。从凌晨到日落为止，美、英、加部队在 5 个海滩上岸都取得了成功，共有 13.27 万人登陆，还有 3.5 万人空降。当天盟军的总伤亡仅 1.03 万人，大大低于预计。更令盟军欣慰的是，登陆第一天在基本没有遭到德军有效反击的情况下顺利渡过。

★链接

"D 日"当天德军反应迟钝的原因

6 月 6 日早上，诺曼底前线德军向大本营报告了盟军登陆的消息，装甲兵的调动却要元首下令。因希特勒在夜间办公后刚睡下不久，一向畏惧这个大独裁者的身边人不敢叫醒他，绝对专制集权的体制弊病使德军预备队在关键时刻只能无所作为。6 日下午 2 点，希特勒起床时得到报告，却又怀疑诺曼底登陆可能是佯攻，主攻方向会在加来，只下令让两个党卫军装甲师增援。通往那里的桥梁事先都被盟军有计划地炸毁，德国坦克在路上还不断地受到盟军空中骚扰和游击队拦阻，想及时赶到向滩头实施反击已办不到。

6月7日，希特勒得知盟军上岸的规模已不小，才决定将西线5个装甲师的指挥权交给隆美尔。隆美尔看到"关键的24小时"已过去，只得把反击的第一个目标定为先阻止盟军将5个登陆滩头连成完整的大登陆场，其次再确保瑟堡港。德军装甲部队却要从100~200公里外赶来，无法迅速成建制投入战斗。加上盟军空炮火力的猛烈压制，德国坦克到前线后也不能集群冲击，只能小股运动或当作机动炮台。此时美英军队上岸的坦克数量已占绝对优势，使德军在6月7日整个白天内也无力发动大规模反击，晚间的小规模逆袭则起不到作用。

从6月7日起，登陆较顺利的英军开始向诺曼底东面的重镇卡昂发起进攻，遇到一支士兵几乎全部由16岁至17岁的孩子组成的装甲师——党卫军第十二装甲师，盟军戏称其为"娃娃师"（亦译为"婴儿师"）。这个师的指挥官、下级军官和坦克手还是有丰富战斗经验的纳粹分子，士兵虽然年少，却因德国对中学男生早有军训课，"娃娃师"作战技能也不算低。6月7日晚至8日凌晨，英国和加拿大部队逼近卡昂时，德国年轻的掷弹兵们凶猛地发起反冲击，惊慌失措的英国人和缺少战斗经验的加拿大人居然败退。这样，兵力、火力都居劣势的德军第二十六装甲团竟俘虏了几乎一个连的盟军，而且其中多数人都是一遇反冲锋便举手投降。

人称"娃娃师"的德军装甲部队能创造被盟军称为令人惊叹的神话，

德军在诺曼底同盟军激战的情形，远景为刚被击毁燃烧的美军"谢尔曼"坦克。

主要是靠纳粹民族极端思想驱使，此刻少年兵们还普遍相信能打败盟军。该师的少量Ⅳ号和"黑豹"坦克分散作为火力点，主要靠步兵防御，在卡昂地区却有效阻击了盟军近6周时间。有识者认为，攻击卡昂的英加部队军刚参战，战斗意志不强，才出现成人受制于孩子的现象。随后又经33天激战，盟军还创造了两天内向卡昂投弹7700吨这一飞机支援地面战时最猛烈轰炸的纪录，德国少年的斗志终于崩溃而后撤休整，英军在卡昂防线前仍是一个月内没有进展。

这是一幅希特勒青年团鼓动参战的宣传画，煽动起一些德国少年的狂热情绪。

诸曼底以南和以西地区的美英军为扩大登陆场而向前推进，也受到顽强阻击。德军兵力火力虽差，毕竟久经沙场，战斗经验远多于对手。他们将部队分成小的战斗群，利用诸曼底一带草场和林地交杂的地形实施阻击，披上伪装的坦克也在灌木丛中作为机动炮兵使用，这使盟军只能艰难地、一寸一寸地向前推进。

6月19日，恶劣气候突然来临，摧毁了美英军此前用沉船构成防波堤而临时搭建的简易码头，这又证明风暴造成的损失竟是诺曼底登陆时

德军后撤时仍设置路障并阻击推进中的美军的画面。

最大的灾难。

★链接

风暴摧毁临时码头造成美英舰船最大损失

1944年6月19日，英吉利海峡风暴突起，风力达8级，浪高1.8米。在美军登陆地段的桑树A人工港内，浮动码头遭巨浪冲击而解体，沉箱断裂。盟军共有7艘坦克登陆舰，1艘大型人员登陆舰，1艘油船，3艘驳船，7艘拖网渔船，67艘登陆艇被大风刮沉，1艘巡洋舰和1艘渡船因相互碰撞而损坏，还有一些舰船因汹涌的风浪引爆了德军布设的水压水雷而被炸伤。这一场狂风暴雨将800艘舰艇抛上陆地，迫使盟军的卸载中止了整整五天，2万辆车辆，10万吨物资无法按计划上陆。风暴造成的物质损失，大大超过了此前13天登陆作战中的损失，盟军后勤补给一度中断。若德军能抓住这难逢战机进行反击，战局极有可能改写，幸运的是，当时德方兵力仅仅够勉强进行防御。

风暴过后，美军第七军按照尽快夺取卸载港的既定计划，于6月21日向诺曼底西面80公里的法国港口瑟堡进攻，25日黄昏冲入了市区。次日，对战争失望的德国守港的陆海军司令一起宣布投降，个别同主力失去联络的据点负隅顽抗到7月1日也放下武器。盟军虽占领瑟堡并全歼守军3.6万人，得到的却是一片废墟。

早在盟军登陆的第二天即6月7日，德军就预料到盟军会夺取瑟堡，便有计划毁掉码头、防波堤、起重机等港口设备，并在港口内布设水雷，

美国大量生产的自由轮向诺曼底登陆场运送大量物资的情形。

瑟堡被盟军攻占后的照片。

美军攻入法国境内后，步兵所携带的火箭筒成为对付德国坦克和工事的利器，这幅画描绘了当时的战斗情景。

用沉船堵塞航道。美军一位工兵专家观察了瑟堡港的毁坏情况，认为是"历史上最周密、最彻底的破坏"。为此，盟军派出大批工兵、打捞分队、扫雷舰艇进行清除工作，花了三个星期完成了扫雷和打捞起沉船的工作，又安装了装卸设备。7月16日，瑟堡卸下了第一艘运输船的物资，至7月底日卸货量已达8500吨，至9月间的日卸货量又上升到1.7万吨，能达到每天平均向盟军每个官兵提供6公斤物资，基本能满足上岸作战的需要。

瑟堡港修复前，盟军在诺曼底滩头又新设立了两个海军基地司令部，在朱诺海滩加固了人工港。至7月1日，盟军已上陆了25个师（其中13个美国师，11个英国师，1个加拿大师），连同配属战斗单位和后勤部队共100万人，运上岸56.7万吨物资和17.2万部车辆（包括5000辆坦克）。面对这样一支强大力量，德军用于抗击的兵力不足其一半，坦克只相当其五分之一，飞机和舰艇数量相差几十倍甚至成百倍，想将美英军赶下海已是梦想。

诺曼底登陆日的11天后，希特勒于6月17日乘专列赶到法国召见龙德施泰德和隆美尔这两个元帅，询问下一步对策。隆美尔建议把部队撤到盟军海上舰炮火力射程之外，认为舍此别无希望，希特勒却生气地说："你们必须在原地不动，在哪儿站着就在哪儿倒下，绝不后撤！"那个年已70岁、在德军中资格最老的元帅龙德施泰德听到这一命令，更是沮丧不堪。7月1日，他接到德军总参谋长凯特尔元帅询问下一步该怎么办的电话，一时失控地大叫说："结束战争，你们这些白痴！"

得知龙德施泰德这番话，希特勒认为是意志动摇，将其撤职而让从东线回来的克鲁格接任西线总司令，殊不知此人也在同密谋分子接触以准备摆脱纳粹对美英媾和。

盟军横扫法境使德军狼狈溃逃

诺曼底登陆战进行到 1944 年 7 月 24 日，盟军伤亡 12.2 万人，德军伤亡和被俘共 11.3 万人，而只有盟军方面能迅速补充损失，双方在滩头外围僵持对德军更为不利。6 月下旬至 7 月间，苏军在东线发起了总攻，德军中央集团军群基本覆没，该部仅死亡、被俘的官兵就超过 40 万人，希特勒身边的元首警卫营都被派去堵塞波兰方向的缺口，无法向西线调兵。

德国军人几十年来引为噩梦的两线作战，此刻成为可怕的现实。对希特勒绝对效忠的总参谋长凯特尔此时在上层人士中声称："军人们已尽完了自己的职责，该是外交官去想办法了。"他想通过外交努力媾和，而罗斯福、丘吉尔在 1943 年 1 月就已宣布德国只能"无条件投降"。德国陆军的少数军官和社会上一些政客感到，希特勒等纳粹头目是德国同西方媾和的最大障碍，必须将其除掉。前陆军总参谋长贝克上将作为密谋集团首领，事先派人向克鲁格、隆美尔两位元帅做了试探。克鲁格表示若希特勒不在就支持政变，隆美尔则持观望态度未做答复。随之希特勒的大本营发生了"七二〇"爆炸事件，那个魔头却只受了轻伤。

希特勒幸免一死后，当天即下令逮捕处决贝克等人，接着

1944 年 7 月 20 日，在希特勒的"狼穴"，密谋军官实施炸弹暗杀后的场景。

盖世太保大肆株连搜捕，几千名陆军军官和政府官员被牵连。1944 年 8 月中旬，克鲁格元帅接到解职返回德国的命令，因害怕上法庭受辱在途中服毒自杀。隆美尔早在 7 月中旬就因遇飞机扫射而负伤回家休养，此刻也被密谋分子供出与此案有关，被希特勒通知只有出庭受审和秘密自杀这两项选择。隆美尔不愿上法庭只好自杀，以保证家属在他"因伤光荣殉国"的光环下仍享受哀荣。

★链接

隆美尔反对过纳粹吗？

战后，隆美尔死亡的真相揭开，一些德国和美英人士将他说成"反纳粹"斗士。史实却证明，"七二〇"政变的军官谋刺希特勒只是想保全旧德国，隆美尔更没有反纳粹举动，只是面对密谋分子的试探态度暧昧，属于思想动摇。当然，希特勒认为过去自己宠爱的隆美尔知情不举，这也是极大的"不忠"，因而要了他的命。

第二次世界大战期间英国制造的"隆美尔神话"出自掩饰本军一些败绩的军事需求，战后西方一些人称他反纳粹则是政治需要。西德建立后起用旧军人以重新武装，曾把罪责都推给纳粹"党化部队"，其实在侵略战争中充当主角的始终是国防军。贵族式的国防军将帅同有街头流氓气质的希特勒发生过矛盾，在对外扩张夺取"生存空间"这一根本问题上却完全一致。战后纽伦堡审判时并未放过国防军将领，只是后来美英政府为武装西德对抗苏联，才逐渐容忍了为德国旧军人阶层开脱的论调。隆美尔自杀一事被美化为反纳粹，正是出于这一背景。

这是隆美尔的照片，他至死都没有反对纳粹，一直充当希特勒的打手。

1944 年 7 月的"七二〇"爆炸事件后，德国军官若提出后撤主张就可能被扣上"散布失败主义"的帽子而被捕，因而明知前景糟糕也只能按希特

勒的命令死守。至8月上旬，美英盟军上岸的兵力达280万人，超过当时德军4倍，终于展开了大规模攻势。

8月8日，美军首先以装甲部队开路突破德军防线，几千辆坦克为前驱的大军向着法国北部纵深快速突击，绕到德军B集团军群的后面，形成了一个称为"法莱兹口袋"的合围之势，德军在诺曼底东部实施阻击的15个师马上就要面临围歼。

8月17日，在东线被称为"防御大师"的莫德尔元帅被希特勒任命为西线总司令兼B集团军司令，这个铁杆的纳粹信徒到任后还是正视现实，下令部队尽快撤退。此时美英军还未打过大规模的合围歼灭战，穿插迂回部队进展不够快，结果有10余万德军从"法莱兹口袋"的底部向东逃走，只有6个师未逃出而遭全歼，盟军击毙了1万多德军并俘虏了5万人。

法莱兹围歼战于8月21日结束，标志着盟军在法国的登陆战取得全胜。自诺曼底登陆后的两个半月间，盟军共伤亡20万人，不过其中只阵亡4万人，16万伤兵多数可以治愈，损毁的2000余辆坦克多数也能修好。德军在此役中伤亡20万人，有20万人被俘，加上后撤时装备大部被毁或丢弃，在西线的2000余辆坦克和强击炮中只剩下130辆撤回。

8月23日，跟随美英军登陆的戴高乐的"自由法国"部队第二装甲师逼近巴黎，此刻法国共产党领导的起义已经占领了大半个城市。希特勒要求坚守该城，莫德尔元帅的回答是"只有再派包括几个装甲师在内

德军中有"防御大师"之称的莫德尔元帅，在诺曼底登陆两个月后被调到西线。

攻入法国境内的美英盟军最终粉碎德军的情景画。

盟军在法国腹地推进时，受到抵抗组织迎接的画面。

的20万援军才有可能"，结果巴黎城内被围的1万多德军在8月25日被迫投降。在此前一周，美英军实施了在法国南部登陆的"龙骑兵行动"，法国抵抗运动也解放了大片内地区域。法国境内的德军丢盔弃甲，因车辆绝大多数被毁或没有油料，纷纷扔下重武器，乘坐马车或抢夺老百姓的自行车，向着法德边境和比利时狼狈逃窜。

攻坚和空降不利，使美英速胜愿望破灭

1944年9月上旬，看到法国大部领土解放，罗斯福和丘吉尔最关注的是抢在苏军之前尽快攻入德国，首先占领重工业基地鲁尔。美英两国首脑还曾兴奋地打赌说，这年圣诞节前就能结束战争。

此刻战场上的美英军队却遇到了难题，首先是瑟堡、马赛这两个港口的卸货能力跟不上日益增大的需求。德军在法国至比利时的海岸边的布雷斯特、敦刻尔克和安特卫普这几个重要港口城市留下部队，将其作为要塞坚守，如在著名的敦刻尔克城内的德军一个师竟坚守到翌年5月德国宣布投降时才放下武器。

美英依靠强大的技术力量，8月中旬在英吉利海峡中铺成一条输油管道，并随着部队前进延伸。不过管道架设需要较长时间，盟军前线部

队油料仍不足，路况又十分糟糕。由于己方飞机此前的猛烈轰炸，加上德军撤退时的破坏，法国桥梁大都被毁，瘫痪的铁路系统不能很快恢复。盟军供应全靠汽车，战线迅速前推 400 公里又使公路运输量远达不到部队需求。

败退的德军接近了自己的国境线后，希特勒命令动员军民急忙修复原先在德法边境已侧修筑的"西墙"即齐格菲防线，并部署了 63 个师实施防御。这些德军师的一部分是将残破部队进行补充，一部分是由老人和少年兵组建的"国民警卫师"。在"西墙"的前面，德军又部署了一些抵抗据点以争取时间，如法国东部洛林地区（德国将其划为本国领土）的重镇梅斯就让美军猛攻不克。

油画《梅斯大战》表现的是美军向防守当地的德军进攻，画面上美国的"谢尔曼"坦克击毁了德国的"豹"式坦克，事实上这种情形很少发生。

9月5日，前进中的美国第三集团军向著名要塞城市梅斯发起进攻，意外地发现守城的 2.5 万德军异常顽强，很多士兵死战不退。一向依赖火力的美军就此停顿下来，以飞机、重炮和坦克不断向城内倾泻弹药，随后发起的攻击还是一次次受挫。美军投入了 6 个师，连同配属部队将近 20 万人，持续攻击到 12 月 19 日，才迫使弹尽粮绝的守军全部投降。

英军统帅蒙哥马利在法国大部解放后，认为东进攻击齐格菲防线会很费力，主张像当年德军绕过马其诺防线那样反其道行之，绕道比利时和荷兰进攻德国西部。丘吉尔支持这一想法，美军统帅艾森豪威尔虽有犹豫也认为可以一试，于是决定采取地面部队和空降部队联合进攻，其代号为"市场—花园"作战。其中空降代号为"市场"，地面进攻代号为"花园"。

　　盟军想绕道荷兰、比利时进攻德国西部，要突破五条大河拦阻。为完整地夺取这些河流上的桥梁，盟军组成了一个空降军，下辖美第八十二空降师、第一〇一空降师和英第一空降师，还编有波兰伞兵第一旅。按照计划，空降兵着陆后夺取几座大桥，地面进攻的坦克部队随后赶到与之会合，通过桥梁直插荷兰境内并进入德国。这个计划，是建筑在德军已溃不成军的基础上，地面部队若受阻就会使空降兵陷入孤军奋战。在发起进攻前，美英侦察机已拍到了当地有德国坦克的照片，指挥官却不在乎地说："恐怕它们根本开不动吧！"

　　1944 年 9 月 17 日，"市场—花园"作战开始。英军第二集团军从地面突破德军防御，由南向北，向位于莱茵河上的阿纳姆大桥逐步发展进攻。由美英 3 个空降师组成的第一空降军配合英第二集团军行动，任务也是由南向北，沿公路依次在德军纵深 3 个地区空降，目的是控制一条长约 100 公里的走廊地带。当天中午 12 时，美国、英国三个空降师共 2.1 万余人乘坐 1545 架运输机和 491 架滑翔机，飞向了三个预定的降落点。运输机从英国的机场同时起飞时，再加上护航的战斗机，天空一时有几千架飞机翱翔，美国将领就此自豪地说："踩着这些飞机的翅膀，就可以走到柏林了。"

美军滑翔机在"市场"行动中着陆的情形。

★链接

阿纳姆空降行动中美军的私心

在代号"市场"的这次空降中，实力最强的美国在盟军中私心最重。3个空降师的降落地形成了一个长达100公里的长蛇阵，其中美国2个空降师在距离自己的地面部队最近的地点降落，英国空降兵投放在最远的地方。英国人又把波兰伞兵在最危险的地点投下，等于是用他们为自己做掩护。这种一字长蛇的空降安排，又暴露出了非常薄弱的软肋，德国地面部队可以方便地将空降兵隔断。美国好莱坞曾拍过一个有名的电影《遥远的桥》，讲的便是英国空降兵夺取阿纳姆大桥失利的战例。

美军第一〇一空降师的降落地点距离己方地面部队约30公里，美军第八十二空降师的降落点距离己方地面部队约60公里，他们很快迎接到地面部队到达。此时德军却在荷兰和比利时边界增加了装甲部队，降落在敌后100公里的纵深内的英军第1空降师和波兰伞兵旅正好掉入敌人腹心。

在"市场"行动中，美军伞兵首先从空而降。

"市场—花园"行动中，英国伞兵陷入苦战的情景。

英军和波兰伞兵降落时，以5000余人避开阿纳姆大桥附近的德军高炮阵地，在距离目标11公里处着陆。伞兵着陆后便向阿纳姆大桥前进，途中却遇到德军坦克攻击，空降场也被敌占领，后续部队不能再降落。为救援英国伞兵，英军又把波兰伞兵旅的1000余人空投到阿纳姆大桥的南岸，结果他们降落在德军一个坚固据点附近，着陆时就遭到德军猛烈射击而损失很大。经过10天激战，英国地面坦克部队仍然未能突破德军阻击赶到当地，英国伞兵已阵亡2000余人，第一空降师师长率2000余人向南突围，最终同地面进攻部队会合，有6000人（其中三分之二是伤兵）成了德军的俘虏。

1944 年英军空降阿
纳姆大桥失败，不少
伞兵成为德军的俘
虏，这幅画描绘了当
时的情景。

　　阿纳姆空降作战，是一次不大成功的作战，盟军空降了 3.57 万人，
经过 10 昼夜的激战，空降兵共伤亡 1.47 万人，最终未达成夺取阿纳姆
大桥的目的，通过荷兰进攻德国西部的计划也就此破产。纳粹德国虽然
气数已尽，却仍是困兽犹斗，美英在大胜之余对敌人潜力估计过低，而
事实证明了在西线取得最后胜利还需要盟国付出巨大努力。

粉碎德军反扑并席卷德国西部

法国解放后，德国西部暴露在盟军攻击矛头下，希特勒把最后的希望寄托于同美英媾和以集中力量对苏，由此发动阿登攻势这次战役反扑。

德国在 1944 年末投入"虎王"坦克,进行最后反扑的画面。

　　法国解放后,德国西部暴露在盟军攻击矛头下,希特勒把最后的希望寄托于同美媾和以集中力量对苏,由此发动阿登攻势这次战役反扑。在美英军绝对优势的兵力、火力面前,元气丧尽的德军只是徒劳地消耗了力量,结果连本国的"西墙"齐格菲防线也无法久守。随后盟军进入德国境内,见失败已成定局的德军认为向美英投降当俘虏已是最好选择,这也决定了最后的推进基本未遇多少抵抗。

粉碎德军反扑并席卷德国西部

　　1944 年 9 月,盟军在东西两面都逼近了德意志本土,因罪恶太重而害怕清算的纳粹集团仍动员能搜罗到的全部力量来垂死挣扎。根据"超总体动员令",除了军工生产离不开者或太老、太小的人,能拿起武器的男性都被征召,武装力量在名册上扩充到 1070 万人。此后三个月因损失大补充不济,年末时德国穿军装的还剩 1000 万人。希特勒认为在西线不能单纯坚守而应反攻,并在内部扬言"德国人民今年收到的圣诞礼物将是一次军事胜利"。

德国武装力量总数有 1000 万人，其中文职 130 万人（即从事医护、工程和机关内勤等工作的人员），外国"志愿者" 40 万人，医院中的伤兵 80 万人，在位的德国军人为 750 万人。

在 750 万在役的德国军人中，有 200 万为后方高炮、守备、集中营看守、机关院校人员，前方作战部队为 550 万人。

在前方作战部队中，有 350 万人在东线同苏军作战，110 万人在西线同美、英、法军作战，40 万人在意大利战场，20 万人守卫挪威，30 万人在巴尔干战场。由此可看出，纳粹德国在临近末日时还是战线太长、兵力太分散。

德军退守齐格菲防线并以"复仇"导弹打击英国

希特勒在盟军登陆诺曼底后的两个多月里，一直不切实际地想守住"大西洋壁垒"。8 月下旬，巴黎失守和在法国的德军全部溃败后，希特勒又想到用战前同法国马其诺防线对峙的德国西部边境的齐格菲防线挡住盟军。

齐格菲防线（英文为 Siegfried Line）是德军于 1936 年占领莱茵区之后开始构筑，先后共投入 10 万工程兵部队、35 万劳工，至 1939 年基本建成。这一防线从德国靠近荷兰边境的克莱沃起，沿着与比利时、卢森堡、法国接壤的边境延伸至瑞士巴塞尔，全长达 630 公里。它主要由障碍地带、主防御地带和后方阵地三部分组成，纵深 35~75 公里，障碍地带主要是地雷场、刺铁丝网、防坦克壕以及著名的"龙牙"（多列角锥形钢筋混凝土桩砦）系统，配备有不少钢筋混凝土和有钢铁装甲的机枪、火炮工事以及人员掩蔽部、车辆洞库、弹药库、物资库等。至于"齐格菲"之名，源于德国民间史诗《尼贝龙根之歌》中的英雄王子——传说他曾杀死巨龙，以龙血沐浴全身，可刀枪不入，以他的命名防线就表示坚不可摧之意。

后来有不少人嘲笑法国构筑马其诺防线是军事思想僵化，其实德国人战前修筑的齐格菲防线工程量并不比它小，延伸长度还有过之。齐

德国"虎王"坦克通过齐格菲防线的画面。前面布设的是防坦克的"龙牙"。

格菲防线上有各类永备筑城工事 1.4 万个，平均每公里正面上的工事达到 22 个；马其诺防线上永备工事只有 5800 个，平均每公里正面上的工事数量为 15 个。同马其诺防线相比，齐格菲防线的特点是大部分工事比较小，内部结构较简单。不过从总量计算，齐格菲防线共使用混凝土 931 万吨、钢铁 35 万吨，分别是马其诺防线的 2.4 倍和 2.3 倍。这说明当年建筑坚固阵地是通行的规律，法国人作战失败的原因主要是对防线运用不好。

无论多么坚固的防线，都需要部队来守，还要有相应的武器。1939 年 9 月德军主力进攻波兰时，在西线部署的 23 个师主要依托齐格菲防线准备对付法军的救援性攻击。1940 年春天德军占领法国后，希特勒就撤走了齐格菲防线上的守军，随后四年间又将那里的火炮和能移动的大部防御物都运到海边以修建"大西洋壁垒"，可以说那些水泥工事中都已是人去楼空。1944 年 8 月 24 日即巴黎德军投降那天，希特勒才下令充实和改造这一防线。

此时在德国国内，除行政部门和军工厂外，几乎难以找到健康的中青年男人。国家劳工组织只好组织一些 14—16 岁的孩子参加劳作，当地一些老幼和妇女也被拉来，工作效率很低，防线所需要的要塞炮、反坦克炮等武器也严重不足。

进入 9 月间，63 个师的德军进入了防线及其附近，这些大都刚败退下来且缺员严重的部队也投入了重修工作。事后看来这一防线还有作用，因供应线拉长导致物资不足的盟军到达了齐格菲防线前，便止步了几个月。

此时希特勒的打算，是用齐格菲防线阻挡美英盟军进攻，再以"秘

密武器"（又称复仇武器）反击
迫其媾和，所指望的主要"复仇
武器"就是世界上最早登场的战
术导弹。

★链接

德国为何能最早研制和使用
导弹

第一次世界大战结束后，战
败的德国被禁止发展飞机、潜艇
乃至重机枪等装备，对当时人们
未知的武器却没有规定。20世纪
20年代德国科学家就利用这一漏

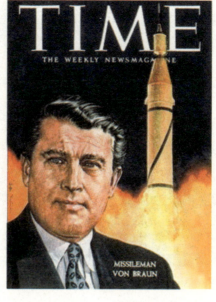

维尔纳·冯·布劳恩
成为美国《时代》杂
志的封面人物。

洞，开始对火箭和导弹进行研究，并走在世界前列。1936年德军将导弹
列为军事技术重点计划，还建立了一个规模宏大的火箭研究发展实验室，
至1943年终于研制成"V-1"和"V-2"两种导弹。

德国研制火箭最著名的年轻的火箭专家是维尔纳·冯·布劳恩，此
人还有纳粹党卫军的军官身份。战争结束时布劳恩带着资料向美军投降，
如获至宝的美国人马上把他运到本土，十年后又让此人加入了美籍。20
世纪60年代末，美国大规模登月的"阿波罗计划"就是由他主持。当
宇航员在月球上迈开人类的第一步时，美国中心控制室内的科学家们喊
出的是——"这是维尔纳·冯·布劳恩的足迹在行走！"美国不敢为此
人申请诺贝尔奖，因为他参加纳粹党卫军的历史实在太不光彩。

表现德国V-1导弹
袭击伦敦的邮票封面
画。

德国研制导弹的计划被盟军在
1943年发现，试验基地屡遭轰炸，从
而影响了进度。1944年6月诺曼底登
陆后，希特勒急不可待地下令使用"复
仇武器"，德军于6月12日向英国
伦敦发射世界上第一种用于实战的制
导式武器V-1导弹。这种导弹装的是
喷气式发动机，相当一架无人驾驶的

维尔纳·冯·布劳恩（中穿西服者）同纳粹同事们在佩内明德导弹试验基地。

满载炸药的飞机，是巡航导弹的先驱。"V-1"的弱点是时速不过640公里，还不如当时较快的战斗机，而且弹道平直。英国很快发现了这一弱点，在来袭方向以快速战斗机、高炮拦截，使德军发射的9000多枚V-1导弹有一半以上在中途被击落。击中伦敦和其他城市的此种导弹精度太差，距离预定目标的误差高达10公里以上，弹头又是1吨重的炸药，只对居民区造成恐慌而未命中多少军事目标，造成的2万多人伤亡也主要是平民。

德军 V-2 导弹准备发射的画面。

1945 年春天，中国旅美科学家钱学森（中）以美军上校衔到德国搜集导弹资料时的照片。

　　1944 年 9 月 8 日，德军又从荷兰的森林基地中向伦敦等城发射 V-2 导弹，成为世界上第一次出现在战场上的弹道导弹。它用了液体火箭发动机为动力，使用酒精和液氧为推进剂，总重 13 吨（其中燃料 8.5 吨），战斗部为 1 吨烈性炸药。V-2 导弹射程为 320 公里，时速高达声速的 6 倍，英国无法对其进行拦截。这时弹道导弹技术还不成熟，300 公里的射程

中误差率高达 16 公里，只能对居民区进行不分青红皂白的滥炸。英国虽然感受到一些压力，却不会因为出现一些平民伤亡就对德讲和。

导弹的使用没有能够挽回德国法西斯最终灭亡的命运，它作为一种威力巨大、射程较远的新式武器却展现了发展的广阔前景。战后美国和苏联都派人到德国火箭基地佩内明德争抢科技人员和导弹样品，这对两国在战后发展火箭—导弹武器都起到重大作用。

希特勒企图迫使美英媾和而发动阿登攻势

1944 年秋天，时人称"连瞎子都能看到德国即将战败"，希特勒认为最后一线希望是在西线议和，再集中力量到东线对付苏军。看到发射导弹这种"复仇武器"没有效果，希特勒就决定向美英军实施一次反扑，以迫使它们退出战争。此次进攻的地点选择在1940年德军穿越的卢森堡、比利时、法国交界的阿登山区，因该处地形崎岖，盟军又一次疏于防备。

从 10 月份开始，德军上层就开始拟订反攻计划，不过了解全局的人都认为己方力量同美、英、法（此时法国已复国）相差太悬殊。德军在西线的兵力只是对手的三分之一且有许多老弱残兵，坦克数量相差 5 倍，飞机数量更是相差 10 倍以上。多数将领认为能依托齐格菲防线守住"西墙"就已不易，希特勒却认为只有进攻才能掩饰自己的弱点，又抱着以取胜促和的侥幸心理，要求像 1940 年 5 月那样从阿登山区突破，再向西冲击夺取比利时的安特卫普这个大港，将盟军北部集团一举围歼

莫德尔元帅（中）在筹划作战的照片。

在荷兰南部和比利时之间，制造第二个敦刻尔克式包围战。

此时重新被任命为西线总司令的龙德施泰特元帅和 B 集团军司令莫德尔元帅看了一下兵力和油料供应数字，就知道向盟军纵深进行这种长达 300 公里的攻击根本办不到。被希特勒认为在东线最有能力的莫德尔受命指挥此役后，还是尽力安排进攻，以侥幸心理求胜。

★ 链接

莫德尔认为阿登攻势只有 10% 的希望

据当事者回忆，莫德尔看着地图做部署时，身边一个参谋在计算后说："燃料根本不够。"这个陆军元帅连头也不抬地回答道："如果你需要什么，就从美国人那里拿吧。"奉命到美军后方空降以夺取油库的海德特上校前来司令部受领任务时表示说："只有不超过 10% 的成功机会。"莫德尔马上回答："哦，那么有必要进行这样的尝试，因为整个攻势只有不超过 10% 的成功机会。"他又强调了一句："这是最后剩下的以有利形势结束战争的机会了。"

自 1941 年 6 月进攻苏联后，德军对战场的供应一直是东线优先，这种状态在 1944 年 11 月间首次有了改变。这个月德国工厂生产的坦克有 1000 多辆运给西线，给东线的不足 100 辆。德军 B 集团军群有了 2500 辆坦克和强击炮，新出产的重 69 吨的"虎王"坦克又成为主要突击骨干。在阿登前线，莫德尔得到了希特勒调来的最后的战略预备队——

表现德军在阿登反攻时俘虏美军的绘画。

党卫军第六装甲集团军，再加上原有第五装甲集团军、第七集团军，兵力达到 30 多个师共 40 多万人（其中第一线有 24 个师，27 万人）。

此时美英军确实没有想到德国还能发起大规模反扑，在阿登山区只部署了一个不满员的美军第一集

团军，兵力不到 20 万人。不过
盟军有绝对的制空权，在诺曼
底的作战中就显示了能从天上
遏制德国装甲部队的突击，此
时戈林元帅虽吹嘘他能凑 3000
架飞机，其实德军上下都明白
本国空军无论如何也扳不回天
上的颓势，只能选择气候恶劣
时进攻。经过气象部门的预报，
德军得知 12 月 16 日之后的 7—10 天内在西线中段会有风雪大雾交加的
天气，飞机难以有效对地攻击，就决定抓住这段时间发起战役。

1944 年德军发动阿
登攻势时，第 535 特
种团将"黑豹"坦克
外壳改变，冒充美国
的 M-10 坦克歼击
车，并穿美军服装和
乘美制吉普以准备突
袭。

　　1944 年 12 月 15 日夜，德军发起攻势前动用了伞兵为先锋，这也是
最后一次使用空降兵作战。德军从严重缺员的第二空降军和伞兵学校中
抽调了 1200 人，还特别选择了一些在美国生活过又回国的人，由 90 架
容克 -52 型运输机担任空中输送。他们一部分人身穿美军服装，降落后
利用流利的美式英语混入各军事要地，实施各种破坏，一时造成了恐慌。
为此美国宪兵在通向巴黎的路上到处设卡盘查，要询问穿美军服装的人
许多奇怪问题，如近期国内的明星和有名的体育比赛，以鉴别真伪，抓
获的德国假冒者一律按交战法实施枪决。

　　身穿德国伞兵服装的空降者，任务主要是夺取油库和接应进攻的装
甲部队。由于德国飞机在黑暗中飞越战线，属于首次夜间空降作战，气
候又十分恶劣，结果伞兵降落散乱，有的降落点远离预定目标竟有 50
公里。第二天天亮，负责指挥的海德特上校只集合到 150 人和 1 门迫击炮，
其余的人都散布在美军后方，很多伞兵都不知自己身在何处，自然无法
组织像样的战斗，美军随后对这片地区进行了搜剿，大部德国伞兵被消
灭，少数通过森林或利用夜暗潜逃回自己的战线，对战争完全绝望的指
挥官海德特上校则向美军投降。

　　在德国伞兵空降几小时后，12 月 16 日拂晓，2000 门德军大炮一齐
轰鸣，德军 3 个集团军又在阿登山区向美军扑来。猝不及防的美国第 8
军一时出现混乱，翌日，第一〇六师和第二十八师的阵地被突破。这些
部队系新组建，战斗意志不强，根据形势不利首先考虑保全生命的思路，
竟有两个团共 7000 人向德军投降，成为美军在欧洲战场上遭到的最严

德军在阿登反击战中以Ⅳ号坦克就能轻易击毁美军的"谢尔曼"坦克（左）的画面。

重失败。

12月18日，德军第五装甲集团军逼近公路交通枢纽巴斯通；右翼党卫军第六装甲集团军占领了马斯河渡口；左翼第七集团军渡过奥尔河。至1944年12月20日，德军已撕开美军防线，形成一个宽约100公里、纵深30~50公里的突出部。

得到德军发起攻势的消息，盟军最高指挥部虽感到意外却并不慌张，因为自己毕竟拥有绝对优势。时任美国第三集团军司令的巴顿上将还兴奋地说："这下好了，等那些狗崽子冲到安特卫普，我就可以把他们截断，再一口口吃掉！"12月19日，他奉命率部北上，以堵住德军冲开的缺口。作为快速机动部队的美军第八十二和第一○一空降师，此前就率先火速赶在前面，占领了交通要点巴斯托尼，堵住德军继续深入之路。

12月21日，进驻巴斯托尼的美军第一○一空降师被进攻的德军包围，马上组织坚守。翌日德军送来一封劝降信，威胁如不投降就要歼灭。第一○一空降师代理师长麦考利夫准将在回信中只回答了一个单词"Nuts"（可译为"神经病"，有人译为"呸"）。此事在美国军史上传为美谈，第二次世界大战后还载入了《吉尼斯世界纪录》，称为"世界最短回信"，因为只有一个单词。

劝降不成的德军向巴斯托尼发起了猛攻，美军第一○一空降师实施了两天的顽强防御，巴顿率领的美国第三集团军也向其驰援。在双方的坦克战中，德国坦克显示了优越的性能，美国坦克不是其对手，在阿登攻势中"谢尔曼"被击毁800多辆。不过美军的坦克在数量上有极大优势，得到空中支援后终在战场上占据上风。

★链接

美军主战坦克"谢尔曼"因易燃被称为"朗森打火机"

　　有两个大洋作为国土屏障的美国长期不注重陆战，战前坦克发展落后于欧洲国家。1941年末参战后，美国于翌年投产了重30.3吨的M-4"谢尔曼"坦克，最大装甲防护厚度为63毫米，装配75毫米火炮，其性能同德国的Ⅳ型坦克相差不多。1944年登陆法国时，作为主力的"谢尔曼"坦克在交锋中发现，其炮弹根本打不穿德国"虎""豹"型坦克的前装甲，随后紧急改换53倍身管的75毫米炮，并将60毫米的前装甲改成89毫米后，才能在近距离勉强同"豹"式对抗。在阿登战役中，德军打先锋的是"虎王"坦克，它与"虎"式坦克有相似的底盘，装配的88毫米火炮的身管却由56倍于口径改为70倍，初速更快，在2000米距离内能击穿当时盟军所有坦克。"虎王"的炮塔采用倾斜式装甲，前装甲厚

这幅油画表现了德军的"虎王"坦克在阿登地区发起攻势的情景。

进攻西欧时，美军的主力坦克M-4"谢尔曼"作战的情形，其性能已不敌德军先进的坦克。

美军在阿登山区防御作战的画面，使用的反坦克手段主要是A-10反坦克歼击车和火箭筒。

度150毫米，使其具有优秀的防护能力，美军坦克炮连其侧面的装甲都打不穿。相反，美军的"谢尔曼"所装的不是柴油而是汽油发动机，一旦被德军坦克炮击中往往就马上形成贯穿并起火，一时引来"朗森打火机"的嘲笑之称。

德国的"虎""豹"和"虎王"坦克虽显示了当时领先世界的性能，最大的缺点却是因工艺复杂产量小。"虎"型总产量不过1400辆，"虎王"更不足400辆，"豹"型产量虽多些也只有5600辆，而且大多数投入东线作战。美国的"谢尔曼"坦克产量却高达4.9万辆，飞机又成为德国坦克最主要的杀手。看到"谢尔曼"的缺点，美军于1945年初紧急研制了装配90毫米口径炮、重41吨的M-26型坦克，运到欧洲时战争却已结束。当年在西线作战的人看到盟军洪水般的坦克潮流时，都感叹美国以巨大产能"在家里就打赢了这场战争"。

1944年12月23日，阿登地区天气开始放晴，盟军马上以7个战斗轰炸机群、11个中型轰炸机群、第八航空队的1个师以及皇家空军的运输机飞抵巴斯托尼上空。它们猛烈地轰炸了德军，并投下各种补给物资。由于当地山路狭窄且数量少，德军车辆拥挤在道路上，正好成了盟军飞机最好的攻击目标，战场形势因空中力量介入马上有了转折。

12月24日，美英军有24个师共60万人投入阿登方向，在航空兵掩护下开始反击。12月26日，美军第四装甲师先头部队终于杀开一条血路，冲进了巴斯托尼，加强了那里的防御力量。此时德军前线将领几乎都认为再进攻已不可能，希特勒却仍不肯罢手。

1945年1月1日夜间，德军出动1000多架飞机，对法国、比利时境内的盟军机场进行空袭，炸毁盟军飞机260架。同日，德军地面部队又利用天气转坏发起了进攻。巴顿指挥美军第三集团军也在两天后展开反攻，经5天血战德军被迫开始退却。1月6日，丘吉尔向斯大林求援，苏军于1月12日在东线发起了规模巨大的维斯瓦河-奥得河进攻战役。德军不仅被迫把准备派往阿登地区的后备兵力6个师东调，在阿登作为主要突击力量的党卫军第六装甲集团军也撤退下来休整准备赴东线。至1月28日，德军全部退回到进攻出发地。

阿登战役持续42天，德军伤亡10万人，损失坦克和强击炮700多辆、飞机1600架。盟军损失约8万余人（包括1万人死亡，4.7万人受伤，

2.3 万人失踪），其中 7.7 万人是美国军人。仅从人员伤亡来看，德军损失不算太大，同东线大战役无法相比，不过此次消耗的却是最后的战略预备队，想迫使美英媾和的目标又完全破灭，这使西线德军士气严重跌落。此后德国人在西线再无力发起反扑，阿登战役也被美英军称为"希特勒的最后一跳"。

雅尔塔会议时，美、英、苏三国领导人罗斯福（中）、丘吉尔（左）、斯大林的合影。

美军进到齐格菲防线前遇到火力阻击，步兵就用火箭筒逐个打击德军火力点。

突破莱茵河后，在鲁尔区围歼西线德军主力

1945 年 1 月 12 日苏军在东线发起总攻后，势如破竹，20 天内推进了 500 公里，于 2 月 3 日冲到距柏林 60 公里处。此时美英军还未攻破德国"西墙"，距离柏林有 600 公里。同西方军人只考虑军事问题不同，政治家此时重点考虑的是战后的欧洲格局，美英首脑迫切希望找一个中间地点同苏联协商。斯大林从不愿离开自己军队的控制区，于是罗斯福和丘吉尔只好迁就，三方于 2 月 4 日至 11 日在苏联克里米亚半岛的疗养地雅尔塔会谈。

这次世界上最强的三大国的会谈，商讨的主要是战后世界的安排。三巨头首先讨论战后如何瓜分德国，最后议定由苏、美、英、法四国实行分区占领和分治。最初斯大林不想让法国人再插进来分一杯战后之羹，罗斯福、丘吉尔为了牵制苏联在欧洲的势力，坚持要把法国加进来。 在占领德国的区域划分中，以柏林为中心的东部给了苏联，这也是因为苏

军部队已经靠近了那里。雅尔塔会议还决定，同年 4 月在美国旧金山召开联合国会议，以建立一个维持世界和平的组织。在这次会议上，斯大林承认在结束对德战争两至三个月内就对日作战，却提出了一系列有损中国主权的条件，美国还擅自答应。三国首脑这次聚会，促进了反法西斯战争走向最后胜利，也基本决定了战后的世界格局，却暴露出大国强权政治的不光彩之处。

谈判桌上议定的东西，需要以战场上的实力作为保障。此时美英军队还未进入雅尔塔会议上同意划分给他们的德国西部，若苏军抢先到达，结果就可能有变数。于是美英要求前线军队，一定要尽快向德国纵深推进，艾森豪威尔作为盟军司令继续担任总指挥。

挡在盟军面前的齐格菲防线，此时宣传意义远大于战术价值，守在那里的 59 个德国师的人数大多只及编制的一半，又多是老弱。这个号

✍ 齐格菲防线的照片，系美军突破时所拍，缺口两旁为防坦克的障碍"龙牙"。

✍ 表现德军坚守莱茵河的画面。

称的铜墙铁壁其实隐藏着许多致命
弱点，修建时还沿用第一次世界大
战时阵地战的思维方式，许多地段
未构筑斜切阵地，一旦对方机械化
装备突入阵地便可横冲直撞。防线
内也缺少能进行环形反坦克防御的
支撑点和抵抗枢纽，对突入的坦克
缺乏有效抵御手段。按战前要求修
筑的大量小型工事并不坚固且伪装
很差，极易被空中侦察识别并摧毁。
事后证明，盟军强大的空中打击和
庞大的坦克集群突击打开了防线的

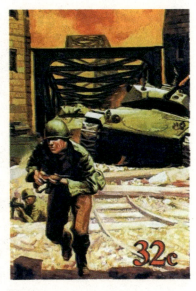

邮票上美军夺取雷马
根大桥的画面。

口子，飞机的精确轰炸又对摧毁筑垒和障碍起了决定作用。

从 2 月 1 日到 7 日，盟军航空兵出动 3600 架飞机，对德军防御阵
地实施密集突击，暴露的工事大部被毁。2 月 8 日，加拿大第一集团军
开始进攻，以 4 天时间前出到齐格菲防线的主要防御地带。同日，经扩
编的英军第三十集团军也选择了德军防线上一个疏于防备的地点，即在
靠近德国、荷兰边界的河流和森林之间仅 10 公里战线上发起了突袭，
第一轮攻击就投入 5 个师。当天晚上，德国防线就被撕开了一个缺口，
有数千名丧失斗志的德军投降被俘，此次"偷袭"的成功实际上也宣告
了齐格菲防线崩溃的开始。

2 月 23 日，美、英、加军已在广阔的战线上多处突破齐格菲防线，
接着向纵深推进。这时德军炸毁了莱茵河的河堤，鲁尔河水泛滥成灾。
美国第九集团军仍于 3 月 2 日前出到莱茵河。至 3 月 10 日，德军全部
撤过莱茵河，退守国内最大的工业区鲁尔。在盟军突破齐格菲防线并推

这幅表现的是雷马根
大桥被美军夺取后，
德军出动容克 -88 轰
炸机和 Me-262 战
斗轰炸机对其进行轰
炸，力求将其摧毁。

雷马根大桥最终被炸
塌的照片，不过此时
盟军已在附近搭了五
座浮桥，仍保障了过
河之需。

✎
表现美军攻入德国西
部鲁尔区的油画，起
初在城区也进行部分
战斗。

✎
描绘被围在鲁尔的德
军向美军投降的画面。

进到莱茵河的作战中，德军损失约 20 个师，死伤 6 万余人，投降被俘
却达 27.5 万人。这一数字本身，就说明西线德军多数官兵对再战已无信
心，已是一触即溃临战即降。

　　美国第一集团军向莱茵河追击时，于 3 月 7 日在雷马根（波恩城以
南 30 公里）夺占了德军未来得及炸毁的"鲁登道夫"铁路大桥。美军 5
个师的兵力迅速通过这座桥，很快到达了莱茵河右岸并建立了正面达 40
公里、纵深 15 公里的登陆场。雷马根大桥被美国军方认为是一座"桥
身重量同金子等价"的桥，其战略价值就是让美军迅速通过了德国西部
第一大河。几天后德军虽以不断轰炸使该桥倒塌，美国工兵却已在登陆
场后面架起了五座浮桥。

　　盟军在莱茵河东岸建立了登陆场，全面强渡就具备了条件，鲁尔区

也暴露在面前。鲁尔曾有"欧洲工业心脏"之称，工业产值最高时曾接近德国全国的一半，尽管此时工厂大都停产，希特勒仍命令坚守。德军B集团军群的司令部也设在这里，不过司令雷德尔元帅自阿登攻势失败后就已经明白前途完全绝望，此时只想多拖延点时间。

此时艾森豪威尔上将率领的300万美英大军在充足的物资保障下，很快完成了渡河准备。3月23日夜间，美军和英军破例发起夜间进攻，出乎德军的意料全线强渡了莱茵河。3月24日，美军第十七空降师和英军第六空降师的1.7万人实施了战争期间最后一次大规模空降，在德军纵深着陆，以2000余人的伤亡顺利完成了接应正面部队成功渡河的任务。

盟军大举渡河后，德军乱作一团无心抵抗，纷纷向鲁尔区撤逃。3月28日，美军第一、第九集团军从登陆场出发，向鲁尔区南北两侧实施深远突击，于4月1日在德军后方会合。鲁尔工业区内的德军18个师25万人和10万高射炮部队落入了包围圈，里面有30名将军，这也成为盟军进行的最大规模的一次合围战。

鲁尔被围后，希特勒马上宣布这个工业区为要塞，拒绝让守军突围，同时下令把该区的工业摧毁以防落入盟军手中。包围圈里的德军此时已经无斗志，同时不愿破坏自己国家的工业精华。4月15日，美军压缩了包围圈将其分割成两半，并敦促B集团军群司令莫德尔投降，得到的答复是"仍然会忠于对希特勒的誓言和他作为元帅的荣誉感"。看到周围的军官几乎都不愿意再打，莫德尔下令集团军群解散，最年老和最年轻的士兵就地复员，其余可以选择投降或自行试图突围。事实上此刻他已经指挥不了部队，包围圈内的通信系统被瓦解，德军纷纷自行放下武器。4月18日美军宣布，鲁尔区的德军已全部投降，共收容战俘32.5万人。莫德尔元帅一时去向不明，随后知道他因逃不出包围圈而自杀。

★链接

莫德尔元帅为何自杀？

纳粹德国崩溃时，莫德尔在元帅中是罕见的选择自杀的人。鲁尔区的德军投降时，他带着身边几个人试图趁着混乱逃出包围圈，同时也做了自杀准备。莫德尔知道，自己在苏联下令实施野蛮的"焦土政策"杀害了上百万平民，在镇压华沙起义时又几乎把城市夷为平地，已经被苏波两国宣布为战犯，被俘后很可能会引渡受审。4月21日，莫德尔逃到

希特勒死后继任第三帝国元首的海军元帅邓尼茨。

一个隐蔽的小树林里，看到美军到处搜索已无路可走，就举枪吞弹自尽。据此时还在柏林元首地下掩蔽的人说，希特勒得知这个过去的心腹爱将自杀后，马上就说"如果莫德尔做得到，那么我也可以"。果然，莫德尔死后第九天，这个魔头也举枪自杀。

德国 B 集团军群的主力在鲁尔被围后，西部防线等于瓦解，东进的美英军看到前面已是一片广阔的不设防城乡地域。美英军此时有雄厚的兵力，只以 2 个集团军包围鲁尔区，其主力转向德国内陆推进，每天行进的速度都能达几十公里甚至上百公里。

美英抢占德国西部并接受邓尼茨政权投降

鲁尔区被包围后，美英军队在西线就不再遇到大的战斗，前进路上看到的只是成千上万的德国军人和老百姓奔来主动要求投降，以免当苏军的俘虏。德国人大都知道本国军队在苏联制造过无数屠杀和残害战俘的事件，造成上千万无辜者死亡，若落到俄国人之手很可能遭受可怕的报复。西线的德军至少表面上还遵守日内瓦协定，虽也有虐俘和屠杀事件，却毕竟为数不多且规模不大，此刻争取当美英军队的俘虏已成为他们普遍的追求。

向柏林方向推进的美军，4 月 12 日在马格德堡地域进抵易北河，距德国首都只有 70 公里。有人向艾森豪威尔建议，应抢在苏军之前占领那里，那样美国在欧洲战后的地位就大不相同。这位美军统帅的回答却是，雅尔塔会议已将该城划在苏联占领区内，没有必要为此付出至少 10 万人的伤亡。后来苏联领导人赫鲁晓夫回忆，斯大林对艾森豪威尔很有好感，认为他是一个守信用、值得尊敬的指挥官，朱可夫元帅还一度同他交上了朋友。

4月16日，苏军对柏林发起总攻，4月24日对城市达成合围。4月25日，美军同苏军在易水河边的托尔高城会师，双方部队举行了联欢，这也意味着德国未被盟军占领的地区已被截成了南北两半。

美苏两军会师易北河

西线盟军总司令艾森豪威尔（左）同英军统帅蒙哥马利（右）在一起的合影。

前，困在柏林城内的希特勒就看到本国中部会被切断，于是在4月20日任命海军司令邓尼茨为北方部队与民防司令，原驻意大利的司令官凯塞林空军元帅为南方部队司令。看到这种情况，美英军队做了分工，以蒙哥马利率英军主力北进控制以汉堡为中心的德国北部，美军则南进控制慕尼黑为中心的德国南部，柏林则任由苏军去攻打。

此时德军只是在东线还继续进行后卫激战，西线的美英军队得到的命令还是尽可能地将战线向东推进。各军、师均以装甲部队为先导迅速推进，途中只有一些零星的无组织抵抗，而且主要是那些有狂热纳粹思想且不受指挥的希特勒青年团和少年冲锋队成员所为。在意大利的德军于4月间就向美英盟军洽降，分散在挪威、丹麦、荷兰和法国一些港口的德军也纷纷准备投降，驻在东线的捷克、巴尔干等地的德军也想西撤到美军占领区。

5月1日，在德国北方的邓尼茨根据前一天在柏林自杀的希特勒的遗嘱，宣布就任国家元首兼武装部队最高统帅。他就任后宣布继续在东线作战，同时希望在西线达成单方面停战，以为美英将会利用他来对抗苏联并控制战后的德国。由于此时美英同苏联还是盟国，并希望斯大林随后能如约对日本作战，自然不可能单方面同邓尼茨政府谈判并实行停战。

★链接

希特勒为何选择邓尼茨为继承人？

纳粹德国挑起战争时的领导集团中，并没有邓尼茨，因为此时他不过是指挥潜艇部队的一个少将。1943年邓尼茨升任海军司令并获元帅军

表现英军统帅蒙哥马利（右二坐者）接见德国洽降代表的油画。

衔，仍未进入德国高层统治集团的核心层。德国海军内部历来有不介入党派活动的传统，纳粹化不强，同时也基本无人涉入反希特勒的密谋集团。邓尼茨没有正式加入纳粹党，却有希特勒发给的荣誉党证，其本人对希特勒也一向显得忠诚，他的两个儿子全都战死。希特勒自杀前，想的是如何尽可能保全德国的力量，如果由纳粹头目继任元首就不可能同美英打交道。他认为让一个"非党"背景的邓尼茨执政，就有可能让西方接受这个新政府。

　　5月初，美国顺利占领了德国南部城市，还进入奥地利西部，进入了希特勒在故乡不远处修建的"鹰巢"。原先传说纳粹头目在失败时会进入这里，依靠阿尔卑斯山的天险长期据守，事实上，美军到此后发现并无守军，只是希特勒将自己的姐姐、妹妹转移到此避难。

　　在德国北部，蒙哥马利率领英军迅速推进，5月3日守卫汉堡的德军不战而降，5月4日整个北部防区也宣布投降，邓尼茨的总部正设在这片区域内的弗伦斯堡。蒙哥马利知道，西线战事已经结束，邓尼茨还不肯正式签订降约是想拖延时间，让东线的几百万德国人逃到西部。这个英军统帅命令德军不得再耍花招，尽快派代表到他的总部来，否则会命令英国部队在防区道路上拦阻德国军民再向西撤逃。

　　接到蒙哥马利的命令后，邓尼茨马上派德军代表到达英军总部，见

面后仍想挑拨盟国的关系。德方代表开口就称："向野蛮的俄国人投降是不可能的，他们会把德国兵都送去做苦工。"蒙哥马利冷冷地回答说："德国人在 1941 年 6 月 22 日进攻苏联前，就应该想到这一点。"此时美军统帅艾森豪威尔也命令邓尼茨政权，必须立即派代表来签订降约。

1945 年 5 月 7 日晚间，邓尼茨派出的代表到达了盟军在法国兰斯市的总司令部，在艾森豪威尔主持下，德军副总参谋长约德尔上将在投降书上签字，在场的英国、法国和苏联的代表也签了字。5 月 8 日，这一消息向全世界公布，西方就此宣称这个日子为战胜纳粹德国纪念日。

斯大林得知德国代表到兰斯签署投降书，马上大为不满，认为苏联才是打败德军的主力，降约必须在苏军占领的柏林签字，此前签约只不过是一次预演。美、英、法三国对此要求只好答应，却派二流将领作为代表前往。5 月 8 日夜，德军总参谋长凯特尔元帅乘坐美国提供的飞机

1945 年 5 月 7 日德国降约签订后，艾森豪威尔（右二）和各国代表一起庆贺。

1945 年 5 月 8 日，柏林受降式的油画，画中朱可夫元帅站起来鄙视地看着走进来的德军总参谋长凯特尔。

表现柏林战役期间苏军与美军会师的油画，这一场景反映了双方官兵的喜悦。

到达柏林，进入波茨坦的一个军校内，在朱可夫元帅主持的受降式上又签了一次字。签字仪式结束时，已是 5 月 9 日凌晨，这一天被苏联和后来的俄罗斯作为战胜纳粹德国的胜利日。一个国家的投降签字仪式要在东西方各举行一次，这正反映出两个阵营的对立即将出现。

美、英、苏三方的矛盾使德国投降出现了复杂的现象，欧洲战场上的战火却随着降约的签订停息下来。在美、英、法军队控制的德国西部，原来的德军除投降外，剩余者都自行解体，官兵回家或四处流散。在挪威、法国、丹麦、荷兰、意大利等地的德军，集体向盟军缴械，官兵都进了战俘营，除被定为战犯的极少数人外都得以遣返。由于意识形态和战略利益的对立，战后美、英同苏联转入了冷战，德国就此分裂为东、西两部分。一些西方政客声称："盟国花了那么大代价，才将自己防线由战前的莱茵河打到战后的易北河。"

尽管冷战在战后出现，反法西斯战争的战火却在欧洲平息，无数人鲜血的代价还是赢来了后来难得的和平，世界也就此进入了和平发展为主旋律的时代。

尾声

虽说西方反法西斯战争的头号主战场是苏德战场，英国、美国、法国，其他英联邦国家乃至在西线的所有参加对德意作战者的历史功绩，还是值得后人长久纪念。

描绘美军官兵在欧洲战场欢庆胜利日的油画。

　　岁月如梭，逝者如斯。70 多年来，战胜法西斯德国有着两个纪念日，在苏联的 5 月 9 日胜利日前一天，美、英、法等国在 5 月 8 日也纪念他们的欧洲战争胜利日，其政要们都要向军人墓地中如林海般树立的十字架群致哀，民众和军队也举行各种纪念仪式。虽说西方反法西斯战争的头号主战场是苏德战场，英国、美国、法国，其他英联邦国家乃至在西线的所有参加对德意作战者的历史功绩，还是值得后人长久纪念。

战胜纳粹德国，到底是东线还是西线的作用大

二战期间美国《时代》杂志将美、英、苏三国军人合作形象当成封面。

　　20 世纪 30 年代在世界上崛起的法西斯势力，一时成为人类公敌，不仅苏联、中国要与之拼死相搏，老牌资本主义国家英国、法国和新兴金元帝国美国都要同它作战，相互还结成联盟，按进步人士的说法就是"国际反法西斯统一战线"。

　　战争打赢了，胜利果实又要按功劳和实力分配，这成了重大的政治问题，又是国际上争夺"话语权"的焦点之一。人们常说，"偏见比

无知离真理更远",不同国度、不同立场的人一向按自己的观点诠释历史,绝不可能像外星人看地球那样超脱。

欧美人出于深入骨髓的"西方中心论",第二次世界大战从来都将苏德战场只放在很次要位置,对中国抗日战场更是轻描淡写。过去苏联又一直有着大俄罗斯主义情结,对英法初期的抗德作战定性为"帝国主义之间的战争",苏德战争爆发后才对美国、英国和"自由法国"同德意的作战加以肯定,不过对其作用仍评价不高。

1999年,德国政府根据两德统一后汇集的调查统计数字,重新公布了第二次世界大战中德军死亡数字。从中可以看出,在诺曼底登陆前,精壮的纳粹武士大都已横尸莫斯科郊外雪原、斯大林格勒的残垣和库尔斯克旷野。美英开辟"第二战场"时,遇到的德军部队充斥着超龄兵、少年兵,因而能用较小的代价比较容易地打败他们。

★ 链接

1999年德国政府公布的第二次世界大战中在各战场军人死亡数	
东线	381.17 万人
西欧	49.54 万人
意大利	15.06 万人
巴尔干	10.36 万人
北欧	3.01 万人
非洲	1.60 万人
其他	24.55 万人 (其统计不全,如加"其他"项目中的数字,在非洲阵亡约4万人)
合计	485.29 万人

德国战俘在各地点死亡统计	
苏联	36.33 万人
法国	3.40 万人
美国	2.20 万人

德国战俘在各地点死亡统计	
英国	2.10 万人
南斯拉夫	1.10 万人
其他	0.80 万人
合计	45.93 万人

包括战俘在内，德国军队在第二次世界大战共死亡 531.22 万人，其中除战前国土内的人员，还包括吞并的奥地利、苏台德等地的德裔。

全面研究一场现代立体化的战争中的损失，不仅要看人员伤亡，还要看物资损耗。德军死伤人员的四分之三系苏军造成，本土遭受的轰炸却主要是由美国、英国航空兵实施。德军战损的 8 万多架飞机约有 4 万架以上是毁于西线，舰艇的损失更是绝大多数在西部战场（苏联海上作战能力很差），只是德国生产的 4.2 万辆坦克（包括强击炮）的 85% 以上损失于东线。客观地看，消灭纳粹德国的主力是苏联，美英盟国的重大作用也应充分肯定。

美国的宣传画表现以强大的工农业支撑起战争。

美英绝对的物质优势决定了西线战争结局

在工业化时代，国家之间的战争主要就是拼钢铁、斗科技水平。像西线那样的投入大量飞机、舰艇的海空战，只有美英这样的国家打得起。

第二次世界大战期间，中国靠着抗击日本的坚韧性同美、英、苏并列为反法西斯"四强"，却因属于连步枪都不能自给的落后的农业国，有大国的名号却无相应的实力，只能以持久战"熬时间"。美国在战争期间号称"民主国家的兵工厂"，是因为它战时能年产8000多万吨钢而占全球一半，飞机、舰艇和战车产量也居首位。不过美国人很爱惜本国人生命，战时主要以租借方式提供武器给英国、苏联和中国，让这些国家当"第一线队员"，自己作为"二线队员"在战争末期才大规模参战，能以最小的人员损失取得最大的战略利益。杜鲁门总统在1945年战争结束时，敢自夸美国已有"领导世界"的责任，就是凭这种实力。

★ 链接

国别	人口数	军队数	钢产量	飞机产量	坦克产量
美国	1.3亿	1200万	8100万吨	10万架	3万辆
英联邦	5.5亿（本土4300万）	1000万	2000万吨	4万架	1.2万辆
苏联	1.7亿	1100万	1020万吨	4万架	2.9万辆
德国	7900万	1070万	1700万吨	3.6万架	1.9万辆

1944年各主要交战国实力对比

美国和英国作为商业资本主义的代表，一向有精于计算投入和产出的效费比的习惯，很少打那种拼伤亡的硬仗而注重"巧胜"。从第二次世界大战的损失可看出，美国和英国在参战各大国中的人员损失最少，打硬仗的苏联和德国人力损失巨大，中国死亡惨重的原因大多不是因作战而是遭屠杀。

国别	死亡	受伤	合计死伤
苏联	2680万人	2300万人	4980万人
中国	2000万人	1500万人	3500万人
德国	980万人	1200万人	2180万人
波兰	650万人	100万人	750万人
日本	310万人	300万人	610万人
南斯拉夫	170万人	200万人	370万人
美国	38万人	150万人	188万人
英国	40万人	120万人	160万人
意大利	20万人	50万人	70万人
法国	30万人	20万人	50万人

第二次世界大战中主要参战国人员伤亡

注：因战争中不少军人多次负伤，伤员累计的统计中有大量重复，合计死伤数有些也不太准确，还是以死亡数评定损失相对贴切。

英国在战争中虽遭受过德国飞机轰炸，炸死的人不过6万人。美国因有两个大洋相隔，人民都置身于战事之外。苏联的西部国土备受德军

美国B-17重型轰炸机群出击的画面，空中优势是盟国打赢西线战争最重要的保障。

德国投降画面。

蹂躏，加上血流成河的厮杀，死伤超过任何国家。德国起初把战火烧到别国土地，后来在美英盟军轰炸下死亡了差不多 80 万人，最惨重的伤亡还是在苏军攻入其国土之后，1945 年头几个月，在战火和逃难之中不下有 300 多万德国平民丧生。由此看来，尽量避免在本国土地上作战，确是避免民众遭殃的最好办法。

美英军队在西线作战伤亡较少的另一个原因，就是尽量用科技力量来减少人力损耗，海空力量的优势虽不能代替陆军，却能大大减少地面战的困难。例如在诺曼底登陆这一世界史上最大规模的登陆作战中，美英军运用了战役佯动欺骗、电子干扰等种种措施，以不算大的损失一举成功。斯大林曾不无羡慕地致电美英称赞此役说：“就其规模、就其宏大的布局，以及杰出地执行计划情况来讲，在战争史上从来也没有过足以和他类比的事业。”

交战除物质力量的较量外还需要人的意志相搏，过分强调个人生存价值的美英军队在战斗精神方面就一直有欠缺。经历过同美军作战的军人，通常都认为其具有“火力强、战术稳、步兵软”的特点，这种状态也严重影响了夺取全胜。经常只能靠火力驱赶敌人而不能近战歼灭，自然会拖长战争。不过靠着强大的火力压垮德军的意志后，美英军最后两三个月在西线就未遇到多少抵抗，德国人为害怕落入苏军之手还争着奔向西面投降。

第二次世界大战的进程特别是西线的作战证明，军事技术常常是头

第二次世界大战时美国的这幅海报说明了可乐伴随着美军，以此影响了所到地区。

等战斗力。冷兵器时代靠体力作战，游牧民族有时能战胜经济文化较先进的农耕民族。进入以化学能、机械能驱动的热兵器时代，科技和经济落后的国家和民族在强者面前一般就只有被动挨打。希特勒的最大战略错误便是野心过大而实力不足。德国军备生产上落后于英美本不足怪，在陆战兵器方面还低于经济实力不如自己的苏联。究其原因，是因苏联靠战争正义性能动员人民勒紧裤带，英国也能实行国民经济军事化。希特勒却鉴于第一次世界大战中德国因物资匮乏出现厌战并导致革命，在 1944 年以前一直不敢削减民用消费品生产，其狂热的掠夺精神要靠不断提高国内享受水准来刺激。在战争最后一年，德国因得不到多少外来掠夺物，国内又压缩民品以提高军工生产，生活出现困苦很快使军民感到绝望，随后便出现战斗意志的崩溃。

　　据历史当事者回忆，美国兵进入德国西部时，经常向当地平民特别是儿童发巧克力、可口可乐，很快赢得了众多人的好感。苏军虽帮助东德的共产党人建立政权，却拆走大量设备作为赔偿，也没有力量改善当

俄罗斯画家作品《盟军统帅》，表现了蒙哥马利、艾森豪威尔、朱可夫（从左至右）在柏林相会，在对日战争结束前他们还维持着盟友关系。

地民众的生活。战后德国的东西方很快呈现出很大的生活差异，这也在很大程度上预示出两个阵营冷战的结局。

唯物主义者都会承认，物质是第一性的，精神来自于物质。经济科技落后和物资匮乏的一方可以用持久战拖住和逐渐削弱强敌，最后取得彻底全胜的还是综合实力占优势的一方，能成为战胜者的小国、弱国也往往要靠同大国强国结盟。在人类迈向信息化战争时，这一规律还会表现得更为明显。

西方大亨与共产党人协力作战意味深长

纳粹在欧洲崛起之初未能得到遏制，重要原因是因希特勒采取了各个击破。苏联在 1935 年最早提出建立反法西斯统一战线，英国和法国却对德采取绥靖政策，想把"祸水东引"。斯大林在 1939 年反其道而行之，同德国签订《互不侵犯条约》，让纳粹这股祸水先冲向西方。英国溃败、法国投降后，希特勒又集中主力"闪击"苏联。

纳粹德国进攻苏联带来一个重大的积极成果，那就是资本主义的代表美英和共产主义的代表苏联很快携起手来。希特勒在战略上的一个最

1945 年 4 月 11 日，巴顿所率的美军进占德国布痕瓦尔德集中营，里面尸体累累，可怕情景报道出来后举世震惊。

大估计错误，就是认为美英同苏维埃俄国在意识形态上严重对立，根本不会携起手来。按纳粹种族主义的邪说，英德两国属同源的"优秀民族"，对构成美国人主体的西欧裔居民（除了犹太人和黑人）也不排斥。出于这种理念，希特勒一再希望同英美和解，在东线作战又要比西线残酷得多。

德国国防军、纳粹党卫军在东方占领区和奥斯维辛等集中营令人毛骨悚然的暴行，使希特勒种族思想之恐怖在世界上暴露得淋漓尽致。这种思想是西方民族优越感和鼓吹"弱肉强食"的社会达尔文主义发展到极端的产物，有尚武传统的德意志产业贵族、容克地主及其军官团正是其狂热信奉者。英美资本集团虽也以强凌弱，其武力毕竟主要用来保障全球性商业利润，对希特勒威胁到以等价交易为核心的西方自由主义的作为深感恐慌。出于这种政治担忧，反共的丘吉尔和罗斯福一直不接受希特勒的媾和要求，反而同信奉共产主义的苏联结成同盟。当时的苏联虽然有着诸多体制上的弊病，却是人类战胜最残暴邪恶的法西斯主义的最大希望所在。

从美、英、苏这三个盟国的交往来看，美英更多地有求于苏联充当抗德主力，在德黑兰、雅尔塔、波茨坦举行的三次美、英、苏首脑会谈，都是丘吉尔和罗斯福屈尊进入苏军控制区或苏联境内来见斯大林。苏联在战局吃紧时对盟友的最大要求，便是开辟第二战场，想让两虎相斗互伤的美英政客对此长期拖延。直至 1944 年 6 月，当苏联在东线已展开强大反攻，德军败局已定时，美英盟军才在诺曼底登陆。据苏联将领回忆，

描绘设在纽约的联合国总部大楼前的油画。

1945 年 5 月 23 日，邓尼茨（中间穿德军军装者）在弗伦斯堡被英军逮捕，身后为军需部长施佩尔和约德尔上将。

得知盟军登陆后，斯大林出于政治考虑还是很高兴，此前担心的德国与西方的妥协已不可能出现。

当纳粹德国恶贯满盈且败局已定时，西方任何精明的政治家都不会选择与之讲和，考虑的重点是如何在击败它之后争取更多的胜利成果。希特勒发动阿登攻势想以战求和没有成功希望，他自杀时选择的继任人邓尼茨也想拖延对苏军的投降，进而希望盟国分裂。1945 年 5 月 7 日签订投降书后，美英盟军在半个月内还保留了邓尼茨设在德国北方弗伦斯堡的政府，目的是让他向各地还未解除武装的德军下达投降命令，这种保留自然引起了斯大林的强烈不满和抗议。5 月 23 日，英军最后取缔了第三帝国政府，将邓尼茨等人当作战犯逮捕起来，这些纳粹政权的骨干和为虎作伥的追随者们随后只能被送上纽伦堡法庭。

西方垄断资本的代表人物自然反对共产主义，战后的冷战就由此产生。不过欧洲惨受法西斯洗劫，加上亚洲也被纳粹思想的孪生兄弟、自诩"大和民族至上"的日本军国主义蹂躏的惨剧，全世界有良知的人都看清了种族主义的极端危害。在诺曼底登陆战一年后，即 1945 年 6 月间，有 50 个联合国创始会员国的代表在旧金山签署了《联合国宪章》，规定了各国家、各民族平等的原则。这是进步人类对德、日法西斯种族主义罪行的清算，也说明了共产主义者与主张自由民主的资产阶级民主主义者在思想上还是能达成某些共识。当年在东方反法西斯战场上，美国代表也到延安同中国共产党人达成了一些协议，同样证明了这一点。

物换星移七十秋，如今的世界同反法西斯战争时的情形相比，已经发生了天翻地覆慨而慷的变化，世界多极化使人类所处的环境显得更加五彩斑斓。昔日被消灭的法西斯主义已难死灰复燃，西方社会那种传统的唯我独霸的单边主义却仍在有的大国身上显现出来，如任其膨胀很难保证不会再造成人类新悲剧。当人们怀念当年反法西斯战争各战场的激战时，应该重点反思的恐怕也是这一点。不过恐怖主义在世界上的滋长，加上全球一体化的经济需求，也会让价值观念不同的东西方国家仍然能建立某些合作。如今的世界处在和平发展为主旋律的时代，缅怀历史的目的是面向未来，人们应努力让大家共居的这个星球在多民族、多元意识和平共处的情况下得到更为繁荣的发展。